D1868300

PILZ/MOESCH

DER MENSCH UND DIE GRAUGANS

GUNTER PILZ UND HUGO MOESCH

DER MENSCH UND DIE GRAUGANS

EINE KRITIK AN KONRAD LORENZ

UMSCHAU VERLAG FRANKFURT/MAIN

© 1975 Umschau Verlag Breidenstein KG · Frankfurt am Main
Gesamtherstellung: Brönners Druckerei Breidenstein KG · Frankfurt am Main
ISBN 3-524-00644-2 · Printed in Germany

Inhaltsverzeichnis

Eine fast moralische Geschichte – oder Konrad Lorenz' Aggressionstheorie konsequent zu Ende gedacht

Wer weiß, wieviele alte, in der Öffentlichkeit unbekannte Faschisten, die dieses Buch erwarben, sich damit ein ruhiges Gewissen angelesen haben.

ROLF DENKER [1]
zu Konrad Lorenz' Buch „Das sogenannte Böse"

Es war in Fluchtinien im Sommer 1964. Ein drückend heißer Sommertag lag über der blendend weißen, in dunkles Grün eingebetteten Hazienda von Paul X. „Erst 16 Uhr", seufzte Paul X., der wie immer zu dieser Tageszeit am Rande seines Swimmingpools einen kühlen Drink schlürfte. Wie schon häufig gingen ihm Gedanken an seine Vergangenheit durch den Kopf.

Noch vor einigen Jahren zählte Paul X. zu den führenden Köpfen einer Militärdiktatur der aratulischen demokratischen Republik (ADR). Seine Aufgabe war es vor allem, unliebsame und verdächtige Landsleute, mögliche Gegner der ADR zu verfolgen und mit Hilfe der Folter zu Geständnissen zu bringen. Seine produktive Phantasie ersann immer neue Foltermethoden, und es schien, daß dank seines gediegenen Könnens die Militärregierung fest im Sattel saß. Doch, trotz des uneigennützigen und überzeugenden Einsatzes von Paul X. mehrten sich die Anschläge gegen die Regierung. Weder die ausgeklügelsten Verfolgungsmethoden noch der Einsatz von Großcomputern noch die grausamsten Folterungen konnten die Regimegegner von immer neuen Anschlägen abhalten.

Eines Tages war es dann soweit. Ein großangelegter Putsch führte zum Sturz der Diktatur. Paul X. und seine besten

Freunde konnten gerade noch in letzter Minute nach Lateinamerika fliehen und sich so der drohenden Verhaftung und Hinrichtung entziehen. Paul X. ließ sich in Fluchtinien nieder, wo er sich bald – dank eines Nummernkontos bei der Schweizerischen ‚Vorsorge'-Bank – eine neue Existenz aufbauen konnte. Mit den Dividenden aus seinen Waffenindustrie-Aktien erwarb er beträchtliche Ländereien, baute die wunderschöne, mit allem Komfort ausgestattete Hazienda und wurde bald zu einem der wohlhabendsten Plantagenbesitzer des Landes.

Seine Vergangenheit? Um die wußte niemand. Und so ward er ein überall geachteter und geschätzter Bürger. Seine Hausdiener und seine Arbeiter auf der Plantage konnten sich keinen freundlicheren und zuvorkommenderen Herrn wünschen.

Dennoch konnte sich Paul X. nicht so recht seines Lebens erfreuen. Je mehr er über seine Vergangenheit nachdachte, je öfter er seine ehemaligen, doch so wirksamen Arbeitsmethoden nochmals Revue passieren ließ, desto mehr plagte ihn sein Gewissen. Warum nur war er damals ein derart brutaler und rücksichtsloser Mensch gewesen, der mit allen Mitteln unschuldige Menschen grausam zu Tode foltern ließ?

Er versuchte oft, die Erinnerung an diese Zeit zu verdrängen und sich durch besonders freundliches und großzügiges Auftreten seinem Personal gegenüber ein moralisches Alibi zu verschaffen. Allein, sein „dummes" Gewissen vergönnte ihm nicht diese wohlverdiente Ruhe, was immer er auch unternahm. Sollte er sich vielleicht doch der Polizei stellen, um vor ein ordentliches Gericht gebracht zu werden? Man würde ihn wohl kaum hart bestrafen, aber zum mindesten hätte er die so heiß ersehnte Beruhigung seines Gewissens erreicht.

Auch heute, an diesem schwülen Sommertag, spielte er wieder mit derartigen Gedanken. „Soll ich mein wahres Gesicht zeigen? Es kann ja eigentlich nicht so schlimm werden, zumal eine Auslieferung an die ADR nicht möglich ist. Mein

Freund, der Minister A., wird mich schon als Unschuldsengel hinstellen, und alle Zweifler wären mit Recht ein für allemal zum Schweigen gebracht."
„Herr X., ein Eilpäckchen!" Sein Diener Manuel schreckte ihn aus seinen Gedanken auf. Obwohl er darum gebeten hatte, zu dieser Tageszeit nicht gestört zu werden, vergaß er, Manuel zurechtzuweisen und nahm ihm das Päckchen ab. Neugierig blickte er auf den Poststempel. Wer schickte ihm ein Päckchen hinaus in diese Wildnis? Es war in Rio de Juniero aufgegeben und trug als Absender den Namen seines Freundes Peter S., eines seiner damaligen engsten Mitarbeiter, der nach dem Regierungssturz auch hatte fliehen können, und zwar nach Neilisarb.
„Warum wohl schickt mir Peter ein Päckchen? Ist irgendetwas über unsere Vergangenheit durchgesickert? Droht Gefahr?" Mit gemischten Gefühlen riß er hastig die Verpakkung auf. Ein Buch kam zum Vorschein. Es hieß Das sogenannte Böse, *geschrieben von einem Herrn Konrad Lorenz.*
„Was in aller Welt soll das? Will Peter mich auf den Arm nehmen?" Das Begleitschreiben gab des Rätsels Lösung:

„Mein lieber Freund und Kampfgenosse!

Du wirst Dich sicherlich wundern, daß ich mich nach so langer Zeit plötzlich melde und dazu noch ein Buch mitschicke. Ich bin aber sicher, daß Du mich sehr schnell verstehen wirst, besonders, wenn Du das Buch selber gelesen hast. Es ist sehr interessant, in einem netten bajuwarisch-österreichischen Stil geschrieben und, was das Wichtigste ist, wissenschaftlich fundiert.
Ich bekam es vor zehn Tagen von einem Bekannten aus Deutschland zugeschickt, wo es ein großes Echo hervorgerufen hat. Ich will Dich aber nicht allzusehr auf die Folter spannen und Dir kurz seinen Inhalt schildern: Auf Grund jahrelanger Beobachtungen und Experimente an Tieren kommt der Autor zu dem Schluß, daß die Aggres-

sion ein Trieb sei, und zwar sowohl beim Tier als auch beim Menschen. Das heißt, daß in jedem von uns die Gewalt, die Grausamkeit schlummert, die beim Menschen besonders gefährlich ist, da wir nicht wie die Tiere mit Tötungshemmungen versehen sind. Wenn nun dieser Trieb nicht fortwährend abreagiert wird, etwa durch Fußballspielen oder so, wird die Stauung immer größer, und die Aggression überkommt uns periodisch ganz spontan, ohne daß wir es wollen, meist in einer tätlichen Form, die natürlich bis zum Mord führen kann. Ich kann mir vorstellen, daß diese neueste – und wie der Autor durch einleuchtende Beispiele belegt – wissenschaftliche Erkenntnis der Verhaltensforschung auch Dir für unser früheres Verhalten eine vollkommen logische und einsichtige Erklärung liefert. Bis heute hatte ich so etwas wie Gewissensbisse und fragte mich zuweilen, ob wir damals wie normale Menschen gehandelt hatten oder ob wir irgendwie entartet waren? Jetzt jedoch bin ich ganz beruhigt. Seit ich dieses Buch gelesen habe, schlafe ich wie ein Murmeltier. Die quälenden Erinnerungen sind fort, und wenn ich zufällig einmal an diese Zeit denke, so erscheint sie mir wie verklärt, in einem ganz humanen Licht. Der einzige Schluß, den die Ergebnisse des Autors zulassen, kann nur sein, daß unsere damaligen Taten, derer wir uns hinterher schämten und die alle Leute verurteilten, einzig und allein unserem Aggressionstrieb zuzuschreiben sind. Gegen ihn können wir nun bestimmt nichts machen, ja, wir sind ihm ohnmächtig ausgeliefert und können deshalb für nichts verantwortlich gemacht werden. Doch ich will Dich nicht länger von der Lektüre abhalten. Für heute bin ich deshalb mit freundlichen Grüßen

Dein erleichterter Peter S.

P.S. Beiliegend die Adresse von Hans Y. Bitte schicke ihm dieses Buch, wenn Du es gelesen hast, damit auch er sich ein reines Gewissen anlesen kann."

Paul X. legte den Brief beiseite und machte sich unverzüglich ans Lesen. Er verschlang geradezu den Text, und mit jeder Seite wurde die moralische Schuld, die auf seiner Seele lastete, um ein weniges leichter. Oh, wundersame Wirkung der Erkenntnis! Nicht eine Minute legte er das Buch aus der Hand, und er las ohne Unterbrechung durch. Nachdem er es zu Ende gelesen hatte, schlief er in seinem Liegestuhl ein und hatte zum ersten Mal seit langem keine bösen Träume mehr. Als er wieder erwachte, überfiel ihn sofort die Erkenntnis, daß er sich seit Jahren nicht mehr so glücklich gefühlt hatte. Vorbei schienen endgültig die Alpträume, die ihn bisher regelmäßig plagten; vorbei das Gefühl, sich moralische Zwänge auferlegen zu müssen. Das Leben konnte wieder beginnen. Schroff befahl er seinem Diener, das Buch an Hans Y. zu senden. Manuel wunderte sich über den Ton seines Herrn, so hatte er ihn noch nie gehört. Vielleicht aber hatte das Päckchen nur eine schlechte Nachricht enthalten. Doch Manuel sollte in den nächsten Tagen erfahren, daß sich vieles gebessert hatte und nicht verschlechtert – zumindest für seinen Herrn. Seit jenem denkwürdigen Tage änderte sich das Leben auf der Hazienda grundlegend. Vorbei waren die Tage, da das Personal freundlich und zuvorkommend behandelt wurde; vorbei die kurzen Arbeitszeiten, vorbei die gute Bezahlung. Wer nicht gehorchte, unpünktlich war oder sich auch nur den geringsten Fehler zuschulden kommen ließ, wurde nach altbewährter Methode verprügelt und auf der Stelle davongejagt. Paul X. schien endlich wieder in seinem Element zu sein. Er erfreute sich bester Gesundheit, war immer fröhlich und zufrieden. Er konnte getrost seine Aggressionen ausleben, denn alles andere war ungesund und zudem noch wider die Natur. Vergessen waren die Jahre voller quälender Gewissensbisse, die Jahre des Verzweifelns und des Haderns mit der unbewältigten Vergangenheit, die er sich aus Unkenntnis der menschlichen Natur auferlegt hatte. Ein Wissenschaftler hatte Licht in sein verdunkeltes Dasein gebracht.

„Lob der Aggression?“ I

Bei Erörterung der Frage, wie Kriege und kriegerische Spannungen zu vermeiden seien, liegt ein Irrtum nahe: der Irrtum, Spannungen und Kriege auf relativ leicht vermeidbare Fehler der Politiker zurückzuführen. Dabei wird die andere Frage übersehen, warum aggressive Tendenzen in der Politik so schwer zu überwinden sind.

C. F. VON WEIZSÄCKER [2]

Eine langjährige Mitarbeiterin Mahatma Ghandis hat mir erzählt, daß selbst dieser Heilige im Gefängnis gegen seine Freunde außerordentlich reizbar wurde. Die Dame dankte mir herzlich dafür, daß ich ihr eine physiologische Erklärung für die Schwäche ihres Meisters gegeben hatte.

KONRAD LORENZ [3]

Die Geschichte von Paul X., die – wenn auch erfunden – sich ohne weiteres zugetragen haben könnte, steht ganz bewußt am Anfang dieses Buches. Sie demonstriert nämlich drastisch die Konsequenzen einer einseitig auf einem Trieb fußenden Erklärung aggressiven Verhaltens. Bereits Denker schrieb über die Folgen des Lorenz'schen Buches: „Da die Aggression als Naturanlage eine kausale Erklärung erfährt, wird nach Ansicht vieler Leser der Mensch weitgehend aus der Selbstverantwortung entlassen“ [4]. Ähnlich formulierte es Rattner: „In politischer Hinsicht ist es nicht zu übersehen, daß die grandiose Verharmlosung des Aggressionsproblems für alle wohltuend wirken muß, die sich an den Massenverbrechen der letzten Jahrzehnte beteiligt haben. ... Die Lehre vom ‚Aggressionstrieb' leistet einer gesellschaftlichen Verschleierungstaktik Vorschub, die dem konservativen bürgerlichen Denken durchaus entspricht. Der Blick des Betrachters wird von den Mängeln innerhalb der Gesellschaft ... abgelenkt und richtet sich nur noch auf die hypothetische ‚Instinktgrundlage' des Menschen, die sich menschlicher Willkür und Einflußnahme entzieht“ [5].

Wenn z. B. Eibl-Eibesfeldt [6] diese Äußerungen als Polemiken abzuwerten sucht, muß er sich den Vorwurf gefallen lassen, die Hypothesen und Konsequenzen von Lorenz nicht exakt durchdacht zu haben oder gewisse Veröffentlichungen, die Lorenz' Gedankengut konsequent weiterverarbeiten, bewußt – oder unbewußt – zu ignorieren. Da helfen auch keine Lippenbekenntnisse über die Erlernbarkeit aggressiver Verhaltensweisen hinweg. Besonders das Buch von Anthony Storr *Lob der Aggression* [7] zeigt, wie gefährlich es ist, die Lorenz'schen Hypothesen unkritisch zu übernehmen und sie auf menschliche Verhaltensweisen zu übertragen.
So versucht der in New York als Arzt und Psychotherapeut praktizierende Storr nachzuweisen, daß absolut jede menschliche Aggression mit dem Lorenz'schen Ansatz erklärt werden kann. Wir wollen es uns ersparen, die oft geradezu lächerlichen Erklärungsversuche Storrs an dieser Stelle eingehend zu erörtern. Dem interessierten Leser – vor allem aber den Anhängern des Lorenz'schen Aggressionstriebkonzeptes – sei dieses Buch jedoch als heilsame Lektüre empfohlen. Vielleicht können zwei bezeichnende Beispiele seine Neugier reizen: Storr scheint sehr viel Verständnis für die NS-Verbrecher aufzubringen, die ihrer Neigung zur Grausamkeit erlegen seien. Wörtlich liest sich das bei Storr so: „... es ist ein Irrtum anzunehmen, daß der Normalmensch zu extremen Grausamkeiten nicht fähig sei. So neigen wir zu der Ansicht, daß die Aufseher in deutschen Konzentrationslagern abnorm waren; doch scheinen viele von ihnen ganz gewöhnliche Menschen gewesen zu sein, deren Neigung zur Grausamkeit nur durch Übung und entsprechende Beispiele verstärkt zu werden brauchte, um sie an die tägliche Ausübung ihres scheußlichen unmenschlichen Amtes zu gewöhnen. Es hat keinen Sinn vorzugeben, daß irgend jemand von uns gegen sadistische Gefühle gefeit sei. ... Wir müssen uns der Tatsache stellen, daß die Neigung des Menschen zur Grausamkeit ebenso wie seine

Fähigkeit zu begrifflichem Denken, zu sprechen und zu schöpferischer Leistung in seinen biologischen Besonderheiten wurzelt“ [8].
Noch abstruser klingt aber Storrs Versuch, die Neutralität der Schweiz während beider Weltkriege zu erklären. Nicht die politische Haltung der Schweiz ist es laut Storr gewesen, die dieses Land von einem Eingreifen in die kriegerischen Auseinandersetzungen zurückhielt, sondern der *Kantönligeist:* „C. G. Jung äußerte einmal, daß er noch nie eine so bitterböse Innenpolitik erlebt habe wie die der Schweiz. Immerhin hat dieses Land in Zeiten, in denen fast ganz Europa Krieg führte, Neutralität gewahrt. Das ist zum Teil sicher auf seine geografische Lage zurückzuführen. Doch wäre es auch denkbar, daß die Rivalität zwischen den Kantonen dazu beigetragen hat, das Aggressionsproblem der Schweiz intern zu lösen“ [9]. – Mit anderen Worten: Innerschweizerische Zwiste *(Kantönligeist)* wirkten als Aggressionsventil, und Kriege mit anderen Ländern waren nicht mehr nötig.
Wie einfach ist das doch: man nehme ein vorhandenes oder nichtvorhandenes Aggressionsventil, und schon hat man eine Erklärung für aggressive oder friedliche Handlungen. Wer nun allerdings glaubt, dies sei die Entgleisung eines einzelnen, und Storr hätte die Lorenz-Theorie lediglich falsch interpretiert und angewendet, der irrt. Lorenz distanzierte sich nie von diesem Buch, das ihm in „aufrichtiger Verehrung“ gewidmet wurde. Nein – er rühmte es sogar als eine *Offenbarung für den Wissenschaftler.* Wörtlich schreibt Lorenz über dieses Buch: „Der gesunde Menschenverstand, der das Buch kennzeichnet, macht es jedermann verständlich, das profunde Wissen und der disziplinierte wissenschaftliche Geist des Autors machen es zu einer Offenbarung für den Wissenschaftler“ [10].
Wir werden uns in den folgenden Kapiteln kritisch mit den Aussagen von Lorenz auseinandersetzen und seine Aggressionstheorie einer wissenschaftlichen Prüfung unterziehen,

denn das Thema Aggression rückte in den letzten Jahren immer mehr in den Brennpunkt wissenschaftlichen und pseudowissenschaftlichen Interesses. Die Diskussion um die Aggression wird dabei in starkem – zu starkem – Maße von den Vertretern der vergleichenden Verhaltensforschung mitbestimmt. Ihre Wirkung beruht weniger auf ihren wissenschaftlichen Erkenntnissen oder ihrem Beitrag zur Lösung des Problems von Aggression und Gewalt, als vielmehr auf ihrer schriftstellerischen Originalität, um die sie selbst ein Simmel beneiden könnte. Kriminalität, die stete Gefahr kriegerischer Auseinandersetzungen, die Verbreitung und zum Teil auch das Dulden, ja Fordern aggressiver Verhaltensweisen, machen die lückenlosen Erforschung der Ursachen und Bedingungen aggressiven Verhaltens zu einem dringenden Erfordernis, und die Veröffentlichung der *wissenschaftlich gesicherten* Erkenntnisse in einer möglichst lesbaren und verständlichen Form zu einer Notwendigkeit; dies nicht zuletzt im Interesse einer erfolgreichen Aufklärung über die wahren Ursachen und Bedingungen aggressiven Verhaltens und einer erfolgreichen Bekämpfung und Verringerung aggressiver Neigungen. Wir hoffen, mit diesem Buch einen Beitrag zur Aufklärung über Aggression und zur Verringerung von Aggressionen leisten zu können.

Man sollte lernen, ohne Aggression über Aggression zu sprechen.

IRENÄUS EIBL-EIBESFELDT [11]

Die Bekanntheit von Lorenz geht mehr auf seine schriftstellerische Originalität als auf wissenschaftliches Niveau zurück. – Lorenz treibt eine mit Klassikerzitaten angereicherte Privatwissenschaft.

HERBERT SELG [12]

Wir leben aber in einer Zeit, in der es der Naturforscher ist, der gewisse Gefahren klar zu sehen vermag. So wird ihm das Predigen zur Pflicht.

KONRAD LORENZ [13]

Besonders das Buch *Das sogenannte Böse* von Konrad Lorenz entfachte im deutschen und angelsächsischen Sprachraum eine bisher kaum gekannte Kritik und heftige wissenschaftliche Polemiken. Eine Flut von Veröffentlichungen zum Thema Aggression ergoß sich über den verwirrten Leser. Sie ist heute selbst für den Aggressionsspezialisten kaum noch überschaubar. Eibl-Eibesfeldt hat durchaus recht, wenn er klagt, daß „die Anzahl der in den letzten Jahren zum Thema Aggression bedruckten Seiten in keinem Verhältnis zu den erarbeiteten Fakten steht“ [15]. Allein, er vergaß hinzuzufügen, daß die Triebtheoretiker zum großen Teil die Schuld an dieser Misere tragen.
Ein Großteil der Veröffentlichungen erschöpft sich in dem krampfhaften Bemühen, die eigene wissenschaftliche Position zu verteidigen und dem Vertreter einer anderen Richtung mehr oder weniger schlüssig Fehler nachzuweisen. Man wird den Verdacht nicht los, daß es vielen Autoren – auch hier tun sich die Triebtheoretiker besonders hervor – gar nicht so sehr um den ernsthaften Versuch der Aggressionsbewältigung geht, als vielmehr darum, die eigene wissenschaftliche Disziplin, mehr noch: die darin vertretene eigene Auffassung, mehr oder weniger aggressiv zu verteidigen. Offensichtlich scheint ihnen mehr daran gelegen zu sein, ihr Gesicht zu wahren, als von unbewiesenen oder gar widerlegten Aussagen abzugehen und somit einen konstruktiven Beitrag zur Aggressionsbewältigung zu leisten. Ja, man gewinnt oft den Eindruck, sie müßten erst einmal versuchen, mit ihren eigenen Aggressionen fertig zu werden. Kaum ein wissenschaftliches Thema wurde und wird jedenfalls so leidenschaftlich abgehandelt wie das der Aggression [15].
Es scheint uns an der Zeit zu sein, daß wir uns wieder auf die wissenschaftliche Verpflichtung zur Objektivität besinnen und gemeinsame Anstrengungen unternehmen, die Aggressionsforschung aus der Sackgasse herauszuführen, in die sie in den letzten Jahren – nicht zuletzt auch dank

der unheilvollen Aggressionstheorie von Konrad Lorenz – geraten ist.
Wir wollen mit diesem Buch kein neues Mosaiksteinchen dem bunten Ornament unzähliger Streitschriften und Polemiken gegen Lorenz hinzufügen. Ebensowenig glauben wir, die Frustrations-Aggressions-Hypothese in allen ihren Verfärbungen und Abwandlungen bis hin zur Denker'schen Frustrations-Flucht/Angst-Aggressions-Hypothese oder die Lerntheorie böten eine bessere oder vollkommen befriedigende Erklärung der Ursachen und Bedingungen aggressiven Verhaltens. Wenn Köhler und Hassenstein [16] schreiben, daß Neider von Lorenz infame Behauptungen in die Welt setzen und bisher „jede ernsthafte sozialwissenschaftlich-biologische Diskussion über die Aggressivität" fehlt, so kommen sie unserem Anliegen entgegen. Allerdings glauben wir nicht, daß eine solche Diskussion möglich ist, ohne vorher mit den unbewiesenen und zum Teil absurden Annahmen der Lorenz'schen Theorie – genau wie mit denen der anderen Theorien – aufgeräumt zu haben.
Wir hoffen, daß unsere Auseinandersetzung mit Lorenz' Aggressionstheorie einen übersichtlichen Beitrag zu dieser Diskussion leistet bzw. den Weg für eine solche Diskussion ebnet. Wir setzen ganz bewußt bei der Kritik der Lorenz'schen Theorie an, weil einmal die Annahme eines Aggressionstriebes dank der großen Verbreitung seiner Werke in weiten Kreisen der Bevölkerung und zum Teil auch der Wissenschaft Eingang gefunden hat, und weil zum anderen gerade die kritiklose Bejahung dieses Triebes gefährliche Konsequenzen haben kann. Zudem verbaut diese Bejahung einer pluralistischen Aggressionstheorie oder einer „sozialwissenschaftlich-biologischen Diskussion" weitgehend den Weg. Diese Theorie bzw. Diskussion, das zeigen unzählige Forschungsergebnisse der letzten Jahre, scheint der einzige Weg zu sein, dem Phänomen der Aggression in seiner ganzen Vielfalt gerecht zu werden.

Dabei werden wir nach eingehender biologischer Diskussion der Thesen und Schlußfolgerungen von Lorenz in einem weiteren Kapitel der Frage nachgehen, inwieweit tierische Verhaltensweisen überhaupt auf den Menschen übertragbar sind und kritisch auf die These eines Aggressionstriebes bei Tieren eingehen.
Die folgenden Kapitel sind einer psychologisch-soziologischen sowie ethnologisch-kulturanthropologischen Auseinandersetzung mit Lorenz gewidmet.
In diesem Zusammenhang werden wir auch kritisch auf den Lorenz-Schüler Eibl-Eibesfeldt eingehen, der aufgrund zahlreicher Expeditionen zu primitiven Völkern – besonders zu friedlichen Stämmen – einen Aggressionstrieb beim Menschen nachzuweisen versucht, und somit Lorenz von der humanethologischen Seite her Schützenhilfe zu geben hofft.
Ein weiteres Kapitel wird dem Sport gewidmet sein, der von Lorenz, Eibl-Eibesfeldt und vielen anderen wissenschaftlichen und unwissenschaftlichen Epigonen als willkommenes und notwendiges Ventil zur harmlosen, sozial ungefährlichen Entladung aufgestauter Aggressionen angepriesen wird.
Das Beispiel Sport zeigt besonders drastisch, wie leichtfertig die Lorenz'sche Theorie zur Entschuldigung eigener Unzulänglichkeiten oder Fehler herangezogen wird bzw. werden kann. Außerdem werden wir in diesem Kapitel den ‚kathartischen Effekt', die reinigende Entladung gestauter aggressiver Triebenergien – eine der Hauptstützen des Lorenz'schen Theoriegebäudes –, einer kritischen Prüfung unterziehen. Ergänzend werden wir mit Hilfe einer im deutschen Sprachraum noch nahezu völlig unbekannten Untersuchung des amerikanischen Anthropologen Sipes die These der Katharsis und der Ritualisierung aggressiver Triebe durch den Sport kulturanthropologisch unter die Lupe nehmen.
In den Schlußkapiteln versuchen wir, die Indoktrinierbar-

keit der Menschheit am Beispiel der Aggressionsdoktrin von Lorenz darzustellen und bieten ein pluralistisches Aggressionsmodell an. Das heißt, wir verstehen unsere Aufgabe nicht nur in einer Kritik der Lorenz'schen Konzepte vom Aggressionstrieb und in dem Versuch, seine Thesen zu widerlegen, sondern auch darin, eine – aus gesicherten Erkenntnissen der Aggressionsforschung abgeleitete – Alternative zur Erklärung der Ursachen und Bedingungen aggressiven Verhaltens anzubieten. Dies geschieht in der Überzeugung, daß die derzeitige Alternative zwischen „Biologismus" und „Behaviorismus" weder wissenschaftlich länger haltbar noch dem Fortschritt in der Aggressionsforschung und Aggressionsbewältigung im besonderen dienlich sein kann.

Die verschiedenen Aggressions-theorien II

Sage mir, welche Aggressionstheorie Du vertrittst, und ich sage Dir, was Du sonst noch denkst.

ROLF DENKER [1]

Viele Aggressionsforscher scheinen Teilaspekte der Ursachen und Bedingungen aggressiven Verhaltens zu erfassen und zu analysieren, um daraus dann verallgemeinernde und verabsolutierende Theorien abzuleiten, ohne sie mit der Wirklichkeit konfrontiert zu haben.

Es würde den Rahmen dieses Buches sprengen, alle bestehenden Aggressionstheorien oder gar deren Abwandlungen bzw. Erweiterungen zu behandeln. Deshalb sollen an dieser Stelle nur die wichtigsten und bekanntesten Theorien behandelt werden. Dabei lassen sich – grob unterschieden – drei Erklärungsschemata über die Ursachen und Bedingungen aggressiven Verhaltens herauskristallisieren:

die *Trieb-* oder *Instinkt-Theorie* der Aggression;
die *Frustrations-Aggressions-Hypothese;*
die *lernpsychologische Aggressionstheorie* (Abb. 1).

Zum Aggressionstrieb-Konzept von Sigmund Freud

Die Methode vieler Verhaltensforscher erinnert an jenen amerikanischen Wissenschaftler, der alles, was er nicht verstand, auf Triebe zurückführte, so daß er insgesamt auf 70 Triebe kam; woraus sich ermessen läßt, was er alles nicht verstand.

LEO KOFLER [1]

Die Trieblehre ist sozusagen unsere Mythodologie. Die Triebe sind mythische Wesen, großartig in ihrer Unbestimmtheit. Wir können in unserer Arbeit keinen Augenblick von ihnen absehen und sind dabei nie sicher, sie scharf zu sehen.

SIGMUND FREUD [2]

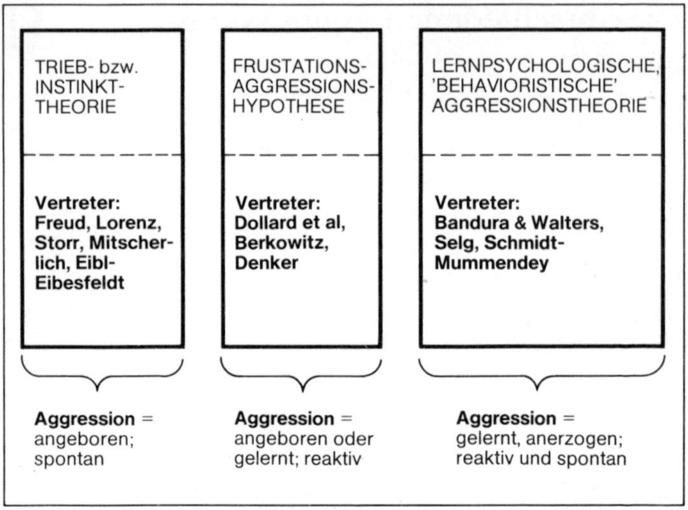

Abb. 1 Die bekanntesten Aggressionstheorien

Besonders in der deutschsprachigen Aggressionsliteratur wird immer wieder die Existenz eines uns angeborenen Aggressionstriebes hervorgehoben. Als Hauptvertreter dieser Richtung stehen auf der einen Seite Adler, der den Begriff Aggression als erster benutzte, sich später jedoch von der Annahme eines angeborenen Aggressionstriebes löste, Freud und als dessen „Nachlaßverwalter" Mitscherlich. Auf der anderen Seite tummeln sich insbesondere Lorenz und dessen „Jünger" Eibl-Eibesfeldt.
Entgegen seinen vorherigen Triebtheorien ordnet Freud in seiner Fassung letzter Hand die Aggression nicht mehr dem Sexualtrieb, der *Libido,* unter, sondern betrachtet sie als selbständigen Gegenspieler des *Eros* [3]. Für Freud ist die Aggression ein primär spontaner Trieb, ein Teil des Todestriebes *(Thanatos).* Der Aggressionstrieb wird mit dem nach außen gewendeten Todestrieb gleichgesetzt.
Jedes Verhalten der Menschen ist somit aus dem Antriebsdualismus, aus dem Zusammen- und Gegeneinanderwir-

ken des Lebens- und Todestriebes zu verstehen. Mit anderen Worten: die menschliche Aktivität geht von den beiden Grundtrieben, dem *Eros* (Selbsterhaltungs- oder Lebenstrieb) und dem *Thanatos* (Todes- bzw. Destruktionstrieb) aus. Nur im krankhaften Bereich treten diese beiden Triebe getrennt auf, d. h. bei psychisch gesunden Menschen herrscht stets eine Vermischung der beiden Triebarten vor. Ist der *Eros* darauf bedacht, die lebende Materie immer weiter aufzubauen, so strebt der *Thanatos* danach, wie „eine seit Geburt des Lebens tickende Zeitbombe" [4], die lebenden Strukturen, die lebende Materie, zu vernichten.

Dem *Eros* (Lebenstrieb) kommt nun die Aufgabe zu, den Todestrieb unschädlich zu machen, ihn nach außen abzulenken. Mit anderen Worten: die selbstzerstörerischen Neigungen des Menschen müssen durch den Lebenstrieb abgelenkt werden und in Form von Aggression über den motorischen Apparat der Muskulatur nach außen verlegt werden.

Da demnach in jedem Menschen eine angeborene Neigung zum Bösen, zur Aggression und damit zur Zerstörung und Grausamkeit vorhanden ist, fragt es sich, wie wir dieses Triebes Herr werden können. Freud ist – wohl auch bedingt durch die Auswirkungen des Ersten Weltkrieges – sehr pessimistisch. Er sieht keine Möglichkeit, die Aggression völlig zu hemmen, und setzt seine einzige Hoffnung auf den Lebenstrieb, der sich gegen den Todestrieb behaupten könne. Ein wichtiges Mittel der Aggressionshemmung ist die Introjizierung (Verinnerlichung) der Aggression. Das heißt, die Aggression soll dorthin zurückgeschickt werden, wo sie hergekommen ist, also zum eigenen Ich. Diese Verinnerlichung übt dann – so Freud – die gleiche strenge Aggressionsbereitschaft aus, die das Ich gerne an anderen, fremden Personen befriedigt hätte. Die Abfuhr destruktiver Energie nach außen ist somit unvollständig, und auf diese Weise zurückgenommene Aggressionen äußern sich in Form von Strafbedürfnissen und Schuldgefühlen. Auch die Erstellung von Bindungen, Liebesbeziehungen usw. könne schließlich zu einer Verringerung der extremen Aggression nach außen führen.

Reaktionen auf Freuds Trieblehre

Bereits zu seinen Lebzeiten führte die letzte Fassung der Trieblehre Freuds zu einer Spaltung des psychoanalytischen Lagers. Mehr noch: während Freud 1909 zu dem Konzept des Aggressionstriebes von Adler noch ausführte, er könne sich nicht dazu entschließen, einen besonderen Aggressionstrieb neben und gleichberechtigt dem Selbsterhaltungs- und Sexualtrieb anzunehmen [6], übernahm er den Begriff des Aggressionstriebes 1920 doch. Adler hingegen löste sich von seinem Aggressionstriebkonzept bereits 1910, also 10 Jahre bevor Freud es übernahm. Er verstand Aggression – im Gegensatz zu Freud – nicht mehr als einen unabhängigen Trieb, sondern als ein übersteigertes krankhaftes Verhalten [7].
Heute scheint das psychoanalytische Lager mehr oder weniger in drei Richtungen gespalten [8]. Eine Gruppe versucht die Lehre vom Todestrieb aufrechtzuerhalten und weiterzuführen (z. B. Menninger, Klein und z. T. auch Mitscherlich) [9]. Melanie Klein geht zum Beispiel davon aus, daß sich bereits der Säugling infolge seines angeborenen Todestriebes bedroht fühle.
Eine andere, weitaus größere, Gruppe hält an einem dem *Eros* gegenübergestellten, selbständigen Aggressionstrieb fest, leitet ihn aber nicht mehr vom Todestrieb ab (z. B. Hartmann, Kris und Loewenstein, Mitscherlich) [10]. So ist für Mitscherlich ein Kleinkind von Geburt an destruktiv-aggressiv, das heißt, „solange keine bewußt erlebte Identifizierung mit den nächsten Beziehungspersonen (also eine Du-Erfahrung) besteht, ist die Aggression ungezügelt und rücksichtslos“ [11].

Die dritte Gruppe weist Freuds These eines selbständigen Aggressionstriebes gänzlich zurück und betrachtet Aggression als reaktives, nicht aber triebmäßig-spontanes Verhalten (z. B. Fenichel, Ammon, Fromm) [12].
So ist nach Ammon Aggression kein Trieb, sondern eine „Ich-Funktion". Destruktive Aggression ist demnach eine krankhafte Form der „Ich-Entwicklung", und zwar als Reaktion auf unterdrückende Gesellschaftsstrukturen. Die destruktive Aggression sei begründet in ungelösten und unbewußt gewordenen Konflikten in der Geschichte des Individuums, das heißt in der sehr früh gestörten Mutter-Kind-Beziehung. Mit anderen Worten: destruktive Aggression ist eine Folge mangelhafter Liebe und falscher Erziehungsmethoden. Ähnlich argumentiert auch Fromm. Er klassifiziert – wie Ammon – die Aggression in „gutartig" und „destruktiv". Die Aggression entspringt nun ebenfalls nicht aus einem Trieb oder Instinkt, sondern ist gesellschaftlich bedingt. Von Natur aus ist der Mensch gut, erst wenn in seiner Kindheit die konstruktiven Antriebe behindert werden, etwa durch lieblose, verständnislose Erziehung, wachsen destruktive Neigungen heran.
Fromm sieht in der Aggression das Resultat einer behinderten oder gescheiterten Selbstentfaltung. Aggression entspringt dem Charakter, den er als „zweite Natur" des Menschen bezeichnet, der Ersatz für seine nur schwach entwickelten Instinkte ist.

Zum Aggressionsinstinkt-Konzept nach Lorenz

Je sorgfältiger eine Tiergattung erforscht worden ist, desto weniger hört man von ihren Instinkten

FRANK BEACH [1]

Zweifellos fehlen dem Menschen lange Ketten obligatorisch aneinandergekoppelter Instinktbewegungen, aber soweit man aus den an hochentwickelten Säugetieren gewonnenen Ergebnissen extrapolieren darf, kann man vermuten, daß er nicht über weniger, sondern über mehr echt instinktive Antriebe verfügt als irgendein Tier.

KONRAD LORENZ [2]

Vor allem ist es aber mehr als wahrscheinlich, daß das verderbliche Maß an Aggressionstrieb, das uns Menschen heute noch als böses Erbe in den Knochen sitzt, durch einen Vorgang der intraspezifischen Selektion verursacht wurde, der durch Jahrzehntausende, nämlich durch die ganze Frühsteinzeit, auf unsere Ahnen eingewirkt hat.

KONRAD LORENZ [3]

Der allgemeinen Aussage, Aggression sei ein echter Instinkt mit eigener endogener Erregungsproduktion und dem entsprechenden Appetenzverhalten, kann man aber nach den bisherigen Befunden nicht zustimmen. Für die Verfechter der These, Aggression sei ein spontaner und kumulierender Trieb, liegt die Gefahr nahe, Befunde zu sammeln, die sich mit dieser These vertragen.

WOLFGANG WICKLER [4]

Um dem Phänomen der Aggression beizukommen, geht Lorenz von den Ergebnissen der Ethologie aus, von der vergleichenden Verhaltensforschung bei Tieren. Durch Beobachten tierischen Verhaltens gelangt er zu dem Schluß, daß es einen *Aggressionstrieb* geben muß, der auf instinktmäßiger Basis fußt.

Dieser postulierte, also angenommene Aggressionstrieb hat nach Lorenz eine eigene Erregungsproduktion, die permanent vorhanden ist und ein angeborenes Merkmal darstellt. Der Aggressionstrieb ist ein Instinkt wie jeder andere und fügt sich unter natürlichen Bedingungen ohne Nachteile in die Lebensgeschichte aller lebenden Wesen ein. Durch die eigene Erregungsproduktion bekommt die Aggression einen spontanen Antrieb. Ein *Trieb,* also auch der Aggressionstrieb, ist jedoch nach Lorenz nicht ein rein reaktives Geschehen: „Instinktives Verhalten ist also nicht rein reaktiv, es wartet nicht wie eine ungebrauchte Maschine darauf, daß auf den Auslöseknopf gedrückt wird, sondern es meldet sich selbst zu Wort und drängt zum spontanen Hervorbrechen" [5].

Der Aggressionstrieb hat demnach besonders auch eine latente (verborgene) aktive Komponente. Da diese Erregungsproduktion nicht abzuschalten ist und anhält, auch wenn der Aggressionstrieb nicht beansprucht wird, also die Außensituation ohne Einfluß bleibt, lädt sich dieser auf und drängt mit größter Regelmäßigkeit nach Entladung. Eine sogenannte auslösende Situation kann die Aggressionshandlung in Gang setzen. Das wäre dann der berühmte Tropfen, der den Krug zum Überlaufen bringt.

Lorenz schränkt die Ausübungsbreite dieser Handlungen ein und begrenzt sie auf innerartliche (= intraspezifische) Individuen oder Gruppen. Aggression ist in seiner Sicht ein Kampftrieb, der nur und ausschließlich auf Artgenossen gerichtet ist. Er ist sowohl bei Tieren als auch beim Menschen vorhanden. Es gibt also nur Aggression zwischen Mensch und Mensch, oder zwischen Katze und Katze (u. a.). Aggression ist nur innerhalb einer gleichen Art relevant.

Von diesem Konzept ausgehend, entwickelt Lorenz ein hypothetisches Modell, das in folgendem Schema dargestellt werden kann (Abb. 2).

Eine Heizplatte, die immer Wärme produziert, stellt den Aggressionstrieb dar. Diese spontane und spezifische Erregungsproduktion hat kumulativen Charakter. Die anfallende Energie wird gespeichert, solange sie nicht gebraucht wird. Sie wird aufgestaut. Im Schema wäre es der Dampfdruck im Innern des Kessels, der immer größer wird, wenn kein Ablaß vorhanden ist. Eine Druckverminderung, ein

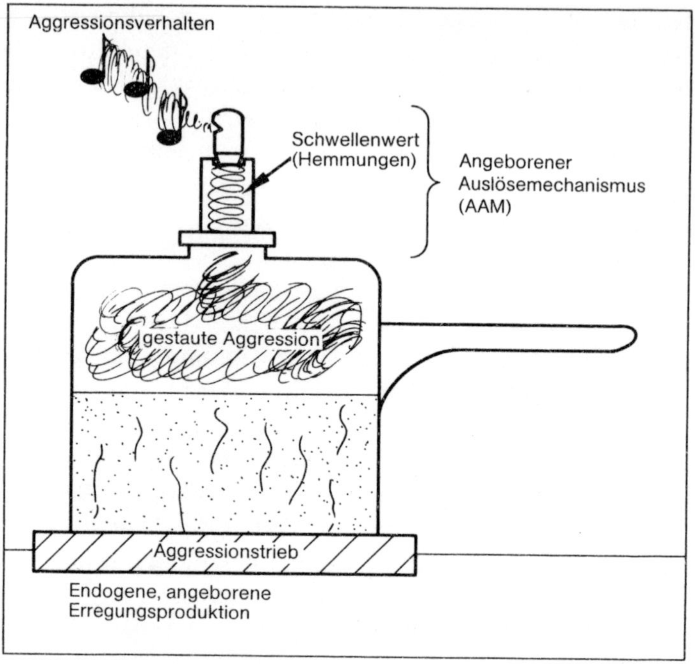

Abb. 2 Dampfkesselschema (vereinfachtes Schema des psychohydraulischen Modells von Lorenz)

Abgeben der Erregungsenergie an die „Außenwelt“ ist nur über ein Aggressionsverhalten möglich. Wenn die „bessere Hälfte“ einen „zum Sieden“ gebracht und man im folgenden Streit ihr mindestens ein Kissen nachgeworfen hat, ist die Aggressionsenergie durch diese Handlung vermindert worden, die Energiestauung wurde abgebaut.

Das Erregungsventil, angeborener Auslösemechanismus (AAM) genannt, reguliert das Aggressionsverhalten und bestimmt dadurch die Verminderung der aufgestauten Energie. Der Schwellenwert des Ventils ist durch die Summe der Hemmungen, der Widerstände gegeben. Wenn das Ventil einen hohen Druck verträgt, bevor es Dampf abgehen läßt, sind die Widerstände, die sich gegen die Aggressionshandlung erheben, sehr groß. Es kommt zu einer

längeren „Stauungszeit“, bis plötzlich die Ausdruckshemmungen überwunden sind. Wenn dann eine Entladung stattfindet, wird sie um so größer und wilder sein, je höher der Druck war. Umgekehrt gilt: je kleiner der Schwellenwert (= sehr schwaches Ventil), desto kleiner kann der Auslösereiz sein, um eine Aggressionshandlung hervorzurufen. Die aufgestaute Erregung bleibt in diesem Fall klein, wie auch die Intensität der nachfolgenden Handlung.
Das „Aggressionsventil“ hat einen ziemlich komplexen Aufbau. Die Reizschwelle kann durch verschiedene Störfaktoren entweder erhöht oder erniedrigt werden. Eine gute Freundschaft z.B. hat eine eindeutige schlichtende Wirkung und erhöht dadurch den Schwellenwert des Ventils. Diese Veränderungen des Schwellenwertes kommen etwa dem Ölen oder dem Versanden des Ventils gleich. Ein häufig vorhandener Faktor, der das Ventil verstellt, ist die Angst. Unter ihrem Einfluß kommt es häufig zum Ablauf aggressiver Handlungen, auch wenn der Auslösereiz im Vergleich zu einer Normalsituation gesehen unterschwellig wäre.
Eine weitere Kategorie von Auslösereizen sind die verschiedensten Frustrationen. Nach Lorenz löst jede Frustration beim Menschen aggressives Verhalten aus. Wenn man oft frustriert wird, erhält man oft die Möglichkeit, aggressiv zu antworten. Die Frustrationen dienen somit als auslösende Reize, womit ein Erregungsstau vermieden wird. Durch Frustrationen wird also das Aggressionsverhalten ausgelöst und das Erregungsniveau erniedrigt. Da dann stets nur wenig Erregungsenergie vorhanden ist, wird die betroffene Person nicht übermäßig aggressiv sein. Wenn man dagegen bemüht ist, möglichst alle Frustrationen fernzuhalten, so führt dies nur zu einem Aggressionsstau. Der Aggressionsausdruck kann auch in Form einer ganzen Reihe (Sequenz) von Ereignissen erfolgen, die aber automatisch ablaufen, sobald das erste Ereignis, die erste Handlung, eingeleitet ist.

Dieses psycho-hydraulische Modell erlaubt zusätzlich die Aussage, daß je größer die allgemeine Energie des Individuums ist, um so öfter muß es „Dampf ablassen", den Aggressionsstau ableiten.
Das Aggressionsventil, der Auslösereiz, ist auch artspezifisch. Eine Katze reagiert also auf gewisse Reize, auf die ein Hund nicht reagieren würde. Desgleichen reagieren wir nur auf solche Reize, die im *menschlichen* Leben eine Bedeutung beinhalten, aber kaum eine gleichwertige Auswirkung im Leben eines Tieres besitzen. So wird eine Katze beim Anblick des neuesten Steuerbescheids kaum fuchsteufelswild werden. Wir schon.

Appetenzverhalten

Es kann vorkommen, und darin besteht ein wichtiger Punkt des Lorenz'schen Modells, daß die Hemmungen sehr groß werden oder daß kein Auslösereiz vorhanden ist, der regelmäßig den Ablauf der Aggressionshandlungen sicherstellt. Die nötige Energie zu einer Aggressionshandlung genügt nämlich nicht, um auch eine Entladung hervorzurufen.
Dazu bedarf es noch eines sogenannten auslösenden Reizes. Eine Instinkthandlung wie jene der Aggression wird durch einen Reiz ausgelöst, der zudem noch artspezifisch ist. Je länger nun der Trieb unbefriedigt ist, je länger kein Auslösereiz vorhanden war, desto mehr sucht der Organismus nach einem solchen Reiz. Diese „Suche" nennt Lorenz *Appetenzverhalten.* Dies führt zu einer langsamen Schwellenerniedrigung, bis das Ventil ohne eigentlichen Grund in irgendeinem Moment „losgeht". Dabei kann der normale Auslösereiz durch irgendeinen anderen ersetzt werden, bei dessen Vorkommen dann die ganze Aggressionshandlung abläuft. Im Extremfall haben wir dann eine sogenannte Leerlaufhandlung, das heißt, die Instinktreaktion springt ohne erkennbaren äußeren Reiz an.

„Ein jungaufgezogener Star, den ich vor vielen Jahren hielt, hatte nie in seinem Leben Fliegen gefangen, noch auch einen anderen Vogel dies tun sehen. Er hatte sein Leben lang alles Futter aus dem Näpfchen in seinem Käfig bezogen, das ich ihm täglich füllte. Eines Tages sah ich nun ihn auf einer Bronzestatue im Speisezimmer der Wiener Wohnung meiner Eltern sitzen und sich ganz merkwürdig gebärden. Mit schiefgehaltenem Kopf schien er die weiße Zimmerdecke über sich zu mustern, dann wieder schienen seine Augen- und Kopfbewegungen unmißverständlich zu zeigen, daß er aufmerksam beweglichen Objekten folgte. Schließlich flog er ab und zur Decke empor, schnappte nach etwas mir Unsichtbarem, kehrte zu seiner Warte zurück, vollführte die allen insektenfressenden Vögeln eigenen Bewegungsweisen des Totschlagens einer Beute und machte Schluckbewegungen. Dann schüttelte er sich, wie es so viele Vögel beim Eintreten innerer Entspannung tun, und setzte sich zur Ruhe. Dutzende von Malen bin ich auf einen Stuhl geklettert, ja, eine Stehleiter habe ich ins Speisezimmer geschleppt – Wiener Wohnungen jener Zeit hatten hohe Zimmer –, um nach der Beute zu suchen, die mein Star erschnappte: es waren keine auch noch so kleine Insekten vorhanden!“ [6].
In diesem Falle fehlte der normale Auslösereiz, nämlich die zu erhaschende Fliege. Da die Instinktreaktion sich jedoch aufstaut, reagiert sie sich an einem Scheinobjekt ab. Dies ist dann die ‚Leerlaufhandlung'. Beim Menschen beschreibt Lorenz dieses Appetenzverhalten am Beispiel seiner Dienstmädchen verschleißenden Tante (s. Kap. VI).

Hat Aggression einen Sinn?

Nach Lorenz kann die Aggression nur deshalb entstanden sein und auch heute noch bestehen, weil sie eine arterhaltende Funktion hatte bzw. noch innehat.

Dieser arterhaltenden Leistungen sieht Lorenz drei:

1. Soziale Wirkung: die arteigene Aggression bewirkt eine gegenseitige *Abstoßung* der verschiedenen Individuen und dadurch deren räumliche Verteilung. So wird der zur Verfügung stehende Lebensraum aufgeteilt. Darin kann sich dann auch der Schwächere ein Gebiet sichern, allein schon durch Flucht, durch topografische Entfernung vom Stärkeren [7]. So kann die zur Verfügung stehende Nahrungsmenge unter alle Tiere verteilt werden, auch wenn der Stärkere mehr davon bekommt als der Schwächere. Diese scheinbare Ungleichheit wird teilweise dadurch aufgehoben, daß die stärkeren Tiere gewöhnlich mehr Nachwuchs haben, so daß jedes Tier und auch jedes Jungtier ungefähr gleich viel Nahrung finden kann. Der bestehende Lebensraum kann optimal ausgenützt werden.

2. Erstellen einer *Rangordnung.* Das Bestehen einer Rangordnung erlaubt den Aufbau hierarchischer Strukturen. Diese wiederum bewirken eine sogenannte „soziale“ Lebensart, die hohen arterhaltenden Wert hat. Das Auftreten einer Kultur und schließlich einer Zivilisation hat keinen anderen Ursprung.

3. *Zuchtauslese.* Dadurch wird bei gewissen Arten (weniger oder gar nicht beim Menschen) das stärkste und beste Männchen auserkoren, das dann natürlich das oder die ihm zusagenden Weibchen erobert. Damit sollte dann die Nachkommenschaft um so besser im Lebenskampf bestehen können. Wenn auch dem Zweck entfremdet, so soll dieser instinktive Drang beim Menschen immerhin noch bestehen.

Der tiefere Sinn der Aggression beim Tier ist demnach immer die Erhaltung der Art. Sozial gesehen ist sie für das Weiterbestehen der Spezies ausgesprochen förderlich. Beim Menschen ist die Wirkung im Normalfalle die gleiche

löbliche. Gewisse heutige Zivilisationserscheinungen bringen jedoch die Normalfunktion des Aggressionstriebes zum Entgleisen. Der Mensch kann Vergeltung z. B. über eine Maschine ausüben. Wenn jemand eine Bombe legt, so wird die Aggression unpersönlich, weil der Mensch nicht mehr Träger einer direkten aggressiven Verhaltensweise ist. Als Resultat haben wir Fehlleistungen unseres instinktiven Verhaltens. Wir haben eine Aggressionssituation ohne Wut, eine „kaltblütige" Aggression. So sagt Lorenz: „Als die Menschen eben gerade soweit waren, daß sie kraft ihrer Bewaffnung, Bekleidung und ihrer sozialen Organisation die von außen drohenden Gefahren des Verhungerns, Erfrierens und Gefressenwerdens von Großraubtieren einigermaßen gebannt hatten, so daß diese nicht mehr die wesentlichen selektierenden Faktoren darstellten, muß eine böse intraspezifische Selektion eingesetzt haben. Der nunmehr Auslese treibende Faktor war der Krieg, den die feindlichen benachbarten Menschenhorden gegeneinander führten. Er muß eine extreme Herauszüchtung aller sogenannten *kriegerischen Tugenden* bewirkt haben, die leider noch heute vielen Menschen als wirklich anstrebenswerte Ideale erscheinen" [8].
Das Hauptargument dieser These besteht darin, daß der Grund der Entgleisungen sozialer oder zivilisatorischer Natur ist, die Ausführung jedoch „naturgegeben", durch die instinktive Grundlage des Aggressionstriebes bedingt. Ein instinktives Merkmal ist vererbt und demnach nicht veränderbar und auch nicht auszumerzen.

Aggression als Gruppenerscheinung

Neben der individuell ausgeprägten Aggression kennt Lorenz noch eine überindividuelle Aggression. Darunter versteht er Erscheinungen wie Begeisterung und ähnliche impulsive soziale Reaktionen. Die extreme Ausformung ergibt dann Verhaltensweisen wie den Fanatismus, eine Art kommunaler, gemeinsamer Aggression, oft nicht gegen ein bestimmtes Individuum gerichtet, sondern gegen eine soziale Ordnung oder eine externe gesellschaftliche Einheit. „Der Drang, sich für Werte zu begeistern und für sie zu kämpfen, ist dem Menschen zweifellos angeboren, er ist von vormenschlichen Ahnen ererbt“ [5].

Sicherungsmechanismen

> *Wir sind das Höchste, was die großen Konstrukteure des Artenwandels auf Erden bisher erreicht haben – wir sind ihr letzter Schrei, aber sicher nicht ihr letztes Wort.*
>
> KONRAD LORENZ [9]

> *In der Vorgeschichte der Menschen waren keine besonders hochentwickelten Hemmungsmechanismen zur Verhinderung plötzlichen Totschlages nötig, da ein solcher sowieso nicht möglich war. Der Angreifer konnte sein Opfer ja sowieso nur durch Kratzen, Beißen und Würgen ums Leben bringen, und dabei hatte dieses reichlich Gelegenheit, durch Demutgebärden und Angstschreie an die Aggressionshemmung des Angreifers zu appellieren.*
>
> KONRAD LORENZ [10]

Der angeborene Aggressionstrieb kann sich beim Tier und natürlich um so mehr beim Menschen sozial negativ auswirken. Ein Grund dafür sind die arttypischen Waffen. Beim Menschen sind sie sinnigerweise am meisten entwickelt. Tiere benutzen sie normalerweise nie gegen Artgenossen. Dazu haben sie eine Art vererbten „Verhaltensriegel“, den Lorenz *Tötungshemmung* nennt. Dieser Sicherungsmechanismus ist jedoch beim Menschen kaum mehr mit seinem Aggressionstrieb zusammengekoppelt und der überindividuellen Aggression schon gar nicht mehr beigefügt. Dies ist ein Grund mehr, daß die Fehlleistungen des menschlichen Aggressionstriebes katastrophale Folgen haben können. „Schon der Faustkeil des Vormenschen Australopithecus hat dem Brudermord Vorschub geleistet, indem er ein so plötzliches und (für den Mörder) schmerzloses Töten ermöglichte, daß der Angegriffene keine Gelegenheit mehr hatte, durch Schmerzensschreie und Unterwerfungsgebärden das Mitleid, mit anderen Worten, die Tötungshemmung des Angreifers zu aktivieren. Beim Gebrauch moderner Fernwaffen kommt diesem überhaupt kaum mehr zum Bewußtsein, daß er durch den Druck auf einen Auslöseknopf Mitmenschen die Gedärme zerreißt. Kein moderner Mensch würde auch nur auf die Jagd gehen, wenn es den emotionalen Schichten seiner Seele nahegebracht würde, welche Folgen das Krummachen eines Fingers für das gejagte Tier hat. Kein normaler Mensch würde zum Vergnügen einen Hasen oder ein Reh mit Fingernägeln und Zähnen töten wollen" [5].

Aggression kann man abreagieren

Nach Lorenz sollte der „einigermaßen der Selbstbeobachtung fähige Mensch" imstande sein, seine aufquellende Aggression gegen ein Ersatzobjekt umzuorientieren. Er meint damit, daß man die gestaute Erregungsenergie abreagieren kann, indem man auf ein anderes Objekt, einen Ersatz „losgeht".

So schlägt man mit möglichst großem Getöse seine Faust auf den Tisch der Diskussionsrunde, als Ersatz gewissermaßen, daß man diese gleiche Faust nicht auf den verhaßten Gesprächspartner niedersausen läßt.

Es handelt sich um eine *bewußte* Reaktion, wobei der muskuläre und nervöse Aufwand eben eine Erregungsverminderung erreichen soll. Unter den Verhaltensweisen, die dieses „reinigende Abreagieren" bewerkstelligen, nimmt der Sport im allgemeinen einen großen Platz ein. Die Sportregeln erreichen dabei, daß die Aggression in einem vorgeschriebenen und ritualisierten Rahmen bleibt, der jeden sozialen Schaden verhütet.

Auch die Begeisterung für Kunst und Wissenschaft sieht Lorenz als wichtige Möglichkeit, seine Aggressionen stellvertretend loszuwerden.

Kann Aggression ausgemerzt werden?

Man kann Aggression, nach Lorenz, nicht ausschalten. Wenn man auslösende Reize fernhält oder Aggression streng verbietet, so ist es, als schraubte man am Sicherheitsventil des brodelnden Kessels die Verschlußfeder immer fester zu.
Man muß Aggression ausleben. Dies um so mehr, als „die intraspezifische Selektion dem Menschen in grauer Vorzeit ein Maß von Aggressionstrieb angezüchtet hat, für das er in seiner heutigen Gesellschaftsordnung kein adäquates Ventil findet" [11].
Das Ausleben der aggressiven Triebe hält Lorenz nicht nur für wünschbar, um Stauungen zu vermeiden, sondern auch noch für notwendig für die Aufrechterhaltung der menschlichen Gesundheit im weitesten Sinne.
Als Beispiel führt Lorenz die *Ute*-Indianer an, die an einem Übermaß an Aggression leiden, das vererbt sei. Sie können heutzutage diese Aggressionen nicht mehr ausleben, weil sie in einem abgegrenzten, friedlichen Territorium leben müssen. So leiden sie sehr häufig unter Neurosen. Dadurch sind Vergehen wie Totschlag und Gewalttätigkeit an der Tagesordnung. Desgleichen häufen sich die selbstverschuldeten Autounfälle in dieser ethnischen Gruppe. Da diese Tendenz vererbt ist, kann keine Abhilfe geschaffen werden, die eine langandauernde Wirkung hätte. Die Protokolle der Untersuchungen bei diesen Indianern lesen sich laut Lorenz „wie griechische Trauerspiele, in denen ein unausweichliches Schicksal die Menschen zwingt, schuldig zu werden und freiwillig Sühne für die unfreiwillig erworbene Schuld zu leisten" [12].
Lorenz geht also davon aus, daß Aggression ein uns angeborener Trieb mit steter Erregungsproduktion sei. Aggression ist somit eine menschliche Grunderscheinung, die in jedem von uns schlummert und jederzeit – vor allem, wenn Auslösereize fehlen – zur Explosion führen kann.

Dennoch hat der Aggressionstrieb zunächst eine arterhaltende Funktion, d.h., gäbe es keinen Aggressionstrieb, könnte weder eine menschliche noch eine tierische Gesellschaft existieren. Die Funktionen sind: a) Abgrenzung des Lebensraumes, b) Ausbildung einer Rangordnung und c) Auswahl der Stärksten und Gesündesten. Der Mangel an Tötungshemmung und an Gelegenheiten, Aggressionen auf harmlose Weise abzureagieren, führt dazu, daß Aggression beim Menschen gefährliche und verheerende Folgen haben kann. Zur Verringerung unerwünschter Aggressionen werden Ersatzbereiche wie Sport, Kunst, Wissenschaft usw. hervorgehoben, wo der Aggressionstrieb auf harmlose Weise abreagiert, d. h. sublimiert werden könne.

Aggressionstheorien einiger Lorenz-„Schüler"

Den Nachfolger von Lorenz im Max-Planck-Institut für Verhaltensphysiologie in Seewiesen, Wolfgang Wickler, beschäftigt speziell die Frage, ob Aggression spontan oder als Reaktion auf ein Geschehnis auftritt [13]. Im Gegensatz zu Lorenz meint er, daß die Vorstellung, Aggression sei ein echter Instinkt mit eigener endogener Erregungsproduktion und dem entsprechenden Appetenzverhalten, *nicht* zu vertreten sei.

Er begründet diese Ablehnung mit dem Wesen des Instinktes, dessen Natur nichts anderes als die physiologische Grundlage einer Handlungsfolge ist. Die Aggression kann nach Wickler nicht unter die Haube eines Instinktes gebracht werden. Er schreibt dem Zusammenspiel zwischen Angeborenem und Erlerntem eine große Bedeutung zu, da erst dieses Zusammenspiel eine komplexe Handlungsabfolge bestimmt. Die Aggression hat demnach eine eindeutige Lernkomponente. Ein Teil einer aggressiven Handlung ist immer erlernt.

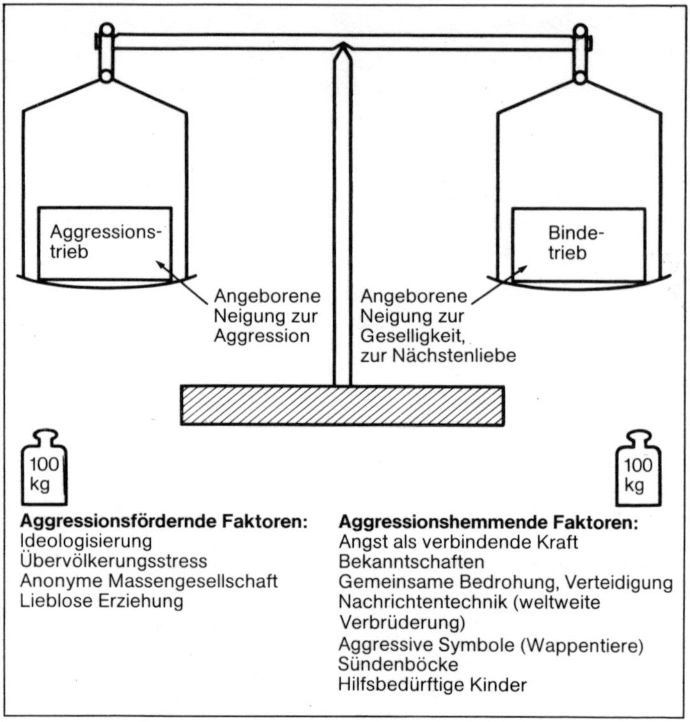

Abb. 3 Gegenüberstellung von Aggressions- und Bindetrieb

Hinde billigt der Lerntheorie eine noch größere Bedeutung für das Aggressionsverhalten zu. „Wäre die Aggression das Produkt eines unvermeidbar auftretenden Triebes, so könnte man sich nur bemühen, das Resultat harmlos zu gestalten. Wäre das jedoch nicht der Fall, sollte man besser auf Ontogenie zurückblicken“ [14]. Mit Ontogenie meint er hier die Entwicklungsgeschichte eines einzelnen Individuums, sein Wachsen und Entfalten.

Der Lerneffekt hat jedoch Grenzen, die oft strukturell bedingt sind (Grenzen der Wahrnehmung z. B.). Dazu kommen noch Einflüsse der Umwelt, die den eventuellen Aggressionstrieb umwandeln können.

Schließlich sind noch die Aussagen von Tinbergen zu beachten. Dessen Beobachtungen, die das Tierverhalten betreffen, lassen ihn an Stelle des Aggressionstriebes eine komplexere Einheit wählen. Er stellt ein *Angst-Flucht-Aggressions-System* auf, das den arterhaltenden Effekt der „reinen“ Aggression in Frage stellt: „Das erfolgreichste Männchen ist nicht der tolle Draufgänger, sondern dasjenige, in welchem Kampf- und Fluchtneigungen in einem gewissen Gleichgewicht stehen“ [15]. Großes Gewicht, zumindest beim Menschen, mißt er der sozialen Umwelt zu: „Man kann sagen, daß unser Kortex und unser Kleinhirn (unser ‚Verstand' und unsere ‚Instinkte') sich in den Haaren liegen. Zusammen haben sie eine neue soziale Umwelt geschaffen, in welcher sie, anstatt unser Überleben zu sichern, eher daran sind, das Gegenteil zu tun“ [16].
Für Eibl-Eibesfeldt ist die Grundlage aggressiver Dispositionen erwiesenermaßen genetisch bedingt [17, 18]. Die einseitige Aggressionstrieb-Theorie bereichert er jedoch durch den *Bindetrieb,* der als Gegenspieler des Aggressionstriebs wirkt. Der Mensch ist von Natur aus zum Guten wie zum Bösen vorprogrammiert. Er bejaht die Möglichkeit, aggressives Verhalten durch Lernen zu beeinflussen, und stellt das soziale Vermögen bei Mensch und Tier stärker heraus. Mit anderen Worten: in den angeborenen Anlagen zur Geselligkeit (Bindetrieb) sieht Eibl-Eibesfeldt die Chance der Aggressionsbewältigung (Abb. 3).

Zur Frustrations-Aggressions-Hypothese

Die Frustrations-Aggressions-Hypothese kann nur Mythen produzieren, die – mögen sie auch nicht ganz richtig sein – doch eher der Emanzipation dienen als die Instinkt-Mythen.

WOLFGANG SCHMIDBAUER [1]

In ihrer ursprünglichen Form geht die *Frustrations-Aggressions-Hypothese* auf eine Forschergruppe der Yale-Universität unter Dollard und Miller zurück [2]. Diese Gruppe ging vor allem von der Annahme aus, daß Versagungserlebnisse (Frustrationen) zu Aggressionen führen. *Frustration* wird als eine Behinderung oder Verhinderung einer bereits bestehenden, auf ein Ziel gerichteten Aktivität definiert. Frustration bedeutet also eine Unterbrechung einer zielgerichteten Handlung, nicht aber das diesem Ereignis folgende Erlebnis oder das darauffolgende Gefühl der enttäuschten Person.
Aggression wird als ein Verhalten definiert, das von einer Absicht zur Schädigung einer anderen Person oder eines Ersatzes für die Person geleitet wird. Zunächst fixierten die Autoren folgende Grundannahmen:

1. Das Auftreten von Aggression setzt immer die Existenz von Frustration voraus. Mit anderen Worten: Aggression ist immer eine Folge von vorangegangener Frustration.

2. Frustration führt immer zu irgendeiner Form der Aggression.

Bereits 1941 nahm Miller [3] folgende Differenzierung vor: Frustration führt zwar immer zu aggressiven Neigungen, da Frustration aber auch andere, nicht-aggressive Neigungen hervorrufen kann, braucht eine Frustration nicht zu einem beobachtbaren aggressiven Verhalten zu führen. Die

zweite Grundannahme der Frustrations-Aggressions-Hypothese wurde also dahingehend geändert, daß auf Frustration verschiedene Verhaltensweisen folgen können, von denen Aggression die wichtigste ist.
Neben diesen beiden Grundannahmen formulierte die Gruppe weitere Hypothesen: Die Stärke der Aggressionsneigung hängt direkt von der Stärke der vorausgegangenen Frustration ab. Je größer die Frustration, desto größer die Aggressionsneigung. Die Aggressionsneigung hängt außerdem vom Grad der Störung ab. Lasse ich etwa meine Braut bei einem Rendezvous über eine Stunde warten, so wird sie mich sehr wahrscheinlich eher mit einer aggressiven „Begrüßung" empfangen, als wenn ich sie nur 15 Minuten hätte warten lassen.
Die Aggressionsneigung kann aber auch mit der Anzahl der Störungen innerhalb eines bestimmten Zeitraumes zunehmen. Wir nehmen eine kleine Störung, etwa daß der Schnürsenkel reißt, noch nicht sehr tragisch. Sind wir jedoch in Eile, und haben wir vorher uns bereits beim Rasieren geschnitten, kein passendes und sauberes Hemd im Kleiderschrank gefunden usw., dann wird die Wahrscheinlichkeit einer aggressiven Handlung erheblich größer. „Uns platzt der Kragen."
Dollard und Mitarbeiter nehmen weiter an, daß die durch Frustration erzeugte Aggressionsneigung sich primär gegen die frustrierende Ursache richtet. Dies allerdings mit der Einschränkung, daß die Bestrafungserwartung für eine aggressive Handlung gering ist. Mit anderen Worten: je größer die Bestrafungserwartung für eine aggressive Handlung ist, desto größer die Aggressionshemmung, und desto weniger wahrscheinlich ist eine nachfolgende beobachtbare Aggression. Untersuchungen konnten diese Hypothese bestätigen. So wird gegen sozial höher stehende Personen unter sonst gleichen Umständen weniger aggressiv vorgegangen als gegen Personen, die sozial gleichgestellt sind oder eine niedrigere soziale Stellung innehaben [4].

Ergänzungen zur Frustrations-Aggressions-Hypothese

Im Laufe der Jahre wurden diese Hypothesen immer wieder verbessert, verändert und verfeinert. Dabei war eine wesentliche Frage, ob die Frustration willkürlich oder nicht-willkürlich erfolgt. Lee [5] konnte z. B. nachweisen, daß Frustrationen, die willkürlich erfolgten, weitaus eher zu Aggressionen führten als Frustrationen, die begründet erfolgten. Die Willkürlichkeit einer Frustration muß also als ein wichtiges Merkmal für die Entstehung aggressiver Neigungen angesehen werden [6].
Eine weitere Ergänzung der ursprünglichen Frustrations-Aggressions-Hypothese geht vor allem auf Berkowitz [7] zurück. Sie bezieht sich auf gefühlsmäßige Vorgänge, die als Folge von Frustration die Wahrscheinlichkeit aggressiven Verhaltens erhöhen und/oder begleiten. Berkowitz bezeichnet diese Emotionen z. B. mit dem Begriff Ärger.
Diese gefühlsmäßigen Vorgänge können nun jedoch die Aggressionsneigungen nicht nur erhöhen, sondern umgekehrt auch verringern. So kann z. B. das Auftreten von Furcht die Aggressionsneigung der frustrierten Person erheblich verringern. Dabei wird nach einer Frustration bzw. Aggression eher dann Furcht statt Ärger auftreten bzw. überwiegen, wenn die Person:

– sehr große körperliche oder seelische Schäden erlitten hat oder erwartet,
– und/oder keine Möglichkeit zur Vergeltung erlittener Schäden hat, bzw. wenn eine große Bestrafungserwartung hinsichtlich der eigenen aggressiven Handlungen besteht [8].

Schließlich stellt Berkowitz die Hypothese auf, daß der durch Frustration entstandene Anreiz zur Aggression (Ärger) nur dann das Auftreten aggressiven Verhaltens bewirke, wenn in der Situation geeignete Umweltreize vorhanden seien. Solche Umweltreize können zum Beispiel Waffen sein [9].

Die Frage, ob und für welches Verhalten ein bestimmter Reiz Signalcharakter hat, scheint allerdings von den vorangegangenen, gelernten Bedeutungsverbindungen abzuhängen [10].
In jüngster Zeit hat Denker [11] eine zusätzliche Erweiterung der Frustrations-Aggressions-Hypothese vorgenommen, indem er die *Frustrations-Angst/Flucht-Aggressions-Hypothese* formulierte. Nach Denker erfolgt auf jede Frustration zunächst einmal als psychische Äußerung Angst. „Bei gleichzeitiger Entwicklung gesteigerter sensorischer Aufmerksamkeit und motorischer Spannung" liefert sie die Energie zu Aktionen, „um entweder die Störung durch Aggression zu beseitigen oder ihr durch Flucht auszuweichen" [12].
Ein Mensch wird nach der Frustration zunächst einmal Angst bekommen. Läßt die Situation es zeitlich zu, sind kontrollierte (nicht-aggressive) Handlungen möglich. Das heißt, nicht jedes auf Frustration folgende Angsterlebnis muß notwendigerweise zu Aggressionen führen. Wohl aber ist jede Aggression eine Geburt der Angst. Denker schaltet somit noch zwischen Frustration und Aggression die Angst als Zwischenstation ein.

Zur lernpsychologischen, „behavioristischen“ Aggressionstheorie

Die epidemischen Geisteskrankheiten der Gegenwart pflegen, aus Amerika kommend, in Europa mit einiger Verspätung aufzutreten. Während der Behaviorismus in Amerika im Abflauen ist, grassiert er neuerdings unter europäischen Psychologen und Soziologen. Es ist voraussagbar, daß die Epidemie abklingen wird.

KONRAD LORENZ [1]

Die Aggressionstrieb- bzw. -instinkttheorie geht von einem angeborenen, spontanen Aggressionstrieb aus. Die Frustrations-Aggressions-Hypothese führt Aggression auf vorausgegangene Frustration zurück. Dabei wird offen gelassen, ob der Aggression ein Trieb zugrundeliegt oder ob sie sozial vermittelt ist.

Die Lernpsychologen gehen nun davon aus, daß aggressives Verhalten, ja das Verhalten schlechthin, zum größten Teil gelernt und erworben, das heißt durch die soziale Umwelt, durch deren Bedingungen, hervorgebracht und verändert werden kann.

Bereits 1938 wies Skinner [2] nach, daß das Verhalten von Mensch und Tier geformt wird durch das sogenannte „operante Konditionieren“, das Bekräftigungslernen oder Lernen am Erfolg. Eine Verhaltensäußerung könne dadurch zur Gewohnheit werden, daß sie verstärkt (belohnt) würde. Jede positive Verstärkung (z. B. Lob) eines Verhaltens führt also dazu, dieses Verhalten zu wiederholen, während negative Verstärkung (z. B. Bestrafung) zur Löschung der betreffenden Einstellung und Verhaltensform führt. Letzteres allerdings nur dann, wenn die negative Verstärkung kontinuierlich erfolgt.

Skinner sperrte Ratten in einen Käfig, in dem sich ein Hebel befand, durch den, wenn er betätigt wurde, ein Futterkorn in den Käfig fallen konnte. Berührte die Ratte zufällig den Hebel, fiel ein Futterkorn in den Käfig – die Ratte wurde belohnt. Erfolgte der Druck auf den Hebel zu Beginn des Experimentes stets zufällig, so lernte die Ratte – durch die Verstärkung – recht bald diese Verhaltensweise und drückte den Hebel automatisch, wenn sie Futter haben wollte. Sie hatte somit das Hebeldrücken gelernt (operantes Konditionieren) [3]. In einem anderen Experiment gelang es Reynolds, Catania und Skinner [5], eine friedfertige Taube aggressiv zu machen.

Diese Versuche verleiteten Skinner und viele Lernpsychologen dazu, von einer unendlichen Plastizität des Menschen auszugehen; der Mensch sei bei seiner Geburt eine Art Rohdiamant, weder gut noch böse, und würde erst im Laufe seines Erziehungsprozesses, seiner Sozialisationserfahrungen, durch das Lernen geformt. Der Mensch wird nicht als von Natur aus bereits festgelegt oder vorprogrammiert angesehen, er erlernt vielmehr im Laufe seiner Entwicklung die ihn kennzeichnenden Verhaltensweisen. Wie der Einzelne handelt, hängt somit letztlich von seinem sozialen Erfahrungsprozeß ab.

Der Begriff *Lernen* wird dabei in einem erweiterten Sinne gebraucht. Lernen bedeutet nicht nur – wie in der Umgangssprache – das Aneignen von Wissen. Es bezeichnet auch Verhaltensveränderungen, die aufgrund von Erfahrungen erfolgten, bzw. Prozesse, welche die Auftretenswahrscheinlichkeit eines Verhaltens verändern.

Besonders Bandura und Walters [5] machten sich verdient durch die konsequente Anwendung und Verbesserung der Skinnerschen Thesen in der Aggressionsforschung. Neben *Bekräftigungslernen* (Lernen am Erfolg, ‚operantes Konditionieren') ist dabei vor allem das *Beobachtungslernen* (Lernen am Modell, Imitationslernen) von großer Bedeutung für die Aggressionsentstehung.

Zum Bekräftigungslernen aggressiven Verhaltens

Der Irrglaube, daß man dem Menschen, richtige Konditionierung vorausgesetzt, schlechterdings alles zumuten, schlechterdings alles aus ihm machen kann, liegt den vielen Todsünden zugrunde, welche die zivilisierte Menschheit gegen die Natur, auch die Natur des Menschen, und gegen die Menschlichkeit begeht. Es muß eben übelste Auswirkungen haben, wenn eine weltumfassende Ideologie auf einer Lüge begründet ist. Die pseudodemokratische Doktrin trägt auch unzweifelhaft einen erklecklichen Teil der Schuld an dem drohenden und kulturellen Zusammenbruch der Vereinigten Staaten, der höchst-wahrscheinlich die ganze westliche Welt mit in diesen Strudel reißen wird.

KONRAD LORENZ [1]

Wie die Experimente von Skinner zeigten, geht dieses Lernkonzept davon aus, daß die Frage, ob ein Verhalten in Zukunft wieder ausgeführt wird oder nicht, überwiegend von den positiven oder negativen Folgen für den Handelnden abhängt. Die Bekräftigungen können dabei materieller Art sein, z. B. Geld, Spielsachen, Süßigkeiten, die man für ein gewisses Verhalten bekommt. Sie können aber auch psychischer Art sein, etwa in Form von zustimmenden, anerkennenden Äußerungen, Ermutigungen oder Lächeln. Das Bekräftigungslernen setzt voraus, daß die zu bekräftigenden Verhaltensweisen bereits vorhanden sind. „Um aggressives Verhalten bekräftigen zu können, müssen mindestens minimale Aggressionen vorhanden sein“ [2].

Aus dem Ansatz des Bekräftigungslernens lassen sich nun folgende Annahmen ableiten [3]:

1. Je mehr Erfolg ein Individuum mit aggressiven Handlungen hat, desto größer ist die Wahrscheinlichkeit, daß es auch in Zukunft aggressiv handeln wird.
2. Entscheidendes Kriterium für das Auftreten aggressiven Verhaltens ist die persönliche Erwartung, mit dieser Aggression auch Erfolg zu haben.
3. Vermeidet eine Person aggressionslose Verhaltensweisen, und ist sie mit ihrem aggressiven Verhalten erfolg-

reich, wird dieses verstärkt und bekräftigt, so daß unter Umständen bei dieser Person sogar der Eindruck entstehen kann, daß sie sich aggressiv verhalten muß.

4. Wird die Erfolgserwartung nicht jedesmal bekräftigt, ist die Verstärkung nicht kontinuierlich, führt dies zu einer ‚intermittierenden Verstärkung'. Die Erfolgserwartung, die sich mit einer aggressiven Handlung verknüpft, wird also nicht in jedem Falle verstärkt. Zahllose Experimente beweisen, daß gerade durch diese intermittierende Verstärkung ein Verhalten zwar langsamer aufgebaut wird, dafür aber gründlicher gelernt und somit weniger schnell vergessen wird [4].

5. Lernerfolge können auf andere Situationen übertragen werden, wenn die verschiedenen Situationen gleiche Hinweise für eine Auslösung aggressiven Verhaltens enthalten.

6. Nicht nur Reize, sondern auch Reaktionen können verallgemeinert (generalisiert) werden. In einem Experiment mit Kindern, die für ihr verbal-aggressives Verhalten belohnt wurden, konnte nachgewiesen werden, daß diese in der nachexperimentellen Phase wesentlich häufiger als vorher aggressives Spielzeug bevorzugten [5].

7. Die Art aggressiver Handlungen in der gleichen Situation hängt wesentlich von den Bedingungen dieser Situation und den Merkmalen der Person ab. So dürften schwächliche Personen gegenüber stärkeren Personen eher Spott und Verachtung äußern, während sie bei ihnen untergebenen Personen, z. B. bei ihren Kindern, unter Umständen nicht auf die Prügelstrafe verzichten möchten.

8. Die Erwartung von Erfolg durch aggressives Verhalten ist ein Motiv, das aus einem anderen Motiv hervorgegangen ist (z. B. Befriedigung des Strebens nach Macht, Besitz, Geltung); es wird nun selbständig, ist Antrieb für aggressives Verhalten, das zur Selbstbestätigung ausgeführt wurde.

Aufgrund des Konzeptes vom Bekräftigungslernen kann aggressives Verhalten erlernt werden. Dieses Erlernen kann über den Abbau alter, wie durch den Aufbau neuer

Erfolgserwartungen geschehen. Man könnte also aggressivem Verhalten entgegenwirken durch die Vermittlung und Bekräftigung von nicht-aggressiven, wünschenswerten Verhaltensweisen und durch ein Angebot von Alternativen, die dem Individuum erstrebenswert erscheinen. Der Abbau aggressiver Verhaltensweisen bedingt somit neue Erfolgserwartungen, die aggressionslose Verhaltensweisen bereitstellen. Bereits durch das Ausbleiben erwarteter negativer Verstärkungen, also durch Nichtbestrafung von aggressiven Verhaltensweisen, kann eine Bekräftigung dieses Verhaltens eintreten. Es kann als stillschweigende Zustimmung und somit Bekräftigung ausgelegt werden.

Die Frage, wie es überhaupt zu aggressiven Verhaltensweisen kam, bleibt jedoch offen. Auch die aggressionssteigernde Wirkung von – vor allem körperlicher – Bestrafung kann mit dem ‚operanten Konditionieren' nicht mehr erklärt werden. Daher muß dieser theoretische Ansatz stets in Verbindung mit dem Konzept des Beobachtungslernens gesehen werden [6].

Zum Beobachtungslernen aggressiven Verhaltens

Die durch das aggressive Vorbild angekurbelte Aggressivität des Kindes ist unter Umständen so intensiv, daß ein allenfalls hemmender Effekt der Strafe dagegen nicht mehr aufkommen kann.

EDUARD NAEGELI [1]

Aggressionen und Brutalitäten in Produktionen der Massenmedien setzen einen Lernprozeß in Gang. Sie stimulieren Kinder und Jugendliche. Sie laden sie aggressiv auf. Aggressionen und Brutalitäten verschärfen die Lernbereitschaft von Kindern in negativer Richtung.

HERIBERT HEINRICHS [2]

Brutalität und Aggression sind in den Medienprogrammen in Wirklichkeit notwendig für den Menschen, denn in einem aggressiven Zeitalter könne der Mensch durch derartige Programme seine aggressiven Spannungen abreagieren. Mediengewalt habe eine reinigende und entladende Verlaufsstruktur. Die brutale Sendung soll als Ventil für das aufgestaute Aggressionspotential wirken.

HERIBERT HEINRICHS über die Vertreter der Katharsis-Hypothese [3]

Das Konzept vom *Beobachtungslernen* geht davon aus, „daß das Verhalten des Modells als Reiz dient, um zwischen diesem und dem Beobachter eine größere Ähnlichkeit zu bewirken“ [4]. Man lernt am Modell, welche sozialen Verhaltensweisen zur Befriedigung eines Bedürfnisses erfolgreich anwendbar sind. Dabei vollzieht sich die Übernahme aggressiver Verhaltensweisen beim Lernen am Modell viel schneller als beim schrittweisen Aufbau aggressiver Neigungen durch das Bekräftigungslernen.
Die Theorie des Beobachtungslernens geht dabei davon aus, daß das aggressive Modell sich sowohl in einer Erhöhung der Zahl aggressiver Verhaltensweisen auswirkt, als auch in der Formung des Verhaltens. Neue Handlungsmuster werden nachgeahmt, aggressive Verhaltensmuster eingeschliffen.
Strafe ist nach diesem Konzept bereits ein aggressiver Akt. Mit anderen Worten: Eltern, die ihre Kinder körperlich züchtigen, dienen als aggressive Modelle. Durch die Bestrafung erfährt das Kind, daß aggressives Verhalten trotz des Verbotes anwendbar ist, welchen Effekt man damit erzielen kann und daß ein solches Verhalten Erfolg verspricht. Untersuchungen weisen nach: je strenger die Erziehung zu Hause, desto aggressiver verhalten sich die Kinder im Kindergarten [5].
Die Aggression wird durch die Strafe nicht ausgelöscht, sondern lediglich der Ort der aggressiven Handlung wird vom Elternhaus auf den Kindergarten verlagert, also auf andere soziale Bereiche, wo die Angst vor der Bestrafung geringer ist, der Erfolg mit einer aggressiven Handlung also wahrscheinlicher. Belschner [6] spricht in diesem Zusammenhang zu Recht von einem *Bumerang*-Effekt körperlicher Bestrafung.
Ebenfalls können aggressive Modelle in den Massenmedien zur Steigerung aggressiver Verhaltensweisen führen. Kinder, die aggressive Modelle im Film beobachten konnten, reagierten sprachlich wie auch körperlich bedeutend

aggressiver als Kinder, die keine aggressiven Modelle gesehen hatten. Das Miterleben aggressiver Handlungen scheint also nicht die Neigung zu aggressivem Verhalten zu verringern, sondern es informiert den Beobachter, daß aggressive Verhaltensweisen anwendbar sind und erfolgversprechend sein können [7].

Nun sind allerdings die Ergebnisse von Untersuchungen über den Einfluß von Aggression und Gewalt in den Massenmedien auf das Verhalten der Konsumenten bei weitem nicht einheitlich. Es bedarf daher noch weiterer Untersuchungen, ehe verallgemeinernde Aussagen zu diesem Problemkreis gewagt werden können. Immerhin steht wohl fest, daß Gewalttätigkeit im Fernsehen eher zu aggressivem Verhalten anregt als das Fehlen solcher Sendungen. Es können gewalttätige Handlungen begangen werden, die nicht geschehen würden, wenn es keine brutalen und gewalttätigen Szenen in den Massenmedien gäbe [8].

Das lernpsychologische Konzept der Aggression geht also davon aus, daß Aggressionen aus der steten Aktivität des Menschen, aus seinen Erfolgen und Mißerfolgen und aus den Möglichkeiten zur Nachahmung aggressiven Verhaltens entstehen bzw. bekräftigt werden.

Der kathartische Effekt

Wer kennt sie nicht,
die göttliche, spannungslösende Katharsis des Rauchens?

KONRAD LORENZ [1]

Die Antwort des Ethologen auf die Frage: „Warum strebt der Mensch nach Leistung?“ lautet demnach: „weil er seine intraspezifische Aggression ritualisieren muß und ihm die moderne Großstadtgesellschaft durch ihren Bevölkerungsdruck den Weg, dies über eine territoriale Abgrenzung zu tun, immer mehr versperrt, so daß ihm als Aggressionsritualisierung nur noch der Weg des Leistungsstrebens offen bleibt“.

JEAN-JACQUES HEGG [2]

Zum Schluß dieses Kapitels sollen die drei referierten Aggressionstheorien noch einmal anhand des kathartischen Effektes zur Verdeutlichung ihrer Tragweite gegenübergestellt werden.
Der Begriff *Katharsis* geht auf Aristoteles zurück, der damit die läuternde Wirkung des Schauspiels der griechischen Tragödie auf die Emotionen der Zuschauer kennzeichnen wollte.
Die Katharsis-Hypothese sagt aus, daß nach der Ausführung einer aggressiven Handlung der Anreiz für weitere Aggressionen erheblich vermindert werde, d. h. die Wahrscheinlichkeit weiterer Aggressionen bis auf den Nullpunkt sinke. Der Volksmund spricht hier vom ‚Dampfablassen' oder ‚Austoben'. Die drei Aggressionstheorien stehen zur Katharsis-Hypothese so:

1. Nach der *Triebtheorie* sinkt die Aggressionsbereitschaft nach einer aggressiven Handlung bzw. einer ritualisierten Form der Aggression (etwa: Leistungsstreben, Sporttreiben), da der Schwellenwert wieder gesunken ist (vergl. Abb. 4).
2. Aus der *lerntheoretischen Aggressionstheorie* folgt, daß – bedingt durch das Lernen am Erfolg und/oder Lernen

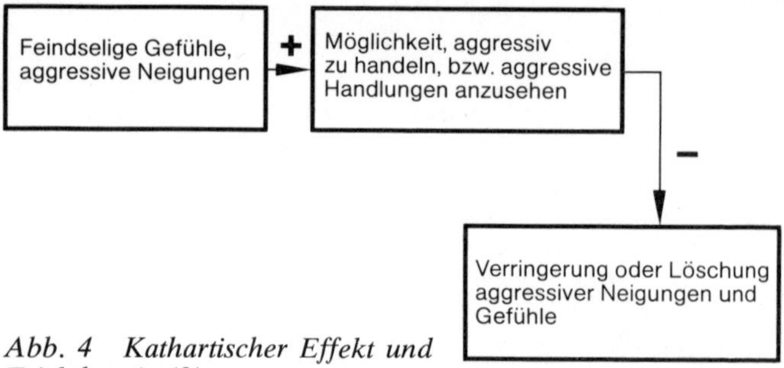

Abb. 4 Kathartischer Effekt und Triebtheorie (3)

Abb. 5 Lernpsychologische Aggressionstheorie: Kein kathartischer Effekt (4)

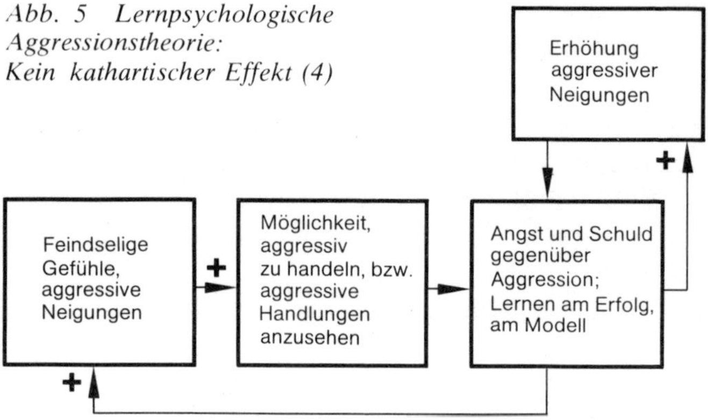

am Modell – die Aggressionsbereitschaft eher erhöht wird, zumindest jedoch nicht sinkt (vergl. Abb. 5).

3. Der *Frustrations-Aggressions-Hypothese* zufolge kann nur bei erfolgreicher Ausführung einer aggressiven Handlung ein kathartischer Effekt eintreten (vergl. Abb. 4), während bei nicht-erfolgreicher Aggression bzw. beim Aggressionsopfer eine Frustration und somit ein Aufbau aggressiver Neigungen erfolgen wird (vergl. Abb. 5).

III

Aggression – ein Wort aus 10 Buchstaben und 1000 Mißverständnissen

Der Begriff Aggression leidet unter einer babylonischen Sprachenverwirrung. Wenn wir etwa in der Sexualpädagogik bis auf den heutigen Tag der Meinung sind, daß Liebe ein Wort aus fünf Buchstaben und tausend Mißverständnissen ist, ergeht es jenem Wort aus zehn Buchstaben nicht anders. Hinter der Deutung verbirgt sich offen oder verdeckt die jeweilige wissenschaftliche Lehrmeinung. Hypothesen werden gegen Hypothesen aufgefahren. Und die Aggression wird bis zur Unkenntlichkeit verstümmelt.

REINHOLD RUTHE [1]

Wo die Begriffe fehlen, da stellt ein Wort zur rechten Zeit sich ein.

GOETHE

Die Menschen glaubten immer ihre Unkenntnis der Dinge dadurch aus der Welt zu schaffen, daß sie Wörter erfanden, denen sie nie einen rechten Sinn zu geben vermochten.

PAUL-HENRY THIRY, BARON D'HOLBACH [2]

Adler Aggression ist ein übersteigertes, krankhaftes Verhalten im Rahmen des allgemeinen Strebens nach Überlegenheit

Ammon Aggression ist das Herangehen an Menschen und Dinge, eine Ich-Funktion, ein Vehikel allen menschlichen liebenden und schöpferischen Tuns im Dienste des Lebens- und Erhaltungstriebes

Bach und Goldberg Aggression ist jedes Verhalten, das im wesentlichen das Gegenteil von Passivität und Zurückhaltung darstellt

Bandura und Walters Aggression ist die Klasse von schmerzerzeugenden oder zerstörerischen Reaktionen, oder Reaktionen, die verletzen oder zerstören könnten, wenn sie auf ein Objekt gerichtet wären

Becker Aggressionen sind innere und äußere Vorgänge, die eine Schädigung von Aggressionsobjekten implizieren, seien diese phantasiert, geplant, gedroht oder vollzogen

Berkowitz Aggression ist ein Verhalten, dessen Ziel eine Beschädigung oder Verletzung ist

Bronfenbrenner und Ricciutti Aggression subsummiert jede Handlung, Absicht oder Antrieb, dessen vorausgesetztes Ziel die körperliche oder psychologische Verletzung, entweder tatsächlich oder symbolisch, eines Individuums oder seines Surrogats ist

Brückner Aggression ist die Antwort auf Situationen, in denen ein dringlicher Anspruch in Frage gestellt wird

Buss Aggression ist eine kämpferische (aggressive) Handlung in den verschiedensten – zum Beispiel auch verbalen – Formen

Denker Aggression ist eine motorische (aggressive Realhandlung), verbale (aggressive Mentalhandlung) oder symbolische (aggressive Phantastik) Handlung mit schädigender Absicht

Dollard et al. Aggression ist eine Verhaltensweise, deren Ziel die Verletzung der Person ist, gegen die sie gerichtet ist

Eibl-Eibesfeldt Aggressionen sind jene Verhaltensweisen, die zu einem Flüchten, Ausweichen oder zur Unterordnung, mitunter auch zur physischen Beschädigung eines Artgenossen führen

Elhardt Aggression ist: 1. aktiv-spontanes (vermutlich endogenes) Verhalten ohne subjektive Feindseligkeit: das Objekt soll erreicht, handbar und bemeistert werden 2. re-aktives defensives Verhalten mit Feindseligkeitsanteil als Angstabwehr: das Objekt soll als provokant schädigend zurückgewiesen werden 3. (ursprünglich vermutlich reaktives) aktiv-destruktives Verhalten mit überwiegender und subjektiv intendierter Feindseligkeit und Zerstörungstendenz; das Objekt soll verletzt, beseitigt oder gequält werden mit *sadistischer* Lust als Selbstzweck

Eyferth Aggression ist ein Verhalten, das auf die Unterwerfung eines Partners oder genauer auf die vom Partner nicht gewollte Fremdbestimmung seines Verhaltens zielt

Feshbach Aggression ist ein Verhalten, das bei anderen einen Schaden herbeiführt, wobei dieser Schaden entweder instrumentell zur Erlangung neutraler Objekte ist oder selbst das Hauptziel darstellt

Flugel und Lewis Aggression ist: 1. ein innerer Zustand des Ärgers 2. ein Antrieb oder Wunsch, destruktiv zu sein 3. offene Handlungen von Destruktion 4. Geltendmachung von Herrschaft über Menschen und Objekte

Freud ? (keine strenge Definition)

Fromm Aggression sind alle Akte, die einer anderen Person, einem Tier oder einem unbelebten Objekt Schaden zufügen oder dies zu tun beabsichtigen

Fürntratt Aggression sind Verhaltensweisen, die Individuen oder Sachen aktiv und zielgerichtet Schaden zufügen, sie schwächen oder in Angst versetzen

Graumann Aggression ist eine feindselige, Schädigung meinende Verhaltensweise und Verhaltenstendenz

Hacker Aggression ist der aktive Energieaufwand des Menschen, um sich durchzusetzen

Jackson Aggression ist jedes vitale Herangehen an eine Problemsituation

Kagan Aggression ist jede Handlung, deren Absicht es ist – bewußt oder unbewußt – einem anderen psychischen oder physischen Schaden zuzufügen

Kaiser Aggression ist ein recht unbestimmter Sammelbegriff, der die Ursache von Angriffshandlungen anvisiert, die Geneigtheit zu schaden, der aber über diese Ursachen nicht auszusagen vermag

Kaufmann Aggression ist ein auf ein Objekt gerichtetes Verhalten, das die subjektive Wahrscheinlichkeit von größer als Null hat, daß das Objekt aus dem Weg geräumt und/oder verletzt werden soll, auch erreicht wird

Kelly Aggression ist jede aktive Ausarbeitung des Wahrnehmungsfeldes

Keupp Aggression ist die jeweilige Manifestation von Aggressivität, die in verschiedenen Formen des Verhaltens umschrieben werden, in denen sich Aggressivität überhaupt äußern kann. Aggression ist ein als aggressiv charakterisiertes Verhalten

Kummer Aggression ist ein massiver körperlicher Krafteinsatz gegen einen Artgenossen mit der Absicht, den Artgenossen zu vertreiben

Kunz Aggression ist ein Verhalten, das sich (auch als Phantasie oder Plan) gegen die phänomenale und funktionale Integrität des fremden Objektes (und des Aggressionsträgers) richtet: eine Angriffs- oder Zerstörungsaktion

Lersch Aggression ist ein Verhalten des anderen, durch das wir in dem, was wir erstreben, sowie in dem davon bestimmten Verhalten, eine Störung erfahren

Lorenz Aggression ist ein auf den Artgenossen gerichteter Kampftrieb von Mensch und Tier

Mandel Aggression ist eine gegen Mitmenschen gerichtete, affektgeladene Handlung, die im Dienste der Icherweiterung bzw. der Ichverteidigung steht

Menninger Das Wesen der Aggression ist das Zufügen von Verletzung oder wenigstens von Schmerz

Merz Aggression umfaßt jene Verhaltensweisen, mit denen die direkte oder indirekte Schädigung eines Individuums, meist eines Artgenossen intendiert wird

Mitscherlich Aggression ist ein vitales Grundvermögen, eine Triebausstattung, die in der sozialen Realität die vielfältigsten Umwandlungen erfährt. Gekonnte Aggression ist eine ziel- und sachgerechte Aktivität

Nägeli Aggression ist eine Verhaltensweise, die sich je nach Situation und Ursache gegen irgendwelche Objekte, zum Beispiel gegen völlig Unschuldige, ja gegen den Aggressionsträger selber richten kann

Naul und Voigt Aggression ist ein komplexes Netz sozialer Interaktionen

Neidhardt Soziale Aggression ist ein Verhalten, in der mehr oder weniger bewußten Absicht einen Menschen zu verletzen

Olweus Aggression ist ein Verhalten oder eine Reaktion, die zu Verletzungen oder Unbehagen bei einem Individuum führen oder die dies zumindest beabsichtigen. Eine aggressive Reaktion wird definiert als jede Handlung oder jedes Verhalten, das Zufügen von Schaden oder Unbehagen nach sich zieht oder nach sich ziehen könnte oder in einem gewissen Grad angesehen werden kann, dieses zu bezwecken; ebenso Manifestationen von inneren Reaktionen wie: Gefühle oder Wünsche, die als aggressive Reaktionen angesehen werden können

Parin Aggression ist eine psychische Energie ‚per se' mit der ein Objekt repräsentativ bekleidet ist, die in einer direkten oder ziel-gehemmten Art neutralisiert oder befriedigt werden kann

Pilz, Schilling und Voigt Aggression im weitesten Sinne ist ein Verhalten bzw. ein Versuch, die Unterwerfung eines Partners oder genauer, die vom Partner nicht gewollte Fremdbestimmung seines Verhaltens (symbolisch auch die Demonstration der Unterlegenheit des Partners) zu bewirken. Umgekehrt ist der Widerstand gegen die Bestimmung des eigenen Handelns durch andere ebenfalls ein Aspekt der Aggression

Pinkston Aggression ist ein verbaler oder motorischer Angriff durch ein Subjekt, wobei der motorische Angriff jedes negative körperliche Verhalten gegen andere oder Gegenstände bedeutet

Riemann Aggression ist eine dynamische Kraft, die ein Lebewesen zu seiner Entwicklung treibt, zum fortschreitenden Selbständigwerden, vom jeweils Erreichten weg, aus der Lust heraus, zur Freiheit

Röhm Aggression ist eine breite Skala von angreiferischen Verhaltensweisen destruktiv-gemeinschaftswidrigen oder konstruktiven Charakters, die durch Aktivität oder Passivität vollzogen werden, bewußt oder unbewußt intendiert sind, verbal oder motorisch realisiert werden und sich auf die eigene Person oder auf Objekte, seien es andere Menschen, Tiere oder Gegenstände, beziehen

Schmidbauer Aggression ist die bewußte oder unbewußte körperliche oder seelische Schädigung eines anderen Menschen

Schmidt-Mummendey Aggression sind jene Verhaltensweisen, die 1. gegen einen Gegenstand oder einen anderen Menschen gerichtet, d. h. transitiv sind, und die 2. für den, der sich gerade aggressiv verhält, eine subjektive Wahrscheinlichkeit, die größer als Null ist, aufweisen, diesen Gegenstand oder Mitmenschen auch zu erreichen und damit entweder jene aus seinem Weg zu irgendeinem Ziel zu räumen oder ihnen unangenehme oder schädliche Reize zuzufügen oder beides

Scott Aggression ist eine Handlung, die einen Angriff anbahnt

Selg Aggression besteht in einem gegen einen Organismus oder ein Organismussurrogat gerichteten Austeilen schädigender Reize

Smith, M. D. Aggression ist ein Verhalten mit dem Ziel, einer Person eine Verletzung zuzufügen

Speier und Volmerg Aggression ist die Erscheinungsform der entfremdeten Beziehung zwischen den Menschen, die dialektische Einheit von Negation und Affinität, Einheit von Progression und Reaktion. Aggression ist die Kraft zur produktiven Veränderung und Reflex, Reaktion und Mittel der Unterdrückung

Staub-Bernasconi Aggression ist ein feindseliges, prozeßhaftes Interagieren von zwei oder mehreren Personen oder Gruppen

Thiersch Aggression ist ein Verhalten, das einen anderen verletzt, also: Beleidigung, Bedrohung, Tätlichkeit

Tinbergen Aggression besteht darin, sich dem Gegner zu nähern und sobald er in Reichweite ist, ihn wegzustoßen, irgendwie zu schädigen oder mindestens ihn gewissen Reizen auszusetzen, die ihn unterwerfen

Ullmann Aggression ist ein Verhalten, das darauf abzielt, bewußt oder unbewußt jemand anderem Schaden zuzufügen, ihn zu kränken oder zu verletzen oder eine Sache zu zerstören

UNO-Sonderausschuß 1. Aggression ist die Anwendung von Gewalt mit Waffen oder in einer anderen nicht mit der UNO-Charta zu vereinbarenden Weise seitens eines Staates gegen Souveränität, territoriale Integrität oder politische Unabhängigkeit eines anderen Staates 2. Wer als erster bewaffnete Gewalt anwendet, gilt ‚prima facie' als Aggressor, es sei denn, daß der Sicherheitsrat zu einer anderen Auffassung gelangt 3. Als Aggressionsakte gelten unter anderem Invasion oder Angriff eines Gebietes, Annexion, Bombardierung, Blockade, Angriffe gegen die Streitkräfte eines Landes, rechtswidrige Verwendung von Truppen in einem anderen Land, die Überlassung von Gebiet für eine Aggression gegen ein drittes Land, die Entsendung ‚bewaffneter Banden, Gruppen, Freischärler oder Söldner' zur Ausführung solcher Handlungen oder eine ‚beträchtliche Verwicklung' in derartige Handlungen 4. Der Sicherheitsrat kann beschließen, daß noch andere Handlungen eine Aggression darstellen 5. Aggression kann nicht mit politischen, wirtschaftlichen oder anderen Motiven gerechtfertigt werden. Sie ist ein Verbrechen gegen den internationalen Frieden, und aus ihr entstehende Gebietsgewinne sollen für gesetzwidrig gelten 6. Die UNO-Charta einschließlich ihrer Bestimmung über die rechtsmäßige Gewaltanwendung bleibt von der Definition unberührt 7. Die Definition läßt auch das Recht auf Selbstbestimmung, Freiheit und Unabhängigkeit jener Völker unberührt, denen dieses Recht gewaltsam vorenthalten wird, ferner das Recht dieser Völker, für ihre Freiheit zu kämpfen 8. Alle Bestimmungen der Definition stehen in Bezug zueinander und müssen im Zusammenhang interpretiert werden

Valzelli Aggression ist ein spezifisch orientiertes Verhalten, das darauf abzielt zu beseitigen oder zu überwältigen, was immer auch die körperliche und/oder psychologische Integrität des lebenden Organismus bedroht oder bloßstellt

Werbik Aggressionen sind: 1. explizit destruktiv intendierte Handlungen (Ziel ist die Zerstörung der anderen Person) 2. explizit negativ intendierte Handlungen (Ziel ist die Herstellung eines unangenehmen inneren Zustandes für die andere Person) 3. implizit destruktiv intendierte Handlungen (Ziel ist nicht die Destruktion der anderen Person, aber die handelnde Person erwartet, daß infolge ihrer Handlung eine Zerstörung des Organismus der anderen Person eintrifft) 4. implizit negativ intendierte Handlungen (Ziel ist nicht die Herstellung eines unangenehmen inneren Zustandes für die andere Person, aber die handelnde Person erwartet, daß infolge ihrer Handlung ein unangenehmer innerer Zustand für die andere Person eintrifft)

Zulliger Aggressionen sind all jene Handlungen, die in feindseliger und gewalttätiger Absicht einem Objekt gegenüber ausgeführt werden. Dieses kann ein fremdes, es kann aber auch die eigene Person sein.

Die vorangegangene Aufzählung einer Auswahl von Aggressionsdefinitionen ist bezeichnend für die Vielfalt, Willkürlichkeit, ja sogar Widersprüchlichkeit der verschiedenen Aggressionsdefinitionen.
Das reicht vom ‚In-Angriff-Nehmen' einer Aufgabe über die Muskelaktivität bis zum Wettbewerbsverhalten, vom aktiven Erobern der Umwelt bis hin zur Zerstörung von Eigentum, zum Selbstmord und heimtückischen Mord [3] – und alles läuft unter dem Begriff Aggression.
Eine derartige Vielfalt erschwert nicht nur Vergleiche und Überprüfungen der einzelnen Untersuchungen, sondern interdisziplinäre Ansätze drohen bereits an der Frage der Definition zu scheitern. Es ist eben doch ein großer Unterschied, ob wir unter Aggression das Beschädigen von anderen Personen bzw. Sachen verstehen oder das aktive Erobern der Umwelt bzw. eine Muskelaktivität. Im letzteren Falle ist der Begriff Aggression bereits so weit gefaßt, daß wir darunter jedes Verhalten, jede Bewegung verstehen können, der Begriff selbst aber alles und damit überhaupt nichts aussagt.
Es wäre sinnlos, nun nicht in die volle Problematik und wissenschaftliche Diskussion um die Brauchbarkeit der beste-

henden Definitionsversuche einzutreten. Wir wollen uns auf die wesentlichen Kernpunkte beschränken. Bei der Diskussion um die Abgrenzung, Umgrenzung und Bestimmung der Aggression lassen sich zwei Akzente setzen. Einmal geht es darum, ob es sinnvoll und wissenschaftlich vertretbar bzw. erforderlich ist, in den Begriff der Aggression auch die Absicht, die ‚Intention' mit einzubeziehen. Zum anderen dreht sich die Diskussion darum, ob Aggression so weit ausgedehnt werden darf bzw. soll, daß sie im weitesten Sinne jede Art von Aktivität darstellt, daß wir unter Aggression bereits das ‚vitale Herangehen an eine Problemsituation' [4] oder jede ‚aktive Strukturierung des Wahrnehmungsfeldes' [5] verstehen.

Absicht – ja oder nein?

Sogenannte ‚objektive' Definitionen aggressiven Verhaltens sind de facto nichts anderes als Verschleierungen der Tatsache, daß die Klassifikation des Verhaltens vorwiegend vom Vorverständnis des Beobachters, in das Bewertungen einfließen, deren Eigenart nicht expliziert ist, abhängig ist.

HANS WERBIK [1]

Der Rekurs auf die Intention klärt nur scheinbar das Feld: Statt beim Beobachter, stecken nun die unübersehbaren Komplikationen beim Handelnden.

GOTTFRIED LISCHKE [2]

Beim Streit um die Einbeziehung oder das Ausklammern der Absicht werden vor allem operationale Kriterien eingebracht. Operational ist eine Definition nur dann, wenn dieser Begriff in meßbaren oder beobachtbaren Daten ausdrückbar ist. So schreibt Eyferth [3]: „Die Definition von Aggression, die auf die Schädigungsabsicht zurückgreift, verzichtet bereits auf bloße Feststellung von Verhalten, sie schließt eine allgemeine operationale Beschreibung aus, denn eine Absicht ist in Verhaltensbegriffen nicht faßbar."

Nur ein Definitionsversuch aus der Sicht des Beobachters scheint somit operational-behavioristischen Kriterien zu genügen. Aggression ist demnach das, was ein Beobachter als aggressiv bezeichnet bzw. einstuft. In diesem Fall wird nicht das Verhalten, sondern werden lediglich Handlungen bezeichnet.
Außerdem liefert uns eine Aggressionsdefinition, welche die Absicht ausklammert, nur eine scheinbare Operationalität. Was wirklich geschieht, wird nur gemessen und nicht objektiv beobachtet, d. h. durch die Brille des Beobachters oft verfälscht.
Diese Problematik läßt sich anhand eines vereinfachten Beispieles verdeutlichen. Eine Frau stößt versehentlich einen Blumentopf vom Fenstersims. Einem ahnungslosen Passanten fällt dieser auf den Kopf und verletzt ihn erheblich. Nach der behavioristischen Definition müßten wir dieses Verhalten der Frau als eine Aggression interpretieren, da ihre Handlung einem ‚Organismus' einen Schaden zugefügt hat.
Stößt die gleiche Frau jedoch den Blumentopf absichtlich vom Fenstersims, um ihrem Gatten, der sie seit geraumer Zeit mit einem jüngeren Mädchen betrügt, ‚eins auszuwischen', und verfehlt der Blumentopf sein Ziel, dann ist dies als nicht-aggressiver Akt zu bewerten, da ja niemand verletzt wurde, und wir die Absicht der Frau nicht erfassen. Dieses Dilemmas scheint sich auch Eibl-Eibesfeldt bewußt zu sein, denn er versucht, in das beobachtete Verhalten Absichten hineinzuinterpretieren. So schreibt er, nachdem er schilderte, daß bei Kindergruppen in 191 Minuten 166 ‚aggressive' Akte beobachtet werden konnten: „zehnmal weinte ein Kind laut als Ergebnis dieser Aggressionen, woraus *klar ersichtlich* wird, daß viele der aggressiven Akte – es handelte sich um ein Drittel – ernst gemeint waren" [4] (Hervorhebung die Verfasser).
Wenn ein Kind nach einem *spielerisch*-‚aggressiven' Akt weint, wird damit wohl noch lange nicht der Beweis gelie-

fert, daß diese ‚aggressive' Handlung ernst gemeint war. Eibl-Eibesfeldt unterstellt leichtfertig böswillige Absichten, ohne sich Rechenschaft darüber abzulegen, ob diese Handlung wirklich ernst gemeint war. In einem solchen Fall ist eine Bestimmung aggressiven Verhaltens ohne Einschluß der Absicht in jedem Fall vorzuziehen. Nun löst allerdings auch die Einbeziehung der Absicht in die Aggressionsdefinition diese Problematik nicht. Ein Rückgriff auf die Absicht löst nur scheinbar das Problem, denn statt beim Beobachter tauchen nun die Komplikationen beim Handelnden auf. Es bedarf wiederum einer Interpretation des Verhaltens, besonders bei der Beobachtung von Kindern und Tieren, die wir nach ihren Absichten schlecht bzw. gar nicht befragen können [5].

Beide Aggressionsdefinitionen vermögen somit nicht voll zu befriedigen. Die Frage, ob in den Begriff der Aggression die Absicht des Handelnden miteinbezogen werden soll oder nicht, kann nicht generell und endgültig beantwortet werden. Allerdings sollte immer dann die Absicht des Handelnden miteinbezogen werden, wenn die zu untersuchenden Personen nach ihrer Absicht befragt werden können. In jedem Fall ist der Versuch, vom beobachteten Verhalten her die Absicht zu interpretieren, zu verwerfen. Man sollte sich allein auf das beobachtete Verhalten beschränken, ohne die Absicht miteinzubeziehen.

Noch gravierender erscheint uns allerdings die Problematik der Abgrenzung bzw. Ausweitung des Begriffes Aggression.

Ist Aggression mit Aktivität gleichzusetzen?

> *Friedlich unter dem Dach des Begriffs wohnen erfreuliche und unerfreuliche Dinge, das ‚In-Angriff-Nehmen' einer Aufgabe gilt ebenso als ‚Aggression' wie aktives Erobern der Umwelt oder aber auch heimtückischer Mord. Wenn wir nicht aggressiv wären, würden wir uns nicht von der Stelle rühren; der zarte Kuß auf die Wange der Geliebten ist (– . . . –) ein aggressiver Akt, ein Zeichen ‚gekonnter' Aggression.*
>
> WOLFGANG SCHMIDBAUER [1]

Die Identifikation der Aktivität mit Begriffen wie „gekonnte", „konstruktive" Aggression, mit Aggression im weitesten, übergeordneten Sinne, denen man die „ungekonnte", „destruktive" Aggression, genannt Aggression im engeren Sinne, gegenüberstellt, ist gefährlich und bedenklich. Dies um so mehr, als leicht Handlungen mit dem Adjektiv *aggressiv* versehen werden können, die alles andere als aggressiv im gewohnten Sinne sind. „Nicht nur besteht die Gefahr der Verharmlosung oder gar der Verherrlichung destruktiver Aggression sowie der willkürlichen Vertauschung der beiden Begriffspaare. Auch fragt es sich, ob aus der Hypothese einer positiv wirkenden Aggression eine fruchtbare Ausgangslage für die Auseinandersetzung mit der destruktiven Aggression gewonnen werden kann. Warum man aufbauende Aktivität unbedingt mit dem Ausdruck Aggression, der nun einmal einen negativen Beigeschmack hat und auch haben sollte, belasten will, ist nicht einzusehen, um so weniger, als eine solche Aktivität eventuell einer rein mitmenschlich liebenden Einstellung entspringt" [2].
Schließlich gilt es auch zu erkennen, daß die Grenzen zwischen ‚konstruktiver' und ‚destruktiver' Aggression fließend sind, so daß schwierige Mischsituationen entstehen können, die die zwischenmenschlichen Beziehungen in besonderem Maße belasten. Es drängt sich deshalb bereits „im Interesse klarer Folgerungen eine scharfe begriffliche Trennung auf" [3].

Wer von *gekonnter* oder *konstruktiver* Aggression spricht, muß sich im klaren sein, daß andere auch von *gekonntem* oder *konstruktivem* Mord sprechen.
Wir sollten und müssen uns davor hüten, den Begriff Aggression soweit auszudehnen, daß er praktisch jede Aktivität beinhaltet. Aggression ist zwar eine Form der Aktivität; jede Aggression ist eine Aktivität, aber nicht jede Aktivität ist eine Aggression.
In diesem Zusammenhang scheint es für den Forschungsprozeß vorteilhafter, ja erforderlich, wenn wir uns von dem unbestimmten Aggressionsbegriff lösen, und an dessen Stelle verschiedene Formen aggressiven Verhaltens setzen. Diese Absicht scheint auch Dann [4] zu vertreten, wenn er für ein dreistufiges Definitionsverfahren plädiert:
1. Aggressionen sollten als aggressive Verhaltensweisen eindeutig formuliert werden, das heißt, sich von anderen Verhaltensweisen klar absetzen. Eine Definition auf dieser Ebene könnte etwa lauten: Aggression umfaßt jene Verhaltensweisen, mit denen die direkte oder indirekte Schädigung eines Individuums, meist eines Artgenossen, beabsichtigt wird. Wesentlich ist dabei, daß der Begriff nicht zu weit gefaßt wird, das heißt, Aggression klar von Aktivität getrennt wird.
2. Auf der zweiten Stufe sollte eine Verhaltensdefinition angestrebt werden, die als Rahmendefinition für mögliche Operationalisierungen dienen kann. Hier könnten wir die Aggressionsdefinition von Selg einstufen. Der Begriff Aggression wird dann als ein „gegen einen Organismus oder ein Organismussurrogat gerichtetes Austeilen schädigender Reize“ [5] definiert. Dabei meint ‚schädigen’ beschädigen, verletzen, zerstören und vernichten, und auch schmerzzufügende, störende, Ärger erregende und beleidigende Verhaltensweisen. Dabei kann die Aggression *offen* (körperlich, sprachlich) oder *verdeckt* (phantasiert), sie kann *positiv* (von der Gesellschaft gebilligt) oder *negativ* (mißbilligt) sein.

3. Gestützt auf eine Definition der zweiten Stufe, sollten konkrete Operationalisierungen vorgenommen werden, wo konkrete Verhaltenskriterien formuliert, Verhaltenskataloge zusammengestellt, sowie Tests konstruiert werden können. In diesem Falle können wir den Knopfdruck auf eine Aggressionsmaschine, genauer: die gedrückte Voltstärke, als Aggressionsmaß definieren. Was der Aggressionstest mißt, ist Aggression.
Erst die dritte Definitionsstufe ermöglicht uns, „aggressives Verhalten auf objektive, d. h. eindeutige, wiederholbare und mittelbare Weise zu bestimmen und zu messen" [6]. Daß wir dabei nicht mehr den gesamten Aspekt der Aggression erfassen, sondern nur bestimmte Arten von Aggression bezeichnen, zeigt, daß eigentlich konsistente Forschungsergebnisse erst dann erzielt werden können, wenn wir empirisch zwischen verschiedenen Formen aggressiven Verhaltens unterscheiden, und dies auch theoretisch als Merkmal unterschiedlicher Persönlichkeitstypen begreifen würden [7].
Mit anderen Worten: wenn wir jedesmal genau wüßten, welche Form von Aggression in den jeweiligen Untersuchungen tatsächlich gemessen wurde, ließen sich viele ihrer scheinbaren Widersprüche vermeiden.
Dies trifft besonders auf die Triebtheoretiker zu, die mit solch vagen Aggressionsbegriffen arbeiten, daß sie je nach Bedarf den Begriff einengen und ausdehnen können – und dies auch, wie wir sehen werden, fleißig tun –, so daß ihre Aussagen bereits am Begriff Aggression stolpern und praktisch nur noch Leerformeln beinhalten.
Auch Fromms Versuch, Aggression als konstruktive und notwendige Aktivität zu bezeichnen, und den negativen Aspekt in den Begriff ‚Destruktivität' zu kleiden, trägt wenig zur Entwirrung der Begriffsbestimmung bei, da sich Aggression im allgemeinen wie im wissenschaftlichen Sprachgebrauch bereits überwiegend in seinem feindseligen Sinngehalt eingebürgert hat.

Wie man dabei die verschiedenen Aggressionsformen unterteilt, ist ziemlich bedeutungslos, denn es bestehen bereits einige sehr brauchbare Aufgliederungen aggressiven Verhaltens [8]. Viel wichtiger scheint uns, daß die jeweils untersuchte Aggressionsform klar umschrieben wird und die Forscher nicht der Versuchung erliegen, von der untersuchten Aggressionsform auf das gesamte Spektrum der Aggression voreilige Schlüsse zu ziehen. Die Ursachen und Bedingungen aggressiven Verhaltens sind sicher ebenso vielfältig wie dessen Ausprägungsformen.
Bevor wir uns um eine allgemeine Aggressionsdefinition bemühen, sollten wir uns erst über die unterschiedlichen Ursachen und Bedingungen der einzelnen Aggressionsformen klarwerden. Eine allseits befriedigende Aggressionsdefinition gibt es jedenfalls noch nicht, und wird es – beim bisherigen Stand der Aggressionsforschung – auch vorerst kaum geben.

Biologische Grundlagen der Aggression

IV

Jedenfalls gibt es genug Beweise dafür, daß der Mensch von Geburt gewisse Nerven- und Drüsenstrukturen besitzt, die, wenn sie aktiviert werden, aggressive Gedanken und Handlungen hervorbringen.

K. E. MOYER [1]

Die Freude des Naturforschers, wenn er „etwas zählen oder messen kann" (Lorenz), sollte ihn über begriffliche Ungenauigkeiten nicht hinwegtrösten.

A. PLACK [2]

Der absolute Behaviorismus lag lange Zeit im Sterben und ist jetzt tot. Der Mensch ist nicht unbegrenzt formbar. Die angeborenen physiologischen Begrenzungen für Intellekt und Temperament sind wesentlich mächtiger . . .

K. E. Moyer [3]

Feindliche Gefühle kann man „auskurieren", aber feindliche Gewohnheiten müssen durch andere Gewohnheiten ersetzt werden.

K. E. MOYER [4]

In einem lebenden Organismus muß ein Aggressionsverhalten notwendigerweise über eine organische Struktur ablaufen. Die Handlung hat zur unabdingbaren Voraussetzung, daß ein konkreter Körper diese Handlung ausführt. Wie man auch die Aggression definiert, sie ist immer an eine biologische Struktur gebunden. Die Grenzen dieser biologischen Struktur setzen dann auch der Aggression Grenzen. Wie groß auch die Wut sein mag, man kann sie nicht anders zum Ausdruck bringen, als es der Körper vermag und zuläßt.

Welches sind nun diese biologischen Voraussetzungen einer Aggressionshandlung?

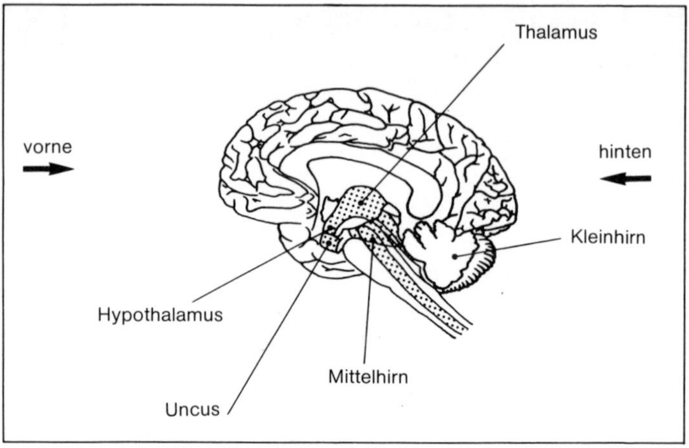

Abb. 6 „Aggressionszentren" des menschlichen Gehirns. Die punktierte Zone ist diejenige des Hirnstammes und des ältesten Teils des Gehirns. In ihr laufen alle Prozesse des Wachseins und alle Reizreaktionen ab

Was geschieht im Gehirn?

Aggression ist, wie jedes psychische Geschehen, an die Nervenbahnen gebunden. Da zudem alle Nerven durch das Gehirn gesteuert und dort sämtliche Informationen integriert werden, muß auch so etwas wie ein „aggressiver Impuls" durch das Gehirn gehen, bevor man von Aggressionshandlung sprechen kann.

Die nervösen Abläufe im Gehirn sind direkt kaum faßbar. Man kann höchstens die Gehirnströme messen und in Form eines Elektroenzephalogrammes (= EEG) ausschreiben lassen. Eine Aussage ist jedoch bei einem normalen Ablauf der Gehirnfunktionen kaum möglich. Nur gewisse pathologische Situationen sind derart faßbar. Ein Verhaltensschema wie das der Aggression ist demnach viel zu komplex, als daß es auf diese Weise beobachtbar wäre.

Immerhin konnte man aber herausfinden, welche Hirnteile für den Ausdruck der Aggression verantwortlich sind. Die meisten von ihnen sind im sogenannten *limbischen* System zu finden. Es sind dies: Thalamus, Hypothalamus, Epithalamus, Hippocampus, Uncus, Amygdala und Septal-Gegend, alle im entwicklungsgeschichtlich ältesten Teil des Gehirns.
Um die Hirnstrukturen, die für aggressives Verhalten eine Rolle spielen, auffinden zu können, bedient man sich dreier verschiedener Methoden: Entfernung eines Hirnteiles; elektrische Hirnreizung und chemische, direkte Reizung des Gehirns. Dabei zeigte sich, daß Hypothalamus, Mittelhirn und Amygdala eine sehr wichtige Rolle spielen im Hervorrufen agonistischen Verhaltens durch elektrische Reizung des Gehirns. Um jedoch voll integrierte, natürliche Aggressionshandlungen hervorzubringen, ist die normale Funktion des gesamten Cortex nötig.

Gehirnchirurgie – Endlösung der Aggression?

Wenn tatsächlich bestimmte Nervensysteme für das Aufkommen der verschiedenen Aggressionsformen verantwortlich sind, sollte es möglich sein, ein gewisses aggressives Verhalten dadurch zu unterdrücken oder zum Verschwinden zu bringen, daß man die betroffenen Nervenstrukturen unterbricht. Dies wurde auch schon oft ausgeführt, gewöhnlich mit Erfolg. Da jedoch viele verschiedene Aggressionsformen vorkommen, und jede einzelne von ihnen an mehrere Hirnstrukturen gebunden ist, überrascht es nicht, wenn eine Verminderung aggressiver Handlungsweisen durch Eingriffe in mehreren, verschiedenen Hirnteilen erreicht werden konnte.
Bereits 1937 wurde bei Experimenten mit Tieren eine gänzliche Ausschaltung der Aggression erreicht, indem man die Amygdala oder den Hippocampus herausschnitt.

Die derart behandelten Tiere wurden darauf sehr zahm [5]. Bei Eichhörnchen erzielte man das gleiche Resultat durch Zerstörung des Schläfenlappens im Gehirn [6]. In diesem Falle ging das Verschwinden jeglicher Aggression mit dem Verlust des hierarchischen Ranges einher. Um die unnatürliche Umgebung des Labors auszuschalten, stellte man gleichartige Experimente mit Rhesus-Affen in freier Wildbahn an. Dabei wurden mit der Aggression auch viele andere soziale Handlungsweisen aufgehoben, wie z. B. Unterwerfungsgebärden und Drohgesten. Diese Tiere wurden hierauf aus der sozialen Gruppe ausgestoßen [7]. Derart tiefe Eingriffe in eine empfindliche Struktur bleiben natürlich nicht ohne schwerwiegende Nebenwirkungen. Bei den genannten Eingriffen wurden die Riechfunktionen größtenteils aufgehoben und zerstört [8]. Auch äußerste Empfindlichkeit auf externe Signale tritt auf oder andere Verhaltensweisen, wie systematisches Überessen u.a.m. [9]. Solche Eingriffe blieben nicht auf das Gebiet des Tierversuches beschränkt. Beim Menschen konnten durch Hirnchirurgie ähnliche Erfolge erzielt werden. Gewöhnlich wurden sie bei Epileptikern durchgeführt, die keiner medikamentösen Therapie zugänglich waren. Die überbordenden Wutanfälle verschwanden, wenn auch die psychiatrischen Probleme des Patienten nicht gelöst werden konnten. Mit den heutigen chirurgischen Techniken ist es möglich, solche Eingriffe ohne schwerwiegende Nebenwirkungen auszuführen.

Wo ist nun die Aggression zu Hause?

Die oben genannten Hirnteile haben zumindest Integrationsfunktionen (d. h. Informationssammlung oder Lenkung des Aggressionsausdruckes). Ihre Ausschaltung ruft daher einen Abbau oder ein Verschwinden der meßbaren Aggression hervor.

Desgleichen bewirkt die Aktivierung gewisser bestehender Hirnstrukturen durch bestimmte Reize auch ganz spezifische Aggressionshandlungen. Das heißt jedoch nicht, daß Aggression von diesen Hirnteilen hervorgerufen wird. Der Ausdruck der Aggression ist höchstens an diese Strukturen gebunden. Diese nervlichen Verbindungen können ja auch nur Übertragungsstelle sein, die, wenn abgetrennt, den Ausdrucksprozeß unterbinden.
Blockiert man einem Schimpfer von Format mittels eines Medikamentes die Muskeln der Mundgegend, so kann er sich nicht mehr aggressiv ausdrücken, was aber bestimmt nicht heißt, daß das aggressive Verhalten im Mundwerk wurzelt!

Aggression durch Hirnreizung

Das Auffinden des supponierten „Aggressionszentrums" kann man auch derart angehen, daß man versucht, gewisse Gegenden des Gehirns zu reizen, spezifisch zu aktivieren. Dazu wird der Kopf des untersuchten Tieres (oder des Menschen), in eine spezielle Apparatur eingespannt, feine Elektroden ins Gehirn gesenkt und das Ganze dann versiegelt. Ein feiner Draht führt ins Innere des Gehirns.
Diese Elektroden können so genau ins Gehirn eingesetzt werden, daß eine genau bestimmte Hirngegend, oft kaum einige Millimeter groß, gereizt werden kann. Wird nun ein schwacher Reizstrom an eine gewisse Hirnstelle geleitet, werden je nach Reizungsort ganz verschiedene Handlungen hervorgerufen. So kann man z. B. kauen, trinken, essen, schlafen usw. zum Ablauf bringen.
Auch direkte Aggression, ja sogar aktives Töten kann man derart beim Tier auslösen, besonders wenn man den Hypothalamus reizt. Diese provozierten Wutanfälle haben als typisches Merkmal ein schlagartiges Verschwinden, sobald der Reizstrom abgestellt wird.

An Katzen wurden einige Untersuchungen vorgenommen [10], die allgemeine Gültigkeit zu haben scheinen und auch teilweise auf den Menschen übertragen werden können. Zu diesen Untersuchungen wurden Katzen genommen, die von jung auf an Ratten gewöhnt waren und mit ihnen zusammenlebten. Den Katzen wurden Reizelektroden ins Gehirn eingepflanzt, und zwar in einen ganz bestimmten Teil des Hypothalamus. Als dann ein Reizstrom durch diese Elektroden floß, veränderte sich das Verhalten der Katzen entscheidend. Bei schwachem Strom wurde die Katze, die vorher im Beisein mehrerer Ratten friedlich döste, plötzlich aufmerksam und begann umherzulaufen, ohne jedoch die Ratten zu behelligen.
Sobald der Reizstrom eine gewisse Stärke überschritt, sprang die Katze unvermutet die Ratten an, um sie augenblicklich durch Genickbiß zu töten. Die Reizstärke hatte also die Angriffsschwelle überschritten (Abb. 7).

Abb. 7 Einfluß der Stromstärke auf das aggressive Verhalten bei Katzen

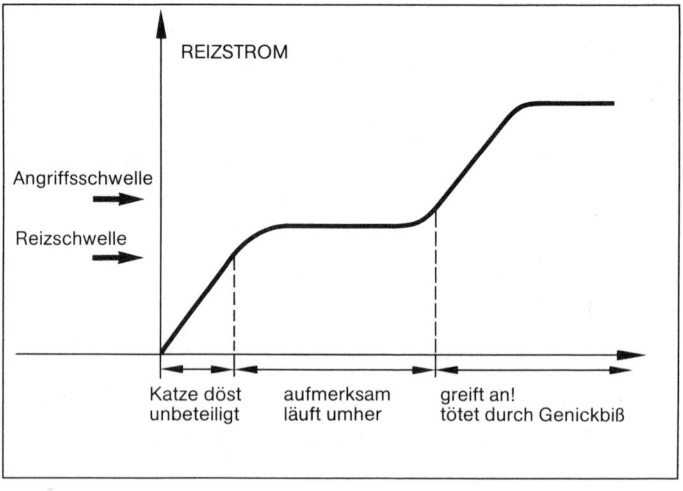

Dabei handelte es sich nicht nur um irgend einen mechanischen Reflexablauf, denn das Verhalten war zielgerichtet. Die Katze griff nicht irgend etwas an. So wurden ihr in der gleichen Situation verschiedene Attrappen vorgesetzt: „echte“, eingeschläferte und auch ausgestopfte Ratten, Spielzeughunde und schließlich auch noch Gummiwürfel. Wenn sie gereizt wurde, warf sich die Katze immer auf das der lebenden Ratte ähnlichste Objekt und reagierte äußerst selten auf Dinge ohne Bezug zu Ratten wie Gummiwürfel oder etwa den Experimentator. In einem anderen Versuch konnten die Katzen zwischen frischem Pferdefleisch und einer eingeschläferten Ratte „auslesen“. Immer war es die Ratte, die angegriffen wurde.

Eine Reizung des Gehirns ist zudem extrem spezifisch. Je nachdem in welchem Teil des schon kleinen Hypothalamus die Reizung erfolgt, zeigen sich ganz verschiedene Aggressionsverhalten. Bei einer Katze ist dies in einem Falle einfach Beutesprung und Genickbiß, im anderen Falle aber Haaresträuben, Fauchen und Buckeln. Eine äußerst kleine Verschiebung der Elektrode kann schon eine andere Nervenbahn reizen und dadurch auch ein anderes Aggressionsverhalten auslösen. Auch aus diesem Grunde sind so viele frühere Untersuchungen derart widersprüchlich ausgefallen.

Beim Menschen ist man inzwischen soweit, daß sich die Möglichkeit einer Kontrolle abnormen, aggressiven Verhaltens durch Computer abzeichnet [11]. Unter gewissen Umständen werden Wutanfälle durch abnorme EEG-Wellen aus dem Schläfenlappen des Gehirns „vorgemeldet“ und begleitet. Wenn nun diese Wutanfälle durch Elektrostimulation abgedämpft werden können, so kann man der Elektrode einen Sender anhängen, der abnorme EEG-Wellen dem Computer meldet, welcher dann die entsprechenden Reizsignale zurücksendet, damit der Wutanfall entweder gar nicht ausbricht oder zumindest zurückgebunden wird.

Die Aggressionsspritze

Die obigen Experimente können noch weitergeführt werden, wenn man sich nicht darauf beschränkt, einen elektrischen Reiz auszusenden, sondern das Gehirn mittels Chemikalien reizt [12]. Anstatt Elektroden ins Gehirn zu pflanzen, implantiert man ganz feine Röhrchen, die in einem ganz präzisen Ort des Gehirns münden.
Durch chemische Reize konnten auch Aggressionshandlungen hervorgerufen werden, die genau die gleiche Ausprägung hatten wie diejenigen, die nach elektrischer Reizung auftraten. Eine Gruppe Chemikalien, die sogenannten cholinergischen (d. h. deren Wirkung derjenigen des Acetylcholins gleicht) wirken aggressionsauslösend, wenn man sie auf den Hypothalamus einwirken läßt. Andere dagegen zeigten keine oder sogar aggressionshemmende Wirkungen. So konnte man spontan tötende Ratten zu sanftesten Tierchen umfunktionieren. Man brachte es aber auch fertig, ganz friedfertige Tiere zu spontan tötenden, frankensteinschen Bestien heranzuziehen, immer mit Hilfe chemischer Mittel.

Gibt es ein Aggressionszentrum im Gehirn?

Die Hirnreizung allein genügt jedoch nicht, um eine Aggressionshandlung zur Ausführung zu bringen. Die Ausführung des Angriffes, die muskuläre Leistung, unterliegt noch anderen Zentren, die auch unabhängig gereizt oder blockiert werden können. Bewegungen wie die Tatze heben, das Ziel suchen und auffinden, dem sich bewegenden Opfer mit dem Auge folgen u.a.m. sind Handlungen, die von anderen Orten im Gehirn als dem Hypothalamus gesteuert werden. Eine Aggressionshandlung kann also unterbleiben, weil durch eine ganz andere Reizung die Ausführung der Handlung unterbunden wird. Wenn die Katze die Pfoten nicht heben kann, ist sie auch unfähig, eine Ratte zu töten, auch wenn ihr Gehirn noch so intensiv gereizt wird. Auf alle Fälle spielt der Hypothalamus die wichtigste Rolle, sowohl im nervlichen als auch im hormonalen Bereich. Alle bis dahin besprochenen Hirnteile gehören zum innersten Teil des Gehirns. Erfolgt eine Verletzung dieser Strukturen, so führt dies stets zu Verhaltensstörungen. Selbst ein schwacher, sonst unbedeutender Reiz hat dann die gleiche Wirkung wie ein starker. Das Gehirn wird unselektiv. Das Vermögen, Informationen „herauszulesen", wird geschädigt. Mit anderen Worten, die Kontrolle des Verhaltens wird gestört. So können ohne weiteres Aggressionsverhaltensweisen unkontrolliert auftreten und ablaufen, ohne deshalb von einem Aggressionstrieb ausgehen zu müssen.

Wie verträgt sich nun ein Aggressionstrieb mit diesen Gegebenheiten? Man könnte wohl von einem Aggressionszentrum im Gehirn reden, obwohl es mehrere gibt. Jedes ist für ein spezifisches Aggressionsverhalten verantwortlich. Diese verschiedenen Zentren überlappen sich auch teilweise.

Das limbische System, in welchem die „aggressiv wirkenden" Orte zu finden sind, ist jedoch nur eine Tragstruktur für die Aggressionshandlung. Man konnte bisher kein anatomisches Element finden, in welchem eine fortwährende Erregung (sprich: Aggressionsenergie) produziert würde. Ein *Trieb* ist demnach *nicht* vorhanden. Das Gehirn enthält keine lokalisierbare Struktur, deren Reizung Aggression auslöst und die *zugleich* Erregungsfunktionen beherbergen würde. Auf dieser Ebene ist kein Trieb zu finden, denn das Aggressionszentrum ist nicht permanent gereizt, und die Reizung ist nicht vorprogrammiert.

Wir könnten auch annehmen, daß ein Trieb rein reaktiv bedingt sei. Er hätte dann aber nicht alle Eigenschaften, die Lorenz ihm zuschreibt. Das spontane Auftreten wäre dann z. B. nicht mehr vorhanden. Wenn wir dennoch einen Trieb

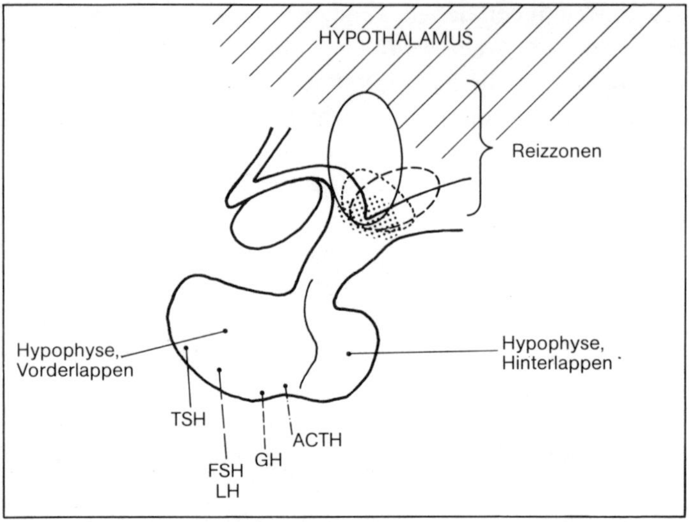

Wenn gewisse Zonen des Hypothalamus elektrisch gereizt werden, erzeugen ganz spezifische Zonen der Hypophyse große Mengen bestimmter Hormone.

Diese Stimulierung kann nur dadurch erreicht werden, daß die Reizung ohne Verletzung des Hypothalamus geschieht. Wenn er auch nur wenig verletzt wird, so findet keine normale Hormonausschüttung mehr statt. Der Grund dazu kann in der Verletzung winziger Kapillaren gefunden werden, die eine Überträgersubstanz (CRF = **C**orticotropin **r**eleasing **f**actor) vom Hypothalamus zur Hypophyse bringen.

ACTH	= Corticotropin	
TSH	= Thyreotropes Hormon (Schilddrüsenaktivierend)	
FSH	= Follikelstimulierendes Hormon	} Oestrogensynthese
LH	= Luteinisierendes Hormon	
GH	= Wachstumshormon	

Abb. 8 Empfindlichkeit der Hormonausschüttung je nach Reizort

annehmen, der nur durch die Aktivierung, die Erregung eines „Aggressionszentrums“ ausgelöst würde, dann müßte dieses Zentrum auch in der Nervenstruktur des Organismus gefunden werden können. Dieses Zentrum müßte dann für sämtliche aggressive Verhaltensweisen verantwortlich sein. Bislang hat niemand ein solches Zentrum nachweisen können, so daß die Annahme eines spontanen Aggressionstriebes bar jeglicher wissenschaftlichen Erkenntnis ist.

Das Gehirn – die Legislative, das humorale Milieu – die Exekutive

Die wichtigste Aufgabe des Gehirns ist die der Steuerung. Es befiehlt vielen untergeordneten Stellen, den sogenannten Effektoren. Sämtliche Befehle werden im kleinen Gremium beschlossen (= im Gehirn selbst), um alsdann über den Dienstweg (die Nerven) ausgesandt zu werden. Durch die von ihm ausgehenden Nerven ist das Gehirn in direkter Verbindung mit dem sogenannten humoralen Milieu, mit der Blutbahn und einer ganzen Reihe von Organen. Wenn vom Gehirn ein „Aggressionsbefehl" kommt, so wirkt er sich oft über eine Drüse mit innerer Sekretion aus. Diese schüttet ihre Wirksubstanzen (d. h. die Hormone) ins Körperinnere aus.

Eine psychische Regung, z. B. die Aggression, wirkt dann im Körper in Form eines veränderten Hormonpegels oder einer veränderten Blutzusammensetzung. Es gibt verschiedene Drüsen, die von einer „Aggressionsstimmung" betroffen werden können. Die wichtigste davon ist ohne Zweifel die Nebenniere. Jedoch auch die Sexualhormone produzierenden Drüsen spielen eine – wenn auch nur untergeordnete – Rolle.

Die Nebenniere als Giftspritze

In den Nebennieren werden drei sehr wichtige Hormone aufgebaut; das Adrenalin, das Noradrenalin und das Dopamin. Alle drei haben eine starke psychotrope Wirkung, beeinflussen also intensiv die meisten psychischen Abläufe. Auch das limbische System (siehe oben) hat einen hohen Gehalt an diesen Substanzen.

Eine Erhöhung des Adrenalinspiegels im Blut bewirkt im allgemeinen einen erhöhten Aktivitätsgrad, eine sehr ausgeprägte Erregung. Die Auswirkung aufs Gemüt ist jedoch

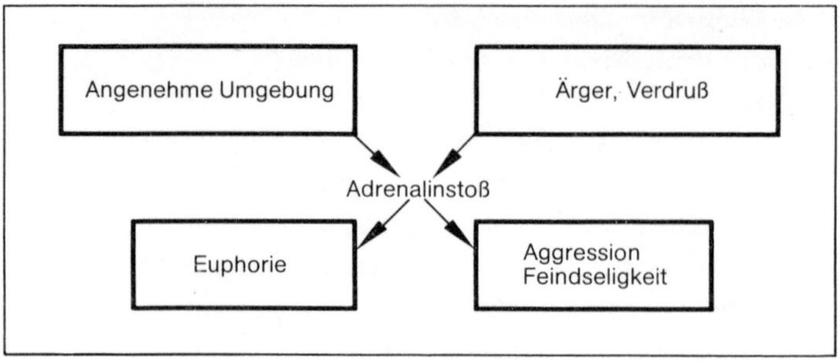

Abb. 9 Auswirkungen eines Adrenalinstoßes

von der momentanen Außensituation abhängig. Je nach der psychischen Ausrichtung, je nach der Stimmung kann ein Adrenalinstoß einmal Ausgelassenheit, ein anderes Mal Aggression hervorrufen [13].

Eine Erhöhung des Blutspiegels dieser drei Hormone erfolgt bei jeder psychischen Belastung wie Angst, Schreck, Freude. Daher ist es schwierig, die aggressionsfördernde Wirkung zu beweisen. Man verwechselt dabei gern *allgemeine Aktivität* und Aggressionstendenz, speziell bei Versuchstieren. Eine spezifisch aggressionsfördernde Wirkung ist deshalb nicht gegeben, weil noch viele andere psychologische Abläufe in Gang gesetzt werden, die auch auf psychischer Ebene Auswirkungen haben können. Adrenalin setzt zum Beispiel die Fettfreisetzung in Gang. Dadurch kommt eine Rückkoppelung zustande, die den Blutzuckergehalt beeinflußt. Wenn dieser wiederum zu tief sinkt, kommt es zu Unruheerscheinungen, und die Aggressionstendenz wird erhöht. Noch ein weiterer hormonaler Abkömmling gesellt sich zu den drei genannten, nämlich das Serotonin [14], das als Überträgersubstanz im Gehirn eine wichtige Rolle spielt. Serotonin wirkt bei Ratten hemmend auf die Beute-Aggression. Je niedriger der Serotoningehalt im Gehirn ist, um so aggressiver wird die Ratte beim Vorhandensein einer Beute. Dieses Hormon hat dagegen gar keine Wirkung auf Aggression, die durch Schmerz ausge-

löst wird oder von Wut begleitet ist (= „reizbare" Aggression) [15].
So wie eine spezifische Hirnstruktur eine ganz bestimmte aggressive Handlung auslösen kann, wenn sie aktiviert wird, so kann auch ein Hormon eine ganz spezifische Handlungsweise fördern.

Ist eine Sexbombe immer blutdürstig?

Eine andere Gruppe von Hormonen wirkt ebenfalls auf die Aggressivität ein. Es sind dies die Geschlechtshormone, speziell das Testosteron und das Gonadotropin.
Das Testosteron gehört zu der chemischen Gruppe der Androgene (männliche Sexualhormone), die alle ziemlich gleich wirken. Es ist schon seit langem bekannt: sinkt der Androgenspiegel im Blut, steigt die Aggressionsschwelle. Mit anderen Worten, das Tier (oder der Mensch) wird weniger aggressiv. Bei Tieren sinkt die Kampflust, das Kampfverhalten wird unterbunden.

Abb. 10 Testosteronausscheidung im Urin männlicher Personen, je nach Altersstufe

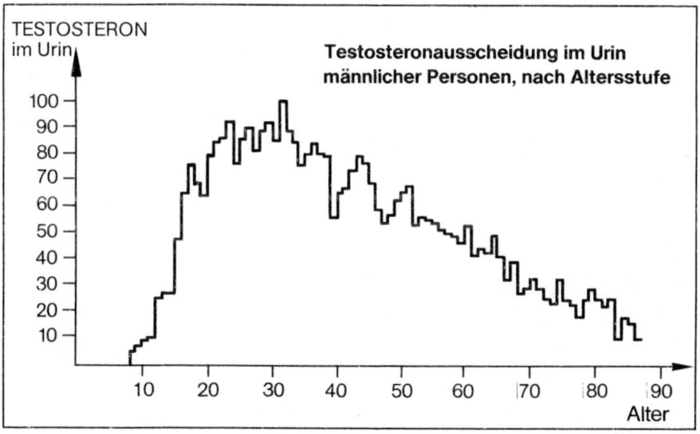

Um dies zu erreichen, wird auch bei Tieren oft die Kastration angewandt [16]. Die gleiche Wirkung erreicht man mit einer sogenannten „chemischen Kastration“. Dabei behandelt man die Person mit einer Substanz, welche die Androgene blockiert. Auf diesem Prinzip basiert die in den letzten Jahren eingeführte Therapie von Sexualverbrechern mit Stilbestrol oder Zyproteronacetat [17]. Durch diese Behandlung wird auch beim Menschen die reizbare Aggressivität vermindert.
Auch die weiblichen Sexualhormone wirken aggressionshemmend. Durch Zugabe von Östrogenen kann der gleiche Effekt wie bei einer Kastration erreicht werden. Auch Gonatropin wirkt im gleichen Sinne.
Da Frauen viel höhere Östrogenspiegel im Blut haben als Männer, sollten die Männer viel aggressiver sein, was keineswegs immer der Fall ist. Eine erhebliche Anzahl Frauen wird auch vor der Menstruation viel reizbarer. Kommt eine mangelnde Beherrschung hinzu, äußert sich dies in aggressivem Verhalten. Man kann jedoch diese Erregung nicht mit einem niedrigeren Östrogenpegel des Blutes in Übereinstimmung bringen. Es scheint eher, daß es mit dem Abfall an Progesteron (einem anderen weiblichen Sexualhormon) zusammenfällt [18].
Bei gewissen Tieren, etwa Meerschweinchen, ist auch, unabhängig von der Hormonsituation, das Weibchen viel aggressiver als das Männchen [19].
Viele Indizien sprechen jedoch eindeutig gegen einen direkten Zusammenhang zwischen Sexualhormongehalt des Blutes und Aggression. Tagsüber schwankt der Testosterongehalt des Blutes männlicher Probanden beträchtlich [20]. Die Aggressivität müßte demnach einem starken tageszeitlichen Einfluß unterworfen sein und im gleichen Rahmen schwanken. Dies konnte bis heute jedoch nicht belegt werden. Zudem ist der Testosterongehalt auch einer Altersschwankung unterworfen (vergl. Abb. 10). So müßte die Aggressionsbereitschaft um das Alter von 30 am größ-

ten sein. Dies kann ebenfalls nicht experimentell untermauert werden. Man kann aber auch umgekehrt sagen, verschieden aggressive Menschen müßten auch unterschiedliche Testosteronpegel haben. Dies wurde von *Meyer-Bahlburg* untersucht. Obwohl er fünf verschiedene Tests benutzte, um den Aggressivitätsgrad seiner Probanden festzustellen, konnte er keinen direkten Zusammenhang des Aggressivitätsgrades mit dem Testosterongehalt nachweisen [21].
Auch direkt verabreicht hat Testosteron keine spezifische Wirkung. Eine Änderung der Aggressionsbereitschaft wird nur durch ein Zusammenspiel von Lerneffekt und Hormonbehandlung erwirkt, wie Experimente mit Tauben zeigten [22]. Andere Versuche mit Mäusen wiesen nach, daß die Hormonwirkung relativ unspezifisch ist; sowohl Testosteron (männliches Sexualhormon) als auch Estradiol (weibliches Sexualhormon) machten weibliche Mäuse aggressiver [23]. Selbst bei ausgeprägtester Testosteronwirkung waren die Auswirkungen noch von genetischen Voraussetzungen (Rassen) abhängig. Je nach genetischer Konstitution reagierten die Tiere oder aber auch nicht.

Aggression und Geschlecht – woher der Unterschied?

Knaben sind meßbar aggressiver als Mädchen. Der Unterschied kann das Doppelte betragen [24]. Der Grund dafür kann in der hormonalen Entwicklung gefunden werden. Schon bei Tieren, deren Physiologie derjenigen des Menschen ähnlich ist, kann die Verschiebung des hormonalen Gleichgewichtes auch eine Veränderung aggressiven Verhaltens bewirken.
Bei Rhesus-Affen zeigte sich, daß männliche Tiere sehr oft ein Verhalten zeigen, das aus Balgen, Verfolgungsjagden und Drohmimik besteht, während weibliche Tiere die gleiche Zeit mit Lausen und Körperpflege verbringen. Wenn

man nun diese Tiere von Geburt an mit Strohpuppen aufzieht, also ohne lebenden Begleiter, kann schon nach drei Monaten kein Unterschied zu den üblichen Verhaltensnormen festgestellt werden. Die Männchen zeigen wieder die typischen Haltungen des Balgens, des Verfolgens usw., während die Weibchen mit normaler Frequenz sich dem Lausen und der Körperpflege widmen.

Man kann nun aber bereits vor der Geburt eingreifen. Dazu überschwemmt man das sich in Entwicklung befindliche Gehirn des Äffchens mit Androgenen (= männliche Geschlechtshormone), indem man diese der Schwangeren zuführt. So wird jeder weibliche Fötus „vermännlicht". Und tatsächlich wird später das heranwachsende Affenweibchen Verhaltensweisen zeigen, die aus Balgen, Verfolgungsjagden und Drohmimiken bestehen, die mit denjenigen normaler (genetischer) Männchen übereinstimmen.

Desgleichen hat die Zufuhr von Anti-Androgenen, die die männlichen Geschlechtshormone blockieren, eine feminisierende Wirkung auf Morphologie und Verhalten eines männlichen Affen. Das aggressive Verhalten und auch das „Bewegungstotal" werden unter der männlichen Norm bleiben. Ähnliche Erscheinungen kann man auch beim Menschen beobachten. Knaben, die im Mutterleib zu hohen Dosierungen von Androgenen ausgesetzt waren, zeigen im allgemeinen eine höhere Tendenz als ihre Brüder, aggressiv und kampfbetont zu sein.

Entsprechende Ergebnisse zeigen die Fälle sogenannter testikulärer Feminisierung. Dabei handelt es sich genetisch um Männer, denen aber während der Entwicklung im Mutterleib keine oder nur ungenügend männliche Geschlechtshormone zur Verfügung standen. Dadurch sind sie häufig äußerlich wie Frauen geschaffen. Bei ihnen sind die sozialen Interessen und das gesamte Verhalten größtenteils weiblich orientiert.

Vor kurzem wurde eine Untersuchung über eine Gruppe von Knaben veröffentlicht, deren Mütter Diabetikerinnen waren. Zur Behandlung bekamen die Mütter weibliche Geschlechtshormone zugeführt, auch während der Schwangerschaft. Die Ergebnisse dieser Untersuchung laufen darauf hinaus, daß durch diese Behandlung die Aggressivität der Knaben später allgemein vermindert war [25], also ein Einfluß der Hormonzufuhren nachweisbar ist. Diese Hormonwirkungen können nun allerdings auch von externen Einflüssen abhängig sein, so daß aus diesen Untersuchungen nicht geschlossen werden kann und darf, daß geschlechtsspezifische Unterschiede im Aggressionsverhalten *allein* auf genetisch gesteuerte, physiologische Ursachen zurückführbar sind. Mit anderen Worten, die sozialen Umwelteinflüsse können ebenso stark die Hormonsituation beeinflussen wie die ‚genetische Vorprogrammierung'. Schließlich deuten diese Ergebnisse in keiner Weise auf einen programmierten Aggressionstrieb hin, nicht zuletzt auch deshalb, weil er eine periodische Hormonschwankung voraussetzen würde, was – wie Abb. 10 zeigt – nicht der Fall ist.

Wo sind die Triebhormone des Aggressionstriebs?

Aggression spielt sich also nicht nur über Nerven ab, sondern auch über dazwischengeschaltete Hormone. Jede Drüse, die eines der beteiligten Hormone ausscheidet, ist ein kleiner Regelkreis für sich. Es steht ihr immer die Möglichkeit offen, einen Wirkstoff freizusetzen oder die erzielte Wirkung durch einen Gegenstoff einzudämmen. Da das Hormon einer Drüse auch auf eine andere einwirken kann, ist der Gesamteffekt (hier die Aggression) von einem subtilen Zusammenspiel mehrerer überlappender Regelkreise abhängig. Man kann deshalb nicht von dem Vorhandensein einer „Aggressionsdrüse“ sprechen.
Nach Lorenz gibt es eine Energiequelle im Menschen, die Feindseligkeit stapelt, bis der Druck zu groß wird, und

plötzlich Energie in Form von Aggression frei wird. Tatsächlich steigt die Erregung, wenn unter Hormon- oder Medikamenteinfluß die Nervenverbindungen, die mit dem Aggressionsverhalten verknüpft sind, angeregt werden. Es wird ein gewisser „Druck“ für aggressives Verhalten erzeugt. Obwohl gereizt, ist man jedoch sehr wohl in der Lage, sein Verhalten unter Kontrolle zu halten. Gereiztheit heißt nicht notwendigerweise Aggression.

Wenn der Hormonpegel wieder ins Normale zurückpendelt, verschwindet auch die Gereiztheit, unabhängig davon, ob man jetzt aggressives Verhalten gezeigt hat oder nicht. Entgegen der Lorenz'schen Theorie gibt es also nicht *unbedingt* eine Entladung der gestauten Energie, und das Abreagieren ist auch *nicht* die Voraussetzung für das Verschwinden aggressiver Tendenzen.

Auch wenn man sich beherrscht, verschwindet die physiologische Grundlage der Gereiztheit, ohne daß es dabei zu verheerenden Nebenwirkungen käme.

Zuckermangel – ein bösartiges Symptom

Die Energieversorgung des Gehirns hat eine Besonderheit: nur mittels Zucker (Glukose) ist die normale Funktion des Gehirns möglich. Für den Energieverbrauch dieses Organs ist es demnach unerläßlich, daß seine Versorgung mit Glukose (durch das Blut) immer gewährleistet ist. Wenn der Blutzuckerspiegel zu tief sinkt, kommt es zu einer sogenannten Hypoglykämie (Blutzuckermangel). Symptome davon sind Schwindel, „Black-out“, kurzfristiger Gedächtnisschwund, Kopfschmerzen und auch, bei längerem Anhalten dieses Zustandes, allgemeine nervöse Erregbarkeit, die sich bis zu Wutanfällen steigern kann.

Kann man nun annehmen, daß auch eine derartige Hypoglykämie für aggressive Handlungen verantwortlich ist? Wir wollen dies anhand des Beispiels der *Qolla-Indianer* diskutieren. Diese Bewohner der Hochebene des Titicaca-Sees (Peru) sind schon seit langem wegen ihres düsteren Charakters bekannt. Im 16. Jahrhundert schon nannte man sie ihrer Verbohrtheit und Hinterlistigkeit wegen „brutos y torpes“. Von Natur aus immer sehr aggressiv, streitbar und auch fatalistisch veranlagt, haben sie eine physiologische Besonderheit, die sie von anderen Völkern unterscheidet. Sie sind größtenteils in einem Zustand permanenter Hypoglykämie, die zwar nicht genügend intensiv ist, um schlimmere Krankheitssymptome hervorzurufen, aber doch genügt, um eine immerwährende aggressive Mißmutigkeit herzustellen [26]. Wenn man bei diesen Indianern den Blutzuckerpegel mißt, kann man feststellen, daß dieser unter der Norm liegt. Auch sinkt er, wenn man einem Probanden Zucker zuführt, viel schneller als normal. Die Stärke der ausgedrückten Aggressionsbereitschaft ist von der Größe der Hypoglykämie abhängig.

Abb. 11 Aggressionsbereitschaft in Abhängigkeit von der Hypoglykämie bei den Qolla-Indianern (nach Bolton 59)

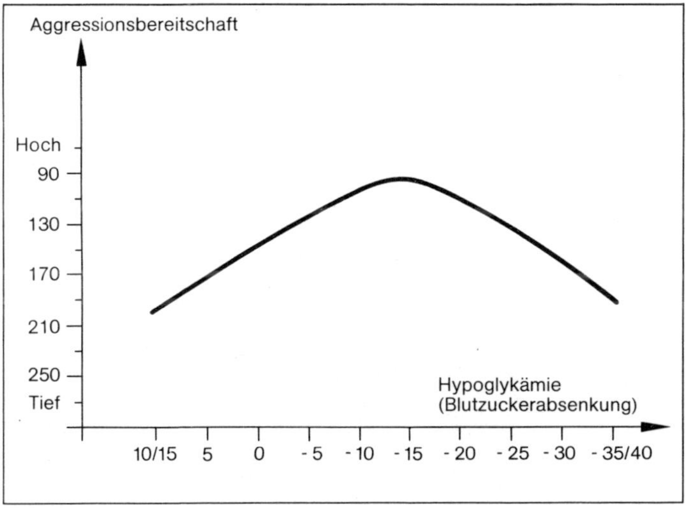

Man sieht aus der in Abb. 11 gezeichneten Kurve, daß bei zu starker Hypoglykämie die Hirnfunktionen zu stark beeinträchtigt sind, um noch eine aktive Erregung zu ermöglichen. Die Aggression schlägt in Depression um.
In diesem Sinne könnte man von genetischer Vorprogrammierung sprechen, obwohl es sich nur um einen Teilaspekt einer allgemeinen Beeinträchtigung der Hirnfunktionen handelt. Im Normalfalle kommt es nur selten (in pathologischen Situationen) zu solchen Blutzuckerabsenkungen, die zudem nie lange dauern.

Erbmasse und Aggression

Unsere gesamte Erbmasse tragen wir stets mit uns herum. In jeder Zelle des Körpers, die roten Blutkörperchen ausgenommen, haben wir eine Auflage unserer Erbanlagen. Während der Zellteilung werden sie sichtbar: die Chromosomen.

Abb. 12 Die 46 Chromosomen eines Mannes

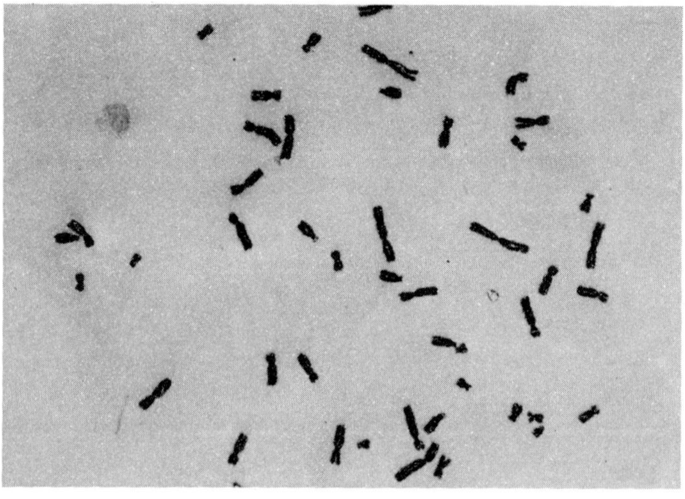

Beim Menschen sind es 46, immer paarweise angeordnet: 23 werden uns mütterlicherseits weitergegeben und die anderen 23 werden uns vom Vater übertragen. Ein einziges Chromosom jeder Serie bestimmt unser Geschlecht. Wenn zwei gleichartige zusammentreffen, haben wir es mit einem Mädchen zu tun. Man sagt, es habe die Chromosomenformel XX. Bei einem Knaben bekommt jede Zelle zwei verschiedene Geschlechtschromosomen: ein großes und ein kleines, Y-förmiges. Die Chromosomenformel lautet dann XY.

Außer dem Geschlecht bestimmen diese Erbanlagen auch noch andere wichtige körperliche Funktionen wie z. B. das Farbsehen und die Blutgerinnung. So ist es nicht verwunderlich, daß allerhand außer Rand und Band gerät, wenn etwas mit diesen Chromosomen X und Y nicht in Ordnung ist. Wenn z. B. ein Chromosom zuviel vorhanden ist, treten schwerwiegende Störungen auf, die sich auf viele Bereiche des Ablaufs der Körperfunktionen niederschlagen.

Da der Chromosomenunterschied zwischen einem Mann und einer Frau im Chromosom X besteht, teilt man dem X „weibliche" und dem Y „männliche" Merkmale zu. Diese Annahme ist um so mehr verbreitet, als männliche Personen, die ein X-Chromosom zuviel haben (Formel XXY), tatsächlich auch sogenannte feminine Verhaltensweisen zeigen.

Diese abnorme Erbanlage (XXY) ist jedoch nicht die einzige, die auftritt. Es gibt noch andere Chromosomenanomalien, wie XXX, XYY und XXYY, um nur die bekanntesten zu nennen.

Als Totschläger geboren?

Wollte man dem genetischen Material eine direkte aggressionsfördernde Wirkung zuschreiben, so müßte eigentlich ein zusätzliches Y-Chromosom die männlichen Merkmale steigern. So müßte auch die Aggressivität überhöht sein. Man hat auch tatsächlich Männer gefunden, die die abnorme Chromosomenausrüstung XYY hatten [27]. Es schien auch, als seien solche Personen tatsächlich erheblich aggressiver und krimineller veranlagt als Leute mit normalem Chromosomensatz [28].

Bei allen Chromosomenanomalien treten jedoch meistens unterdurchschnittliche Intelligenz oder Schwachsinn als durchgehendes Symptom auf. Daß dabei die normalen Verhaltensweisen gestört sind, liegt auf der Hand.

Genauere Untersuchungen von Personen mit dem XYY-Status haben dann auch gezeigt [29], daß die erhöhte allgemeine aggressive Neigung sich nicht bestätigte. Man konnte wohl zeigen, daß solche Leute oft einen sehr großen Körperwuchs zeigten (bis 227 ccm), daß ihre durchschnittliche Intelligenz eher unter der Norm lag und daß sie auch öfter asoziales Verhalten aufwiesen. Wenn auch solche Leute öfter in psychiatrischen Kliniken vorkommen (1 bis 4%) als dies in der Gesamtbevölkerung der Fall ist (0,5 bis 2%), so besagt dies nur, daß es sich meist um psychisch Kranke handelt. Im Vergleich zu anderen psychisch Kranken konnte jedoch keine erhöhte Aggression festgestellt werden. Es kann wohl vorkommen, daß unter XYY-Individuen auch Epileptiker vorhanden sind, die deshalb ein völlig gestörtes Verhalten zeigen. Sie kommen jedoch nicht öfter vor als z. B. unter XXY-Individuen [30]. Da die letztgenannten ein X-Chromosom zuviel haben, sollte das Gegenteil eintreten, d. h. die „weiblichen" Eigenschaften müßten im Überschuß vorhanden sein, wollte man dem X-Chromosom einen verweiblichenden Effekt zuschreiben.

Ähnlich verhält es sich mit dem XYY-Typus, wo man mit einem zweiten zusätzlichen Chromosom X den noch viel selteneren Typus XXYY (0,4‰) erhält. Man könnte meinen, das zusätzliche X hebe den negativen Einfluß des zusätzlichen Y auf. In Wirklichkeit gleichen jedoch die

XXYY-Individuen denjenigen mit der XYY-Konstitution. Das heißt, man kann dem zusätzlichen X-Chromosom keinen kumulierenden Effekt in Richtung männlicher oder weiblicher Verhaltensweisen zuschreiben.
Die Behauptung, daß asoziales Verhalten an ein zusätzliches Y-Chromosom gebunden sei, kann nicht mehr aufrechterhalten werden, seit man Menschen mit einer XYY-Konstitution gefunden hat, die in allen Punkten normal, ohne jede Verhaltensstörung, waren [31].
Wir können somit folgern, daß Personen mit XYY-Konstitution vielleicht eine diffuse Neigung zu aggressivem Verhalten zeigen, daß diese jedoch keineswegs zum Ausdruck kommen muß. „Die Entdeckung eines zusätzlichen Geschlechtschromosoms bei einem Mann bedeutet bei weitem noch nicht, daß er mit der gleichen Bestimmtheit antisoziale Verhaltensweisen entwickeln wird, mit der man bei einer Trisomie 21 (Chromosomenkonstitution, die für den Mongolismus verantwortlich ist) voraussagen kann, daß sie Schwachsinn hervorruft“ [32].
Die Tatsache, daß abnorme Chromosomenkonstitutionen zu unterschiedlichen Aggressionsneigungen führen *können,* zeigt, daß die Annahme eines spontan-endogenen Aggressionstriebes unrealistisch ist. Andererseits besagt die Existenz einer anomalen Chromosomenkonstitution nicht, wie man bisher glaubte, daß die betreffende Person unbedingt aggressiv handelt. *Das* Aggressionsgen ist bisher noch nicht gefunden.

Doppelt genäht hält besser – ein Exkurs über Zwillinge

Immer wenn es darum geht, einen genetischen Einfluß gegenüber der Einwirkung der Umwelt auf den Menschen abzuschätzen, unternimmt man gerne Zwillingsuntersuchungen [33]. So hat man bei ungleichen (= zweieiigen)

Zwillingen ungleiche Erbmassen, aber nicht sehr unterschiedliche soziale Einflüsse. Bei eineiigen Zwillingen hingegen ist die Erbmasse absolut identisch. Sie haben, weil sie durch zufällige Entzweitrennung eines Eies entstanden sind, genau die gleichen genetischen Voraussetzungen. Die festgestellten Unterschiede im Verhalten sind demnach, zumindest im Idealfalle, alle von unterschiedlichen Umwelteinflüssen hervorgerufen worden.

Sollte es nun einen angeborenen Aggressionstrieb geben, müßte er bei eineiigen Zwillingen gleich ausgeprägt sein, zumindest weniger unterschiedlich sein als es zwischen zweieiigen Zwillingen der Fall wäre. Es wurden einige Untersuchungen in dieser Richtung durchgeführt, allerdings in bezug auf die *Kriminalität* als Ausdrucksweise der Aggression. Man muß sich dabei bewußt sein, daß einerseits Kriminalität nicht unbedingt Aggression sein muß, und andererseits nur die von der Gesellschaft nicht hingenommene Aggression als kriminell gilt.

Diese Untersuchungen zeigten [34], daß eineiige Zwillinge stets eine erheblich größere Ähnlichkeit in ihrem kriminellen Verhalten aufwiesen, als zweieiige Zwillinge. Eine genetische Komponente scheint also in der kriminellen Aggression vorhanden zu sein, ohne jedoch die Attribute eines Triebes zu besitzen.

Allerdings interpretieren die Forscher ihre Ergebnisse sehr vorsichtig. So sagt *Lange* [35] von einem Zwillingspaar: „Ihr Grundzug ist ihre Beeinflußbarkeit und diese macht auch die Grundlage ihrer Kriminalität aus – sie sind typische exogene Verbrecher auf der Grundlage ihrer Veranlagung, die nicht wegzudenken ist. ... Man kann ebensowohl sagen, die Anlage sei die Hauptursache wie umgekehrt. Beides wäre falsch und richtig. Die Anlage ist eben nichts ohne die Umwelt."

Man kann somit zwar eine Verbindung zwischen Erbmasse und Kriminalität herstellen; allerdings stellt sich dann sehr rasch die Frage: „Was war zuerst, das Huhn oder das Ei?"

Nicht nur die Kriminalität, sondern die Aggression als Gesamtes untersuchte *Pilz* [36] bei Zwillingen. Dabei stellte er fest, daß bei den 17 untersuchten Paaren kein Unterschied zwischen eineiigen und den zweieiigen gefunden werden konnte. Im allgemeinen war die Streuung der Werte sogar sehr groß. Dazu ein Beispiel: ein eineiiges Zwillingspaar fiel durch die Diskrepanz der Aggressionswerte auf. Der eine erreicht sehr hohe Werte, während sein Bruder nur sehr schwach aggressiv disponiert war. Beim Nachschlagen der Freizeitaktivitäten dieser Beiden erwies sich, daß der aggressive Zwilling Fußballspieler war, während sein sehr wenig aggressiver Bruder sich ganz der Kaninchenzucht widmete. Wir können somit *Christiansen* zustimmen: „Die Summe der Variablen im Rahmen der ermittelten Daten macht es schwierig, irgend einen deduktiven Schluß auf die genetische Determination der Kriminalität zu ziehen“ [37].
Dies trifft nicht nur auf die Kriminalität, sondern auch auf die Aggression im gesamten zu. Auch Aggressionsuntersuchungen bei eineiigen Zwillingen lassen somit keinen Schluß auf einen angeborenen Aggressionstrieb zu.

Der weite Weg vom Gen zum Verhalten

Wenn man von Vererbung spricht, so vergißt man zu leicht, daß alles Vererbte letzten Endes als Gen, als Teil einer DNS (= *D*esoxyribo*n*uklein*s*äure = Grundsubstanz des Erbmaterials) vorhanden sein muß. Soll eine vererbte Gebärde tatsächlich auch beim Nachfolger zu sehen sein, so muß die entsprechende Information den langen Weg vom Gen bis zum Verhalten unternehmen.
Zuerst wird diese Information als RNS (= *R*ibo*n*uklein*s*äure) vom Gen abkopiert, läuft dann durch eine „chemische Aufbaukette“ hindurch (die Ribosomen), um darin „übersetzt“ zu werden und als Protein herauszukommen. Dieses Protein, eine chemische Substanz also, wird dann in den

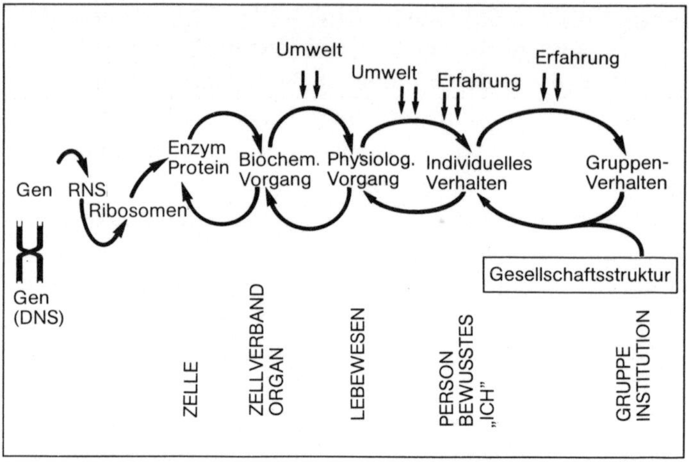

Abb. 13 Einbeziehung einer Genwirkung in die Umwelteinflüsse

Zellstoffwechsel eingeschleust und muß von dort aus, über die Zelle, über den Zellverband (Gewebe), über das Organ schließlich auch das ganze Lebewesen in seinem Verhalten wie vorgesehen beeinflussen.

Im Modell scheint dies auch möglich. In der „rauhen Wirklichkeit" aber gibt es viele störende Klippen, die umschifft werden müssen, soll das vorprogrammierte Verhalten auch unabgeändert ausgedrückt werden können.

Die Umwelt, die Erfahrung, Sozialisationsprozesse haben oft drastische Rückkoppelungseffekte auf den Organismus, dessen Funktion dadurch beeinträchtigt oder abgeändert werden kann. Man denke nur an nervöse Überbelastung und die darauf folgenden Magengeschwüre. In diesem Falle ist das „vorgesehene" Funktionieren des Lebewesens beeinträchtigt. Daß dabei auch ein genetisch vorgegebener Prozeß abgeändert werden kann, und schließlich in einem anderen Verhalten als „vorgesehen" Ausdruck findet, liegt auf der Hand. Solch ein „Umbau" der genetischen Information durch Umwelteinflüsse kann auch in nichtpathologischen, ganz normalen Situationen auftreten.

Als Beispiel können die Untersuchungen von Stewart [38] angeführt werden, der verschiedene Rassen von Labormäusen mit ganz unterschiedlichem, intraspezifischem Aggressionsverhalten verglich. Stewarts Untersuchungen zeigten, daß die Aggressivität selbst bei Mäusen in großem Maße vom Erlernen (Ontogenese = *individuelles* Erlernen) abhängig ist.
Von einem genetisch programmierten Aggressionstrieb ist weit und breit nichts zu sehen, schon gar nicht von einer spontan kumulierenden Erregungsproduktion.

V Aggression und Ethologie

Ich kenne kein instinktives Verhalten beim Menschen, mit Ausnahme zweier instinktähnlicher Reaktionen, nämlich der auf den plötzlichen Entzug der Unterlage und der auf ein plötzliches lautes Geräusch.

ASHLEY MONTAGU [1]

Wir können nicht den zoologischen Gärten entrinnen, die wir für uns selbst geschaffen haben und in die Wildnis zurückkehren. Wir können aber unsere Gesellschaft verbessern und sie unseren unveränderlichen biologischen Eigenheiten besser anpassen. Ich habe kein großes Vertrauen in die Verbesserungsmöglichkeit des Menschen, wie es im 19. Jahrhundert hieß, aber ich habe große Hoffnung in die Verbesserungsmöglichkeit der menschlichen Institutionen.

RENÉ DUBOS [2]

Aber wenn wir die Stufenleiter der Evolution hinaufsteigen, stellen wir fest, daß die Tiere immer weniger auf instinktives und immer mehr auf erlerntes Verhalten angewiesen sind.

ASHLEY MONTAGU [3]

Möglicherweise haben schon die Mitglieder einer Horde von Australopithecinen die der andern verachtet und gehaßt, weil ihre primitivsten Riten in einigen Äußerlichkeiten von den eigenen verschieden waren.

KONRAD LORENZ [4]

Im Verhalten stecken also zwei Momente, die sich beim Menschen nicht trennen lassen: Zum einen sein phylogenetisches Erbe im Sinne naturwissenschaftlicher Betrachtung; zum andern die Resultate seiner ihn vom Tier unterscheidenden Fähigkeit, diese innere Natur und die äußere Natur sich vermittelst realer und symbolischer Arbeit anzueignen.

KLAUS HORN [5]

Die triebtheoretische Auslegung der Aggression ist ganz auf den Lorenz'schen Instinktbegriff des Verhaltens gerichtet.

Man setzt dabei voraus, daß die Lehre vom Instinktverhalten, wie sie Lorenz vertritt, irgendwie bewiesen sei. Kann man dies schon bei den Tieren in Frage stellen, so ist dies beim Menschen noch fragwürdiger. Wenn man die Auslegungen von Lorenz über aggressives Verhalten unter die Lupe nimmt, treten folgende Fragen auf:

- gibt es wirklich Instinkthandlungen beim Tier, wie Lorenz sie beschreibt, oder handelt es sich um einen veralteten, nicht mehr brauchbaren Begriff?

- gibt es einen getrennten, definierbaren Aggressionstrieb beim Tier?

- können die Konsequenzen des theoretischen Aggressionstriebes beim Tier objektiv festgestellt werden und kommen sie wirklich bei allen Tieren vor?

- können Tierexperimente auf den Menschen übertragen werden?

- wie und wo ist der Aggressionstrieb in der Humanethologie anzutreffen?

Wenn wir dem triebtheoretischen Modell der Aggression, wie Lorenz es verficht, Glauben schenken wollen, so müßten *sämtliche* obige Fragestellungen diesbezüglich positiv ausfallen; d. h. es darf für keinen dieser Fälle eine Ausnahme geben, da sonst die Theorie nur noch graue Theorie ist, die von wirklichkeitsbedingten Fakten nicht unterstützt wird. Sind Ausnahmen vorhanden, dann hat die aufgestellte theoretische Struktur keine Bewandtnis mit der Natur mehr und muß als Erklärungsmodell für aggressives Verhalten fallengelassen werden. Fragen wir also zuerst:
Was ist eine Instinkthandlung?
Der Begriff wurde einmal beim Tier beschrieben und danach erst auf den Menschen angewandt. Unter Instinkt versteht man [6] einen angeborenen Bewegungsablauf, der starr festgelegt ist und demnach immer genau gleich ablaufen muß. Der Ablauf wird von einem speziellen Koordinationszentrum des ZNS (= zentrales Nervensystem) geregelt.

Dazu kommt noch, daß wenn einmal das „Startzeichen" für den Bewegungsablauf gegeben ist, dieser vollständig abläuft, ohne irgendwie von etwas anderem als dem ZNS abhängig zu sein – so jedenfalls Lorenz.
Ist kein auslösender Reiz vorhanden, staut sich die „Aktionsenergie". Je größer die reaktionsspezifische Energie ist, die aufgestaut wurde, um so leichter kann der Bewegungsablauf (= die Instinktreaktion) ausgelöst werden. „Im Verhaltensrepertoire eines Tieres trifft man auf wiedererkennbare, mithin ‚formkonstante' Bewegungen, die vom Tier nicht erst gelernt werden müssen und die, so wie körperliche Merkmale, Kennzeichen der Art sind. Es handelt sich gewissermaßen um ein angeborenes Können. Man nennt solche angeborene Bewegungsweisen Erbkoordinationen oder Instinktbewegungen" [7].
Lorenz illustrierte dieses Konzept aufgrund der Verhaltensweisen seiner Graugänse. Die Eirollbewegungen der Graugänse beinhalten nach ihm mehrere verschiedene ethologische Einheiten. Wenn eine Graugans in ihrem Nest hockt und voller Entrüstung feststellen muß, daß sich ein Ei selbständig gemacht hat und ihr davongerollt ist, so reagiert sie auf ganz bestimmte und festgelegte Art [8].
Sie streckt ihren Kopf zum Ei hin und, ohne es aus den Augen zu verlieren, steht auf und steigt auf den Nestrand. Dann streckt sie ihren Hals zum Ei hin und bugsiert es mit der Unterseite des Schnabels an seinen Bestimmungsort zurück. Die Instinktbewegung besteht nun nach Lorenz (und Tinbergen) in dem starren Verhaltensablauf des „Kopfnickens" in der Tierachse, mit der das Ei zurückbefördert werden kann, wenn es nicht seitlich ausschert. Dieses Bewegungsmuster ist nach Lorenz angeboren und genügt allen anderen Instinktkriterien wie: Appetenzverhalten, angeborener Auslösemechanismus und Taxis.
Lorenz nimmt implizit an, daß ein Tier bei der Geburt noch keinem Lerneinfluß unterworfen wurde. Das kann jedoch kaum der Fall sein, da schon der Mutterleib im Sinne einer

„Umwelt“ auf das werdende, junge Geschöpf einwirkt. Man kann bereits im Mutterleib dem Tier Verhaltensmuster [9] andressieren. Eine derartige „Instinkt“handlung kann daher schon eine rein *angelernte* Reflexbewegung sein. Es kann sogar vorkommen, daß eine solche Reflexbewegung absolut bei jedem Tier einer gewissen Art vorkommt. Diese Bewegung scheint dann artspezifisch und auch „angeboren“ zu sein. Ein gutes Beispiel dafür liefert uns *Kuo* [10] mit der Beschreibung der Embryonalentwicklung des Kücken. Die Bewegung des Aufpickens kann man schon in ihrer Grundform am dritten Tage der Embryonalentwicklung beobachten. Das Hälschen wird, noch im Ei, schon durch den Herzschlag passiv auf- und abbewegt, wie es später dann „gebraucht“ werden soll. Kuo konnte dabei aufzeigen, daß während der Wachstumsphase des Embryos eine ganze Reihe solcher Reize dem Tier unbewußt und ganz physiologisch „beibringen“, wie die Bewegung des Aufpickens und des Schluckens zu erfolgen habe. Die Bewegung ist also nicht *de novo* vorhanden, sondern ist die Endstation eines längeren Entwicklungsprozesses. Kann man das noch Instinkt nennen? Wohl kaum.

Man muß also beim Aufkleben des Etiketts „Instinkt“ auf ein Verhaltensmuster schon sehr vorsichtig sein, was bei Lorenz nicht der Fall ist. Er kennt nicht nur starre, stereotype Bewegungsabläufe, sondern er findet noch weitere Instinkte wie z. B. die des Verliebens, der Freundschaft, des Rangordnung-Strebens, der Eifersucht, des Grams [11].

Lorenz *prüft* solche Verhaltensweisen nicht auf ihren Instinktcharakter, sondern *legt sie* als Instinkt *aus*. Man kann sich nicht des Gefühls erwehren, daß Lorenz das Etikett „Instinkt“ auf Abläufe setzt, damit man die Entwicklung und die Entstehung dieses Ablaufes nicht mehr weiter untersuchen muß, da er ja genetisch bedingt und demnach auch unveränderlich ist. So vermag er unter *einem* Begriff sehr verschiedene Erscheinungen anzusammeln, die nicht einmal den gleichen Entwicklungsprozeß durchlaufen.

Territorialverhalten: Mangelware

Lorenz schreibt dem Aggressionstrieb eine ganze Reihe arterhaltender Funktionen zu. Hierzu zählt unter anderem auch das Terrritorialverhalten, die Aufteilung des möglichen Lebensraumes unter die Einwohner. „Die Gefahr, daß in einem Teil des zur Verfügung stehenden Biotops eine allzu dichte Bevölkerung einer Tierart alle Nahrungsquellen erschöpft und Hunger leidet, während ein anderer Teil ungenutzt bleibt, wird am einfachsten dadurch gebannt, daß die Tiere sich untereinander *abstoßen.* Dies ist, in dürren Worten, die wichtigste arterhaltende Leistung der intraspezifischen Aggression" [12].

Seiner Ansicht nach muß das Territorialverhalten allgemein und uneingeschränkt vorhanden sein, bei allen Tierarten, da es ja arterhaltende Funktionen hat. Viele Tierarten, wenn nicht sogar die meisten, sind jedoch ganz unregelmäßig verteilt in Herden, Nistgruppen oder anderen Einheiten. Darunter fallen viele Huftiere und Affen. Lorenz dispensiert diese Tierarten vom Revierverhalten, indem er sagt: „Bei solchen Tieren spielt die intraspezifische Aggression keine wesentliche Rolle für die Raumverteilung ..., die sehr große Verbände bilden und denen Revierabgrenzung und Raum-Eifersucht deshalb völlig fremd sind, ..." [13].

Das wunderschöne Lorenz'sche Konzept zerfällt jedoch, denn es gibt viele Huftiere, deren Territorialverhalten wirklich ausgeprägt und sogar auffallend ist. Die auffallende, nordisch angehauchte und etwas tolpatschige Silhouette des Elches gibt uns ein Beispiel. Um sein „Heimgelände" zu markieren, scheuert er die Rinde von den Bäumen und reibt nachher den Kopf daran. Auch das Rentier, der Schwarzwedelhirsch, das südamerikanische Lama Vicunja [14] und andere mehr [15] zeigen ein ganz typisches Revierverhalten.

Da Lorenz gerne Beispiele unter den Nichtsäugern aussucht, sollten seine Behauptungen in diesem Bereiche zumindest stimmen. Ist es nun wirklich so?
Setzen wir uns doch einmal an einen romantischen, kühlen und rauschenden Bergbach und beobachten die Farbblitze der Libellen. Schon schwirrt ein Männchen einer Flußjungfer vorbei. Wenn wir es mit einem bißchen Glück verfolgen können, merken wir bald, wie aggressiv es sich gegenüber anderen Männchen verhält [16]. Sobald ein sich bewegendes Männchen in sein Blickfeld gerät, wird jenes sofort angeflogen und bekämpft. Mit aller nur erdenklichen Mühe versucht es, seinen Gegner von unten anzufliegen, um ihn zum Fliehen zu bringen. Dann, nach gewonnener (oder verlorener) Auseinandersetzung kehrt unser Männchen wieder an seinen Platz zurück. Immer an den gleichen Platz? Mitnichten! Je nach Laune und Sonne, je nach Temperatur und Zufall wird es sich an irgendeinen Platz setzen, auch wenn dort schon ein anderer Gegner wartet. Und der nächste Kampf beginnt.
Nach längerem Beobachten merkt man dann, daß diese Libelle gar kein Territorium besitzt, und daß ihre gegen den Artgenossen gerichtete Aggression nicht zu einer Verteilung der Libellen führt. Ganz im Gegenteil, wenn der Zufall es will, sitzen sie plötzlich dicht an einem Platz, wo sich kurz vorher eine einzige Libelle sonnte.
Andere Libellen zeigen schon manchmal Territorialverhalten, das aber von der Bevölkerungsdichte (Individuendichte) abhängig ist. So zeigen *Calopteryx*-Arten (z. B. die Blauflügel-Prachtlibelle) ein um so ausgeprägteres Territorialverhalten, je weiter verstreut sie sind [17]. Sind keine Nachbarn in Sicht, wird um so bestimmter der Raum aufgeteilt. Wo ist da der Sinn der Lorenz'schen Formel der Nahrungsteilung durch Raumaufteilung, wenn man mit niemanden teilen muß?
Ähnliche Gegenbeispiele findet man auch bei anderen Tierarten. Bei den Fischen konnte gezeigt werden, daß ge-

wisse lachsartige Fische je nach Lebensraum Territorialverhalten haben oder auch nicht [18]. In kleinen Bächen zeigen sie ein eindeutiges Territorialverhalten. Wenn sie aber in tiefen Gewässern leben müssen, finden sie sich immer in Schwärmen zusammen. Ein Fisch muß also nicht immer territoriumsgebunden sein.

Wenn wir nun die Leiter der Entwicklungsgeschichte hinaufklettern, um nachzusehen, wie es sich mit unseren näheren „Verwandten", mit den Menschenaffen verhält, fragen wir uns: Haben diese wirklich ein Territorialverhalten, wie es die Aggressionstriebtheorie voraussagen würde? Auch in diesem Bereich der Tierwelt hat man die gleichen Zustände gefunden wie schon beschrieben.

In der einen Umgebung sind z. B. südafrikanische Meerkatzen platzgebunden, während sie in einer anderen Umgebung in unverteidigten Gruppen verschiedener Größe umherziehen [19]. Auch bei anderen Affen, Rhesus-Affen z. B., können Lebensräume vorhanden sein, die sich bis zu 80% überschneiden, sogar mit gemeinsamen Wasserstellen, obwohl diese Affen unter die aggressivsten Primaten eingereiht wurden. Bei den Pavianen verhält es sich ähnlich. Alle Beobachtungen heben hervor, daß überhaupt nie eine Gruppe gesehen wurde, die eine Reviergrenze verteidigte [20]. Gleiches wurde auch beim Gorilla [21] beobachtet, der sich als äußerst gemütliches Tier herausstellte. Ist es noch nötig, auch die Elefanten oder die Seeottern als Tiere ohne Revierverhalten anzugeben? Nach Lorenz dürften diese Tiere eigentlich überhaupt nicht existieren, da sie ihre arterhaltende Funktion, das Territorialverhalten, gar nicht ausüben. Vielleicht sollte man die Biologie umschreiben?

Das Loch in der Aggressionsstau-Wanne

Eine andere Konsequenz der Lorenz'schen Aggressionstriebtheorie ist das unumgängliche Vorhandensein eines periodischen Aggressionsausbruches, der vom spontanen, immer vorhandenen Aggressionstrieb herrührt. Die Suche nach dem Auslöser dieses Aggressionsausbruches heißt Appetenzverhalten. Der Begriff der „Leerlaufhandlung" wurde auch von Lorenz geprägt, als Ausdruck für eine extreme Schwellenerniedrigung einer vorgeprägten Handlung. Eine solche Schwellenerniedrigung sollte durch eine Stauung des entsprechenden Triebes (z. B. des Aggressionstriebes) hervorgerufen werden. Lorenz versucht, diese Erklärung mit den Verhaltensmustern des Kampffisches *(Betta splendens)* zu erklären.

Um so interessanter ist eine Arbeit aus dem ehemals von Lorenz geleiteten Institut in Seewiesen [22]. Dort testete man quantitativ die Aggressivität einer Fischfamilie *(Cichliden)* gegenüber einer Fischattrappe. Unter „normalen Verhältnissen" griff ein Fisch die Attrappe nach kurzer Zeit an. Wurde der Fisch jedoch mehrere Wochen alleingelassen, ohne andere gleichartige Fische zu Gesicht zu bekommen, wurde er nicht etwa hyperaggressiv ob seines angestauten Aggressionstriebs, sondern er *„vergaß"*, sich aggressiv zu gebärden. Er griff die Fischattrappe praktisch nicht mehr an. Nach dem Zusammentun mit anderen gleichartigen Fischen, brauchte es im Durchschnitt eine ganze Woche der Präsenz seiner Kumpane, um wiederum auf den normalen Pegel seiner Aggression zurückzukommen, und dann griff er auch wieder mit normaler Heftigkeit die Fischattrappe an.

Dieses Experiment ist um so wichtiger, als es mit großer methodologischer Sorgfalt durchgeführt wurde und damit die Lorenz'sche Theorie, die ja hauptsächlich auf Fisch- und Vogelexperimenten beruht, ad absurdum führt.

Um aggressiv sein zu können, muß also die Aggressionswanne durch stetes aggressives Verhalten immer wieder aufgefüllt werden. Wird dieses Auffüllen gestoppt, verliert die Wanne ihren Inhalt durch das Loch des Verlernens, und das aggressive Verhalten verflüchtigt sich.

Führen wir noch ein anderes Beispiel an: Schneirla beschrieb [23] das Kolonieleben der südamerikanischen räuberischen Treiberameise, das regelmäßig, auf zyklische Weise, stationäre und nomadische Phasen durchläuft. Jede Phase dauert etwa 20 Tage. Die stationäre Phase zeichnet sich dadurch aus, daß die Königin mit ihrem Volk am Ort bleibt und keine Beutezüge ausgeführt werden. Während der nomadischen Phase verschiebt sich das Volk jeden Abend, und starke Stoßtrupps ziehen auf Beute aus.

Diese Beobachtungen wurden nun ganz verschieden ausgelegt, je nachdem was man damit beweisen wollte. In der Lorenz'schen Schule wurde dieser periodische Wechsel als Leerlaufreaktion beschrieben [24], weil keine äußerliche Veränderung der Umwelteinflüsse feststellbar war. Nach zwanzig Tagen stationären Verhaltens sollte die Schwellenerniedrigung so weit fortgeschritten sein, daß die gestaute Aggressionsenergie von selbst ausbrach und zu Beutezügen, zur nomadischen Phase führte.

Schneirla jedoch, der die Ameisen selbst beobachtet hatte, analysierte dieses periodische Auftreten von Unrast im Ameisenvolk auf ganz andere Weise. Er konnte zeigen, daß der Wechsel vom stationären zum räuberischen Verhalten jedesmal die Folge des Heranwachsens einer neuen Ameisenbrut ist. Die Arbeiterinnen des Volkes werden durch die Bewegungen der ausschlüpfenden Puppen zur Brutpflege angeregt, bis die jungen Arbeiterinnen nicht mehr von den ausgewachsenen abhängig sind. Wenn sich nach dem Ausschlupf die Larven verpuppen und untätig werden, sind die ausgewachsenen Arbeiterinnen nicht mehr „angeregt“. Die Kolonie versinkt in eine Art Dornröschenschlaf, sie tritt in die stationäre Phase ein.

Diese Analyse ist das genaue Gegenteil einer Leerlaufhandlung. Die Periodik ist das Resultat regelmäßig wiederkehrender individueller Reizwirkungen auf die Arbeiterinnen. Kein einziges Tier hat ein solches Verhalten „im voraus“ in sich eingebaut. Es wird keine Energie aufgestaut, die schließlich zur Handlungsauslösung führt. Das periodische Geschehen ist einmal durch die Königin bedingt, die ihre Eier schubweise legt. Die Anregung der Arbeiterinnen durch die ausschlüpfenden Tiere muß auch genügend groß sein, d. h., die Kolonie muß ausreichend groß sein, damit überhaupt nomadische Phasen auftreten können. Der ganze Prozeß ist von ökologischen Faktoren abhängig, die überhaupt nichts mit einem Aggressionstrieb zu tun haben.

Trägt der Mensch eine ungewollte Bürde?

Durch die gesamte Argumentation über die menschliche Aggression zieht sich wie ein roter Faden, daß der Mensch seine Aggressionen von den Menschenaffen übernommen haben soll.
Beobachtungen an Pavianen scheinen diese Ansicht zunächst zu stützen. Sie wurden jedoch an Steppentieren gemacht, die sich stets gegen viele Räuber schützen mußten (u. a. Menschen) und dadurch unter stetem Druck lebten. Die gleiche Tierart wurde dann auch in Waldgegenden beobachtet, wo sie nicht steten Gefahren ausgesetzt ist. In diesen Gruppen wurden praktisch keine Kämpfe beobachtet. Dominanzverhalten ist kaum zu finden und aggressives Verhalten höchst selten. Wenn sich zwei Gruppen begegnen, läuft alles überaus friedlich ab. Werden sie erschreckt, fliehen die Paviane immer. Dabei sind die größeren und stärkeren Männchen gewöhnlich viel rascher auf den Bäumen als die Weibchen, die die Arme voll Junge haben.
Genaue Beobachtungen von Menschenaffen in freier Wildbahn wiesen auf eine erstaunlich niedrige Aggres-

sionsneigung hin. Wir haben es also mit ausgesprochen friedlichen Tieren zu tun, die *nur reaktiv,* d. h. nur auf äußere Einflüsse hin, zur Aggressionshandlung schreiten. Ob es Gorillas, Schimpansen, Orang-Utans oder noch andere Großaffen sind, alle Feldforscher stimmen darin überein, daß sie nicht aggressiv, sondern freundlich gesinnt sind und zu allem anderen als zur Wut neigen [25]. Auch gibt es nicht den geringsten Anhaltspunkt dafür, daß die Vorfahren des heutigen Menschen anderes Verhalten zur Schau getragen hätten. A priori ist der Mensch also nicht aggressiv veranlagt.

Wie steht es aber mit dem aggressiven Verhalten vieler Affen, speziell solcher, die in zoologischen Gärten aufgezogen wurden? Dort zeigte es sich, daß der Sozialisationsprozeß entscheidend von normalem Pflegeverhalten in einer Gruppe abhängig ist. Affen, die in einer „Familie", in einer Gruppe aufgezogen werden, verhalten sich friedlich und sozial integriert. Wenn ein Affe jedoch isoliert, ohne Beisein anderer Kumpane aufgezogen wird, so entwickelt er Verhaltensmuster, die später in der Gruppe nicht akzeptiert werden. Sie verhalten sich einer normalen Affengruppe gegenüber fortlaufend aggressiv, greifen häufig an und bringen den anderen Affen sogar Verletzungen bei [26].

Daß Sozialisationserfahrung bei Menschenaffen entscheidend ist für das Auftreten abnormen und aggressiven Verhaltens, wurde auch durch andere Experimente mit Rhesus-Affen bekräftigt [27].

Von Harlow kennen wir folgende Beschreibung: „Monat um Monat, Jahr um Jahr erscheinen diese Affen weniger normal. Sie sitzen merkwürdig still in ihren Käfigen, starren in die Luft, nehmen von Menschen und anderen Affen kaum Notiz. Manche pressen den Kopf in beide Hände und wiegen sich vor und zurück – das autistische Verhaltensmuster – das wir auch bei den mit Ersatzmüttern aus Draht aufgezogenen Jungen beobachteten. Andere gerieten in

heftige Wutanfälle, wenn man sich ihnen nähert, aber auch, wenn sie allein sind; sie zerren und reißen mit solcher Heftigkeit an ihren Beinen, daß sie manchmal ärztlich versorgt werden müssen.
Wir mußten schließlich erkennen, daß wir ein Laboratorium voller neurotischer Affen hatten . . . Mit aller Umsicht leiteten wir ein Fortpflanzungsprogramm ein, das auf erschreckende Weise scheiterte" [28].
Bei männlichen Menschenaffen kann eine aggressive Reaktion in ihrer vollausgeprägten Form erst dann erreicht werden, wenn das Tier um die drei Jahre alt ist, bei Weibchen sogar erst ein Jahr später.
Wenn nun die Affen einzeln in Käfigen aufgezogen werden, kommt das reaktive Aggressionsverhalten schon bei zweijährigen zum Ausdruck. Wenn nun zusätzlich die isolierten Affenkinder während des Aufwachsens oft erschreckt und frustriert werden, so kommt „ausgewachsenes" Aggressionsverhalten schon bei einjährigen vor [29]. Klarer kann man es nicht ausdrücken: Aggressives Verhalten ist keineswegs *vorgegeben,* sondern muß sich erst *entwickeln.*

Die Prägungskraft der Umweltbedingungen

Die Umwelt kann nicht alles, aber doch vieles. Sie bestimmt, bis zu welchem Punkt der genetisch vorgeschriebene Spielraum in der individuellen Entwicklung ausgenützt wird. Die genetisch festgesetzten Grenzen können nicht überschritten werden. Wir können kaum wie eine Katze die Krallen zeigen und buckeln, ganz einfach weil uns die dazu benötigte Anatomie fehlt, die genetisch vorgegeben ist. Innerhalb des Spielraumes der Ontogenese (der individuellen Entwicklung) kann das Lebewesen jedoch von der Umweltsituation entscheidend geformt werden. Dies ist um so wichtiger bei den verschiedenen Verhaltensmustern, da diese nur selten erblich genau vorgeprägt sind. Je mehr die phylogenetische Entwicklung eines Organismus fortgeschritten ist, um so mehr muß dieser lernen und um so wichtiger wird der Einfluß der Umgebung sein.

Wenn Aggression das Überleben einer Art in Frage stellt, kann Aggression nicht nur abdressiert werden, sondern sogar entwicklungsgeschichtlich verschwinden. Eine interessante Untersuchung in dieser Beziehung wurde mit Murmeltieren gemacht [30].

Dabei verglich man die Lebensbedingungen und die sozialen Verhaltensmuster mehrerer Murmeltierarten, die in verschiedenen Höhenlagen leben. Die einen leben auf alpinen Rasen über der Baumgrenze, während die anderen bewaldete Hügelgegenden der Tieflagen bewohnen. Die Murmeltierart der Höhenlagen ist äußerst tolerant, sozial sehr entwickelt (zweijähriges Aufziehen der Jungen), spielfreudig und ohne direkt erkennbares Dominanzverhalten. Sie leben auch in größeren Gruppen zusammen. Im Gegensatz dazu sind die Murmeltiere der milden Lagen, des Tieflandes, ausgesprochen aggressiv und Einzelgänger. Männchen und Weibchen leben nie zusammen, und die Kinderaufzucht ist sehr kurz.

Der Schluß lag nahe, daß die rauhen Lebensbedingungen die Murmeltierart der Höhenlagen gewissermaßen gezwungen haben, aggressives Verhalten zu vermeiden oder zu unterdrücken, da solche Lebensbedingungen nicht mehr mit dem Klima vereinbar gewesen wären. Um dies zu prüfen, wurde eine dritte Murmeltierart untersucht, die in mittleren Höhenlagen lebte. Diese Tiere zeigten dann auch wirklich „intermediäre" soziale Verhaltensmuster unter diesen „intermediären" Lebensbedingungen. Sie waren weitaus weniger aggressiv und weniger einzelgängerisch als die Tieflandbewohner, hatten aber kein derart komplexes und von Aggression freies Sozialverhalten aufgebaut wie die Bewohner der Wiesen über der Baumgrenze.

Man kann in diesem Fall voraussetzen, daß die Aggressionsneigung zwischen den Tieren darauf „eingestellt" ist, daß Jungtiere erst in dem Moment fortgehen, wenn sie in bester Verfassung sind, um allein überleben zu können. Dieselben Beobachtungen konnten bei einer gleichen Murmeltierart angestellt werden. Dabei verglich man eine Kolonie, die in 2650 m Höhe lebte mit einer, die in 3850 m Höhe über dem Meeresspiegel zu finden war. Es zeigte sich, daß die Bewohner der höheren Gebiete stets weniger aggressiv waren, als die der tieferen Gegenden. Je rauher also die Lebensbedingungen sind, um so weniger aggressiv werden die Tiere. In diesem Falle prägt die Umwelt das Tier sehr stark, da die Anpassung permanent geworden ist, vielleicht sogar genetisch verankert wird (die höher lebenden Murmeltiere können nur alle zwei Jahre Junge bekommen) als bleibende Fixierung einer ökologischen Anpassung.
Dieses Beispiel einer Prägung durch die Umwelt ist extrem, dafür aber um so aussagekräftiger. Es gibt genügend Beispiele, in welchen die Aggressionsneigung abdressiert wird, sei es durch soziale Einflüsse oder verschiedene Lebensbedingungen.
Ebenso kann ein *Zusammenspiel* mehrerer Faktoren (ökologische, sozio-kulturelle, genetische) große Unterschiede in der Aggressionsbereitschaft hervorrufen.

Aggression als mannigfaltiges Geschehen

Wir müssen endlich erkennen, daß Aggressionsverhalten ganz verschiedenen Ursachen entspringen kann, auf ganz verschiedene Ziele gerichtet ist und dadurch auch ganz unterschiedlichen Einflüssen unterworfen sein kann. Die Ursache kann auf genetischer Ebene liegen [31], auf hormo-

naler Basis fußen [32], durch Frustration hervorgerufen werden [33] oder noch von Lernprozessen [34] bzw. sozio-kulturellen Gegebenheiten [35] herrühren.
Lorenz aber geht nicht von einer phänomenologischen Einheit aus, sondern arbeitet mit einem Sammelbegriff für ganz verschiedene Geschehen, die unter einem gleichen Verhaltensbegriff eingereiht wurden. Vom vorsätzlichen Töten bis zum Verzweiflungsangriff eines in die Ecke getriebenen, vom unkontrollierten Getue eines Geisteskranken bis zur Hierarchie in einem Tierstamm wird alles unter die gleiche Decke geschoben.
Soll nur *ein* einziger Trieb alle diese Handlungen hervorrufen können? Wie absurd das ist, zeigt Hassenstein: „Angesichts der Tatsache, daß Aggressivität von Natur aus im Dienste von mindestens neun verschiedenen biologischen Funktionen vorkommt, hat die Existenz eines davon unabhängigen, von sich aus zur Aggression drängenden Antriebes beim Menschen als unbewiesen zu gelten" [36].

Der Mensch und die Graugans

Der Tier-Mensch-Vergleich hat manchmal forschungshemmend gewirkt. Man zog zu rasch abschließende Schlüsse über das vermeintlich erkannte Wesen des Menschen und seine Sonderstellung. Andererseits hat sich der Zoologe bei seinen Bemerkungen zum menschlichen Verhalten zu sehr auf jene Aspekte beschränkt, die er bei Tieren klar und eindeutig beobachten kann.

R. A. STAMM [37]

Bisher wurde viel von Tierexperimenten gesprochen, obwohl das eigentliche Thema der Mensch ist. Dies geschah aus methodischen Gründen, denn die Frage lautete zuerst: Kann das Lorenz'sche Aggressionstriebkonzept überhaupt auf ethologischer Grundlage bestehen? Dies ist zumindest nur in Ausnahmen der Fall. Jetzt stellt sich erneut die Fra-

ge: Sind die Resultate, die bei Tierversuchen gemacht wurden, auch wirklich auf den Menschen anwendbar?
Um diese Überbrückung zu bewerkstelligen, bedient sich Lorenz der vergleichenden Verhaltensforschung. Er versucht, durch Analogien Rückschlüsse auf den Menschen zu ziehen. Je nach dem beobachteten Verhalten beim Tier nimmt er an, daß das „entsprechende", äußerlich gleiche Verhalten beim Menschen mit demjenigen des Tieres gleichzusetzen sei. Sein beliebtestes Objekt ist die *Graugans,* die er auch ohne Zweifel am längsten beobachtet hat. Diese Vögel werden beschrieben, als handle es sich um menschliche Lebewesen. Dabei wird nicht etwa das Verhalten dieser Vögel *gemessen,* sondern *ausgelegt,* nach einer Leitidee interpretiert. Daß dabei Analogien herausschauen, überrascht kaum und die Logik bleibt verschämt auf der Strecke. Tinbergen schreibt zum gleichen Thema: „Die vergleichende Beschreibung von Signalen . . . (hat) uns eine Vorstellung von ihrem Ursprung in der Evolution vermittelt . . . und führt zur Beschreibung ihrer angenommenen Ritualisierung. Angenommen, unsere Überlegungen sind richtig, können wir dann schon erraten, welche Selektions-Zwänge für die Ritualisierung verantwortlich sind? Die experimentelle Forschung über ihren Wert für das Überleben ist so mager, daß solche Spekulationen doppelt riskant erscheinen" [38].
Lorenz behauptet, man könne Verhaltensweisen ebensogut durch die phylogenetische Entwicklung verfolgen wie auch strukturelle Elemente der Lebewesen. Wie wurde aber eigentlich die Deszendenzlehre belegt? Wie konnte man die phylogenetische Entwicklung eines Organismus aufzeigen? Woher weiß man, daß es Fische schon viel früher als Säugetiere gab?
Kann man heutzutage das gleiche mit Verhaltensmustern machen? Gibt es überhaupt fossile Verhaltensmuster oder etwas Gleichwertiges? Rückschlüsse in diesem Bereich gibt es nur sehr spärliche wie z. B. Bewegungsspuren, die ver-

steinert wurden (Dinosaurierfußstapfen und ähnliches). Sie genügen begreiflicherweise noch nicht, um eine Brücke zwischen dem Verhalten von Graugänsen und demjenigen von Menschen schlagen zu können.

Wir sind somit im träumerischen Bereich der puren Spekulation angelangt, besonders da wir auch nicht wissen, bei welchen Tierarten diese Zwischenformen zu suchen sind. Bestimmt nicht bei den Gänsen, wie es Lorenz meint.

Einen Vergleich mit Analogien kann man wagen, solange die Grundstrukturen der verglichenen Objekte die gleichen sind. Man kann zwei Maschinen vergleichen, zwei Muster des Gefieders verschiedener Vögel, die Größe zweier Sterne, die Stärke verschiedener Muskeln. Wie soll man aber Vergleiche ziehen können zwischen Größen, die nicht die gleiche Grundlage haben? Das Verhalten von Graugänsen hat ganz andersartige Beweggründe (hoffentlich) als das menschliche. Eine Gans verliebt sich nicht aus den gleichen Gründen wie ein Mensch. Während des Verliebens laufen in der Gans auch ganz andere Prozesse ab als beim Menschen. Die Regungen haben völlig verschiedene Grundlagen. Die Mechanismen sind andere. Wo soll dann ein Vergleich ansetzen? Der Vergleich kann nur dort gemacht werden, wo es Lorenz mit den menschlichen Verhaltensweisen tat: an den Äußerlichkeiten. „Die *Kognitiven Schemen* der Tiere (z. B. angeborene Auslösemechanismen) können nur als Reaktionen auf besondere Reizformen verstanden werden. Wenn wir diese Methode auf den Menschen anwenden . . . so müßten wir immer *Reizformen und Reaktionen* vergleichen, sowohl beim Menschen als auch beim Tier. Dies würde bei weitem die Anwendungsgebiete der heute bekannten Vergleichsmethoden überschreiten. Eine zusätzliche Schwierigkeit ergibt sich durch die Umänderung der Auslösesysteme des Versuches, was auch bei vergleichsweise primitiven Tieren vorkommt und, a fortiori, beim Menschen. Dazu gesellen sich zu den vielzähligen anderen Schwierigkeiten noch die Zusammenhänge zwischen Umweltkonstellationen und den von kulturellen Wirkungen veränderten Handlungen“ [39].

Sequenz des Zusammenspiels

„Zuerst war das Gen und zuletzt die Gebärde.“ Mit anderen Worten: den Grundstein des Verhaltens, seine Basis, finden wir in den Möglichkeiten, die uns die genetische Struktur unseres Organismus gibt. Diese Möglichkeiten sind nicht voll ausgeschöpft. Zum Beispiel kann man riesige Muskelmassen antrainieren und damit promenieren gehen, Verhaltensweisen, die wirklich individuell sind und kaum genetisch bedingt werden. Dieser genetische „Spielraum“ wird durch ökologische Faktoren beansprucht, die den Organismus seiner Umgebung anpassen. Als zweite Anpassungsstufe kommt dann die soziale Anpassung, die gewissermaßen als komplementäre, soziale, zweite Umwelt dargestellt werden kann.
Erst nach diesen beiden Anpassungsprozessen erscheint das eigentliche beobachtbare Verhalten als Endprodukt zweier Manufakturen.
Die ökologischen Faktoren können jedoch wechseln wie auch, nur schneller, die sozialen. Man setzt dabei Anpassungsvorgänge in Betrieb, die zu neuen Verhaltensweisen führen. Dieses Anpassungsverhalten kann dann mit der Zeit manchmal durch Auslese genetisch fixiert werden und Art- oder Gruppenmerkmale bilden.
Ein Verhalten kann sich also entwickeln, aber nicht nur unter dem Einfluß genetischer Selektionen, sondern vor allem durch Anpassungen, die hauptsächlich von der biologischen und sozialen Umwelt hervorgerufen werden.
Konnten die am Anfang dieses Kapitels gestellten fünf Fragen im Lorenz'schen Sinne positiv beantwortet werden? Die Antwort lautet: Nein, *keine* einzige, obwohl schon *eine* negativ beantwortete Frage genügt hätte, die triebtheoreti-

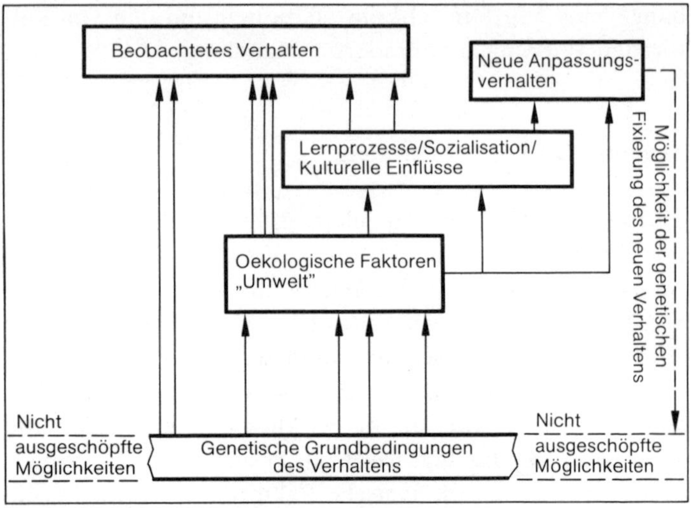

Abb. 14 Zusammenspiel zwischen der Umwelt und der „sozialen Welt" in der Ausformung des beobachtbaren Verhaltens

sche Auslegung der Aggression nach Lorenz in Frage zu stellen. Mit anderen Worten: Die Annahme eines endogen-spontanen Aggressionstriebes beim Tier und erst recht beim Menschen entbehrt jeder wissenschaftlichen Beweiskraft.

Zweifellos ist Lorenz am Aufbau und an der heutigen Bedeutung der Verhaltensforschung maßgeblich beteiligt. Wenn aber die Ethologie einen wissenschaftlicheren Charakter erlangen soll, scheint es erforderlich, daß sich Lorenz und seine Schüler vermehrt der vergleichenden *Beobachtung* widmen, anstatt sich mit rein verbalen Analogien auf den Menschen zu begnügen.

Kritik an Lorenz aus psychologisch-soziologischer Sicht

VI

Es liegt der Verdacht nahe, daß die Vergleichende Verhaltensforschung den Menschen nur als das höchste aller Tiere betrachtet, ihn also einerseits auf das Tier reduziert und andererseits die Einschätzung und Wertung menschlichen Verhaltens aus der Tierwelt ableiten will.

REINHOLD RUTHE [1]

Der tragischste Defekt der Lorenz'schen Texte ist ein völliger Mangel an humanpsychologischer Subtilität. ... Einer Welt, die von Vorurteilen, Fanatismus und erziehungs- und gesellschaftsbedingten Verschrobenheiten des Menschen erfüllt ist, kann man nicht mit bajuwarisch-österreichischem Charme das ‚Miteinander-Lachen' als Heilmittel anpreisen.

JOSEF RATTNER [2]

Zu der modernen Verhaltensforschung am Tier, besonders vertreten durch Konrad Lorenz, ist zu sagen, daß seit der ältesten Steinzeit 50 000 Jahre menschlicher Kulturentwicklung, die den Menschen vom Tier trennen, vergangen sind.

GÜNTER AMMON [3]

Ich „kann" immer noch ebensoviel Humanpsychologie, wie die erfolgreichsten organischen Chemiker meiner Bekanntschaft Stoffwechselphysiologie „können".

KONRAD LORENZ [4]

Auf der biologisch-ethologischen Seite sind also keine stichhaltigen, empirischen Belege für die Existenz eines uns angeborenen, spontanen Aggressionstriebes bzw. -instinktes zu finden. Selbst bei Tieren ist die Annahme eines spontanendogenen Aggressionstriebes bar jeder wissenschaftlichen Erkenntnis.
Die genetische Programmierung des Menschen und des Tieres umfaßt zwar die „Möglichkeit zur Ausbildung von Dispositionen sowohl der Liebe und Zusammenarbeit wie

auch der Gegnerschaft und des aggressiven Verhaltens" [5]. Aggression ist jedoch weder ein Instinkt noch ein Hauptinstinkt im ‚Parlament der Instinkte'. Genetisch bedingt und gewährleistet ist eine breite Palette von Möglichkeiten der Entwicklung der Verhaltensdisposition. „Dieser Entwicklungsvorgang selbst erfolgt im und durch den Verhaltensaustausch vor allem mit der sozialen Umwelt" [6]. Ist schon die Annahme eines Aggressionstriebes bei Tieren höchst fragwürdig, zumindest nach den bisherigen Befunden unbewiesen, so muß der Versuch, tierisches Verhalten auf den Menschen zu übertragen noch bedenklicher stimmen. Wenn wir schon innerhalb der verschiedenen Tierarten höchst unterschiedliche Verhaltensweisen beobachten können, dann ist es völlig unbegreiflich, wenn Lorenz versucht, den Menschen der Graugans gleichzustellen. Die Tatsache, daß er so komplexe Verhaltensweisen wie Sich-Verlieben, Rangordnungsstreben, Eifersucht und Gram etc. bis „in lächerliche Einzelheiten" als bei Mensch und Graugans schlechthin gleich bezeichnet [7], läßt erkennen, wie herzlich wenig Lorenz mit humanpsychologischen und soziologischen Erkenntnissen vertraut ist.

Lorenz fragt nie danach und hat auch keine Zeit dafür – da er stets auf eifriger Suche nach Beweisen für seine Thesen ist – ob aggressives Verhalten statt biopsychologischen Faktoren „nicht vielmehr sozio-ökonomischen Faktoren, die außerhalb des Individuums liegen, zuzuschreiben sein könnte" [8]. Dem ehemaligen Weisen von Seewiesen kann der Vorwurf nicht erspart bleiben, die „Diskontinuität zwischen Mensch und Tier innerhalb der biologischen Entwicklung zugunsten von Analogiefindungen zwischen Mensch und einigen wenigen Tierarten teilweise vorschnell übersprungen zu haben" [9].

Es wird Aufgabe dieses Kapitels sein, die humanpsychologischen Aussagen von Lorenz einer kritischen Prüfung zu unterziehen.

Konrad Lorenz als Humanpsychologe

Lorenz, ein prominenter Gelehrter auf dem Gebiet der tierischen Verhaltensforschung besonders im Bereich von Vögeln und Fischen, beschloß, sich auf ein Gebiet vorzuwagen, auf dem er wenig Erfahrung und Kompetenz besaß, auf das des menschlichen Verhaltens.

ERICH FROMM [1]

Lorenz ist ein Beobachter von Tieren, besonders von niederen Tieren und auf diesem Gebiet zweifellos kompetent. Aber sein Wissen über den Menschen geht nicht über das eines Durchschnittsbürgers hinaus.

ERICH FROMM [2]

Da direkte empirische Hinweise auf die Beziehung zwischen menschlichen Riten und Verschiebung bei Tieren fehlen, erfindet Lorenz eine Wie-es-gewesen-sein-könnte-Geschichte oder einen Ursprungsmythos über die Zeremonie des Friedensrauchens bei den Indianern.

ALEXANDER ALLAND, JR. [3]

„Ich ‚kann' immer noch ebensoviel Humanpsychologie, wie die erfolgreichsten organischen Chemiker meiner Bekanntschaft Stoffwechselphysiologie ‚können'" [4]. Dieses humanpsychologische ‚Können' von Lorenz kann anhand einiger Beispiele aus seinen Veröffentlichungen nachgeprüft werden.

Der Dienstmädchenverschleiß von Lorenz' Tante

Wie sehr Lorenz dazu neigt, „die Sonderstellung des Menschen als kulturelles und geschichtliches Wesen" [5] in teilweise erschütternder Naivität außer acht zu lassen, zeigt uns die Interpretation des Verhaltens seiner Tante. Ohne auf deren Persönlichkeitsstruktur und Charakter näher einzugehen, erzählt Lorenz eine rührende Geschichte in Zusammenhang mit dem Verhalten des Buntbarsches, der, ohne Prügelknaben als Aggressionsobjekt, einem solchen Aggressionsstau unterliege, daß er schließlich sogar sein Weibchen zerfetzte [6].

Diese bemerkenswerte Tante zeichnete sich – so Lorenz – durch folgendes, *gesetzmäßiges* und *voraussagbares* Verhalten aus: Alle 8 bis 10 Monate entließ sie unter großem Krach ihr Dienstmädchen fristlos. Zunächst war sie zwar stets von dem neuen Dienstmädchen derart entzückt, daß sie die ‚Perle' in den Himmel lobte. In den folgenden Monaten jedoch wurde ihr Urteil über das Dienstmädchen immer schlechter. Erst fand die Tante kleine Mängel, dann Tadelnswertes und schließlich hassenswerte Eigenschaften an dem Mädchen, so daß es fristlos entlassen wurde. „Nach dieser Entladung war die alte Dame bereit, in dem nächsten Dienstmädchen wieder einen wahren Engel zu erblikken" [7]. Der Tante fiel nie auf, „das sich die ‚Perle' wieder im Laufe weniger Monate ganz zwangsläufig in ein geradezu hassenswertes Geschöpf verwandelte" [8].
Anhand dieser rührseligen Geschichte möchte Lorenz die Richtigkeit der Annahme einer Spontaneität des Aggressionsinstinktes, dessen Triebenergie sich fortwährend auflädt und somit periodisch zur Entladung drängt, beweisen. Anekdoten aus dem Bereiche der Familie oder Bekanntschaft, so unterhaltsam sie auch sein mögen, sind wohl kaum stichhaltige empirische Beweise für die Ableitung eines allgemeingültigen Gesetzes menschlichen Verhaltens. Ist etwa das Verhalten der Tante von Lorenz typisch für das Verhalten aller Tanten oder Menschen, die Dienstmädchen haben?
Noch absurder ist es allerdings, daß Lorenz völlig verkennt, wie sehr das Verhalten seiner Tante schließlich auch von deren Persönlichkeitsstruktur und Charakter geprägt ist. Mehr noch: er übersieht, daß das Verhalten des Dienstmädchens kaum über die ganze Zeitspanne von acht bis zehn Monaten gleich geblieben sein dürfte.
Lorenz' Interpretation aber geht von der Unwandelbarkeit des Verhaltens des Dienstmädchens während der gesamten Anstellungsdauer aus und davon, daß die zunehmende Aggressionsneigung der Tante ausschließlich auf deren fort-

während ansteigende Triebenergie zurückzuführen sei. Lorenz kommt nicht auf die Idee, daß seine Tante eventuell auf die Verhaltensweisen und Einstellungen bzw. Vorstellungen des Dienstmädchens reagiert, oder daß überhaupt unterschiedliche Ein- und Vorstellungen bei beiden Frauen vorliegen. Nein, der aufgestaute Aggressionstrieb muß es sein. Wo bleibt da der Aggressionstrieb des Dienstmädchens? Vielleicht ist es für Domestiken unziemlich, so etwas zu haben – Lorenz' Argumentation ist in keiner Weise stichhaltig. Hätte er sich intensiver mit den Gründen dieser ‚voraussagbaren' und ‚gesetzmäßigen' Reaktionsweise seiner Tante beschäftigt, so wäre sicher auch Lorenz daraufgekommen, daß dieses Verhalten statt spontan reaktiv gewesen und dem ‚narzißtischen' und herrschsüchtigen Charakter der Tante entsprungen sein könnte.
Er, der seine Veröffentlichungen so gern mit Klassikerzitaten bereichert, hätte sich lieber über den tieferen Sinn des Zitates aus Schillers Lied von der Glocke Gedanken machen sollen: *„drum prüfe, wer sich ewig bindet, ob sich das Herz zum Herzen findet!"*, ehe er diese Tanten-Anekdote als Beweis für das periodische Auftreten von Aggressionen zum Besten gab.

Die Polarkrankheit oder der Gefangenschaftskoller

„Sehr störend, ja unmittelbar gefährlich kann die Kumulation aggresiver Reaktionen dann werden, wenn eine sehr kleine Gemeinschaft völlig von artgenössischer Umgebung isoliert ist, an der die gestauten Triebe hätten abreagiert werden können. Die bei Mitgliedern von Expeditionen, bei der Besatzung kleiner Schiffe usw. auftretende ‚Polarkrankheit' ist nichts anderes als eine gewaltige Schwellenerniedrigung der Verhaltensweisen des Wutausbruches. Wer sie je kennengelernt hat, weiß, wie lächerlich kleine Reize schließlich zornerregend wirken. Selbst bei völliger Einsicht in die eigene Reaktion kann man nicht verhindern, daß einen gewisse Kleinigkeiten eines Kameraden, ein Hüsteln, eine eigenartige Sprechart usw. zur Weißglut bringen. Man verhält sich dabei dem Freund gegenüber im Prinzip genauso wie das Männchen eines isolierten Cichlidenpärchens, das mangels der seine Familie bedrohenden und zu vertreibenden Artgenossen schließlich sein Weibchen angreift und tötet" [9].

Aus eigener Erfahrung kann uns Lorenz versichern, daß in einem solchen Falle „alle Reize, die Aggression und innerartliches Kampfverhalten auslösen, einer extremen Erniedrigung der Schwellenwerte unterliegen" [10]. Die Abwesenheit von Personen, die nicht zum Freundeskreis gehören, und an denen man gewöhnlich seine aufgestauten Aggressionen loswerden kann, führt also nach Lorenz zu einem Stau der aggressiven Triebenergie, die sich dann – beim Einsichtigen – darin entlädt, daß er „still aus der Baracke (Expeditionszelt, Iglu) schleicht und einen nicht zu teueren, aber mit möglichst sinnfälligem Krach in Stücke springenden Gegenstand zuschanden haut ... Der Un-Einsichtige aber bringt den Freund um – das ist oft geschehen" [10]!

Auch in diesem Falle unterläßt es Lorenz, nach alternativen Interpretationen zu suchen. Allein die Tatsache, daß diese Befunde sich mit seiner These vertragen könnten, genügt ihm als Beweis. Wir müssen uns aber fragen, ob der Polarkoller nicht vielmehr aus den starken Frustrationen, denen die Teilnehmer von Expeditionen oder die Gefangenen ausgesetzt sind, entspringen. Mit anderen Worten: sind in solchen Extremfällen nicht ganz andere Bedürfnisse für längere Zeit aufgestaut, etwa die Sexualität, der Hunger, die Bequemlichkeit usw. [11]?

Die Lebensbedingungen, denen Expeditionsteilnehmer oder Gefangene ausgesetzt sind, haben auch dazu beigetragen, daß sich die Teilnehmer dauernd in einem unangenehmen, frustrierenden inneren Zustand befinden, den sie beseitigen möchten. Möglicherweise sieht man die Freunde

sogar als Ursache für die Frustrationen an, denn ohne sie hätte man vielleicht die Expedition nicht veranstaltet, und jetzt versucht man, sie deshalb zu bestrafen [12].
Auch in diesem Falle bieten sich verschiedene Interpretationsmöglichkeiten an, womit – ohne Bewertung der Richtigkeit und Schlüssigkeit unserer Interpretationen – das Beispiel nicht mehr als Beweis für einen angeborenen und aufgestauten Aggressionstrieb herhalten kann.
Steht schließlich Lorenz' Interpretation der ‚Polarkrankheit' nicht in Widerspruch zu seiner These vom Sport als Aggressionsventil? Müßten nicht nach Lorenz die extremen körperlichen Anforderungen einer Expedition eine aggressionssublimierende Funktion erfüllen? So schreibt Lorenz am Ende seines Buches, daß es ein großes Glück sei, wie die vielen mannhaften und naiven Menschen sämtlich in den härteren Formen des Sports, wie Bergsteigen, Tauchen oder *Expeditionen* und dergleichen, ihre vollste Befriedigung, d. h. ein ausgezeichnetes Ventil für gestaute Aggressionen fänden [13].
Hier wird wieder deutlich, wie oberflächlich Lorenz argumentiert, mehr noch: wie widersprüchlich er einzelne Ereignisse interpretiert. Expeditionen müssen einmal zur Erklärung aggressionsaufbauender und -auslösender Ursachen herhalten, ein anderes Mal werden sie als willkommene Ventile für die ungefährliche Ableitung aggressiver Neigungen gepriesen. Mit anderen Worten, je nachdem was Lorenz beweisen möchte, interpretiert er ein und dasselbe Ereignis in unterschiedlicher Weise. Über die Bedeutung gruppendynamischer Prozesse hat sich Lorenz wohl nie Gedanken gemacht. Gerade Expeditionen liefern ein ausgezeichnetes Experimentierfeld zur Untersuchung gruppendynamischer Prozesse, und die Ergebnisse solcher Untersuchungen weisen in eindrücklicher Weise darauf hin, daß zur Erklärung von ‚Polarkrankheiten' andere Ursachen herangezogen werden müssen als eine aufgestaute Triebenergie.

Die neurotisch-aggressiven „Non-frustration"-Kinder

„Es ist eines der größten Verbrechen der pseudodemokratischen Doktrin, das Bestehen einer natürlichen Rangordnung zwischen zwei Menschen als frustrierendes Hindernis für alle wärmeren Gefühle zu erklären: Ohne sie gibt es nicht einmal die natürlichste Form von Menschenliebe, die normalerweise die Mitglieder einer Familie miteinander verbindet; Tausende von Kindern sind durch die bekannte ‚Non-frustration'-Erziehung zu unglücklichen Neurotikern gemacht worden" [14].

Die Tatsache, daß viele der ‚Non-frustration'-Kinder unerträglich frech und aggressiv wurden, sieht Lorenz als einen weiteren Beweis für die Existenz eines spontan-endogenen Aggressionstriebes an. Ausgehend von der Frustrations-Aggressions-Hypothese nahm man an, daß Kinder, denen man sämtliche Frustrationen erspare, nicht aggressiv würden. Das Gegenteil jedoch traf ein, und Lorenz interpretiert dies als einen Beweis für den Aggressionstrieb, „der, wie so viele andere Instinkte auch, ‚spontan' aus dem Inneren des Menschen quillt" [15].

Auch hier ist wieder der große Vereinfacher am Werk. Fragen wir uns doch zunächst einmal, ob diesen ‚Non-frustration'-Kindern wirklich jede Frustration erspart geblieben ist. Plack [16] äußert sich diesbezüglich pessimistisch, indem er auf die leibfeindliche Kinderaufzucht mit der Flasche verweist, die das Kind bereits in der ersten Lebensphase frustriere. Wir wagen außerdem stark zu bezweifeln, ob diese Kinder in jeder Situation ohne Frustrationen aufgezogen werden konnten. Hier wird gleichzeitig der Trugschluß einer extrem auf die Frustrations-Aggressions-Hypothese ausgelegten Erziehung offenbar: Wir können nie sämtliche Frustrationen von einem Kind fernhalten. Erziehung beinhaltet immer auch Leidmomente, Frustrationen. Selbst wenn es gelingen sollte, den Kindern im engen Kreis der Familie alle Freiheiten zu gewähren, so werden sie spätestens, wenn sie sich außerhalb ihres familiären Bereiches befinden, massiv frustriert, da sie dort an gewisse Normen und Verhaltensregeln gebunden sind. Es darf also nicht darum gehen, in den Kindern eine zweifelhafte Friedfertigkeit zu erzeugen, sondern einzig und allein darum, durch eine frustrations*arme* Erziehung die Kinder zur Bewältigung erziehungs- und gesellschaftsbedingter Frustrationen zu erziehen. Die Kinder müssen lernen, Konflikte nicht zu vermeiden, sondern sie auf nicht-aggressive Weise zu bewältigen. Eine Erziehung, die auf der Vermeidung sämtlicher Frustrationen basiert, führt statt zur Konfliktlösung und Konfliktbewältigung zur Konfliktvermeidung, die in sich bereits wieder frustrierende Momente trägt.

Eine frustrationsarme Erziehung verlangt von den Eltern, besonders der Mutter, daß sie „die Bedürfnisse des Kindes genau verfolgen, und seine Aktivität liebevoll fördern" [17]. Bei vielen Eltern, welche sich die nichtfrustrierende Erziehung zu eigen machten, dürfte jedoch viel eher die Bequemlichkeit im Vordergrund gestanden haben. Bequemlichkeit in dem Sinne, daß das Kind alles bekommt, was es möchte, nur damit es Ruhe gibt und den Eltern nicht das nimmt, was diesen soviel mehr wert ist als das Glück ihrer Kinder: die eigene Zeit [18].

Wenn das Kind dann „in begreiflicher Gereiztheit die Eltern herauszufordern trachtet, ‚um Watschen' bettelt, wie man im Bayerisch-Österreichischen so schön sagt" [19], dann sicher nicht wegen des angeborenen Aggressionstriebes, sondern um die Eltern darauf zu bringen, daß seine emotionalen Bedürfnisse nicht befriedigt werden.

Auch im Falle der ‚Non-frustration'-Kinder handelt es sich nicht um einen Beweis für ‚spontan-endogene' Aggressionen, sondern viel eher um reaktive Aggressionen. Wobei noch hinzu kommt, daß die ‚Non-frustration'-Erziehung von einer falschen Interpretation der Frustrations-Aggressions-Hypothese ausgeht. Mangelnde Zuneigung der Eltern frustriert die Kinder fortwährend; frustrationslose Erziehung verhindert nicht, daß die Kinder in anderen sozialen Bereichen Frustrationen ausgesetzt sind. Im Gegenteil, sie führt in diesen Bereichen zu viel massiveren Frustrationen, da die Kinder ja nicht gelernt haben, sich mit Konflikten konstruktiv auseinanderzusetzen. Dies – und nicht ein Instinkt, der „aus dem Inneren des Menschen quillt" – sind die Ursachen, daß diese Kinder so „unerträglich frech und aggressiv" werden.

Die aggressiven Ute-Indianer – unglücklichstes aller Völker

Sidney Margolin ... hat sehr genaue psychoanalytische und sozialpsychologische Studien an Prärie-Indianern, besonders an den Utes, angestellt und gezeigt, daß diese Menschen schwer an einem Übermaß aggressiver Triebe leiden, die sie unter den geregelten Lebensbedingungen der heutigen nordamerikanischen Indianer-Reservate nicht abzureagieren vermögen.

KONRAD LORENZ [20]

Wenn bei den Utes, diesem unglücklichsten aller Völker, die Zuchtwahl binnen weniger Jahrhunderte eine verderbliche Hypertrophie des Aggressionstriebes herbeigeführt hat, darf man wohl ohne übertriebenen Optimismus hoffen, daß er bei den Kulturmenschen unter der Wirkung dieser neuen Art von Selektion auf ein erträgliches Maß zurückgehen wird.

KONRAD LORENZ [21]

Den Höhepunkt der wissenschaftlichen Belege für einen angeborenen Aggressionstrieb, für mangelnde Aggressionsventile des Menschen, in Lorenz' Buch „Das sogenannte Böse", bildet eine Studie des amerikanischen Psychoanalytikers Margolin über die Ute-Indianer. Hier gilt es staunend zu verweilen, denn erstmals wird statt persönlicher Erlebnisse, statt Goethe- und Bibel-Zitaten, die Untersuchung eines Psychologen zu Beweisführung herangezogen, um die pathologischen und höchst gefährlichen

Auswirkungen eines unausgelebten Aggressionstriebes aufzuzeigen und die spontan-endogene Erregungsproduktion dieses Triebes zu ‚beweisen'.
Nach Margolin müsse – so Lorenz – während relativ weniger Jahrhunderte, in denen die Indianer der Prärie ein wildes, fast nur aus Krieg und Raub bestehendes Leben führten, ein fürchterlicher Selektionsdruck auf die „Heranzüchtung größter Aggressivität " wirksam gewesen sein. „Daß er in so kurzer Zeit wirkliche Veränderungen des Erbbildes erzeugt hat, ist durchaus möglich, durch scharfe Zuchtwahl lassen sich Haustierrassen ähnlich schnell verändern" [22].
Nach Lorenz spricht dafür auch, daß Ute-Indianer, die unter völlig anderen Erziehungseinflüssen groß geworden seien, genauso litten wie ihre älteren Stammesgenossen sowie, daß diese pathologischen Erscheinungen *nur* Prärie-Indianern bekannt seien, deren Stämme dem erwähnten Ausleseprozeß unterworfen waren.
So litten die Ute häufig an Neurosen infolge unausgelebter Aggressionen. Gewalttätigkeit und Totschlag seien an der Tagesordnung, allerdings nur gegen Stammesfremde. Aus der Vorgeschichte der Ute lasse sich auch erklären, weshalb Aggressionen gegen Stammesgenossen mit einem strengen Tabu belegt sind: der stete Kampf gegen die Weißen machte Streitigkeiten zwischen den Stammesgenossen unerwünscht. Wer dennoch einen Stammesgenossen getötet hat, muß durch die Strenge der Tradition Selbstmord begehen. Ein unausweichliches Schicksal zwinge somit die Ute-Indianer „schuldig zu werden und freiwillige Sühne für unfreiwillig erworbene Schuld zu leisten" [23].
Lorenz bezeichnet die Anfälligkeit der Ute-Indianer für Unfälle als objektiv überzeugend und beweisend für die Richtigkeit der Interpretation, die Margolin für dieses Verhalten der Ute gibt. „Es ist erwiesen, daß ‚accidentproneness' als Folge unausgelebter Aggression auftritt, und bei den Utes übertrifft die Rate der Autounfälle in bizarrer

Weise die jeglicher anderen automobilbenützenden Menschengruppen“ [24].
Margolin hat seine Studien über die Ute-Indianer, die Lorenz zur Beweisführung heranzieht, *nie veröffentlicht.* Lorenz kennt diese Thesen also höchstens vom Hörensagen oder aus einem privaten Briefwechsel [25]. Was jedoch viel schwerer ins Gewicht fällt ist, daß die *Tatsachenbehauptungen,* die Lorenz von Margolin übernommen hat, in keiner Weise stimmen.
Anthropologen, welche die Ute-Indianer kennen und untersuchten, konnten keinen der Belege, die Lorenz aus der unveröffentlichten Studie Margolins anführt, bestätigen.
Die Ethno-Geschichte der Ute-Indianer liefert keinen Beleg für die Behauptung, daß dieses Volk ein wildes Leben geführt hat, das nahezu ausschließlich mit Kriegen und Überfällen ausgefüllt war [26]. Zwar führten sie auch Kriege und machten Überfälle, aber keineswegs in dem Maße, daß man sie als eine einzigartige soziale Gruppe ansehen konnte.
Die Ute waren auch *keine* Prärie-Indianer, sondern lebten in den Rocky Mountains und in Talmulden, wo sie in den Hochebenen Büffel jagten. Weit davon entfernt, ein gewalttätiges, dem Krieg ergebenes Volk zu sein, pflegten die Ute bereits mit den ersten spanischen Siedlern freundschaftliche Handelsbeziehungen, und später ebenso freundschaftliche Beziehungen zu den Amerikanern. Im Bürgerkrieg dienten sie als bezahlte Kundschafter und Verbündete der Armee der Vereinigten Staaten. Aggressiv wurden sie nur bei extremer Provokation, z. B. im Jahre 1879, als sie von einer unberechtigten, bewaffneten Invasion in ihrem Reservat bedroht wurden. Die Ute zeichneten sich also keineswegs durch eine ungewöhnliche Gewalttätigkeit gegen Stammesfremde aus. Nicht einmal das angebliche Gebot: „Wer einen Stammesgenossen getötet hat, ist durch die Strenge der Tradition verpflichtet, Selbstmord zu begehen“ [27], gab es je bei den Ute. Selbstmörder und

solche, die versuchten Selbstmord zu begehen, hatten keine Stammesgenossen umgebracht!
Was die Unfälle der Ute anbelangt, so sind diese alles andere als auf einen unausgelebten Aggressionstrieb zurückzuführen. Wie fast alle anderen amerikanischen Indianerstämme, sind die Ute Opfer des Alkohols. Die Unfälle der Ute sind nicht auf einen unterdrückten Trieb, sondern vielmehr auf den großen Alkoholkonsum zurückzuführen.
Stewart [26] kopierte die Passagen über die Ute-Indianer aus Lorenz' Buch und sandte sie drei Beamten, die enge Beziehungen zu den Ute hatten und sie seit Jahrzehnten kannten. Er bat sie, sich zu diesen Angaben zu äußern und folgende Stellungnahme zu unterschreiben: „Es ist irreführend zu sagen, daß die Ute Nicht-Ute getötet oder zu töten versucht haben, während sie es vermieden, Stammesgenossen anzugreifen. Im letzten Jahrhundert haben die Ute-Stammesmitglieder genauso häufig getötet wie andere Nicht-Weiße. Ute, die Selbstmord verübten, waren keine Ute-Mörder. Unter dem Einfluß von Alkoholmißbrauch verhalten sich die Ute wie andere Indianer. Die Unfallrate bei den Ute übersteigt nicht die anderer stark trinkender Gruppen" [28].
Alle drei Beamte unterschrieben die Feststellung und bestätigten zusätzlich die Unhaltbarkeit der Thesen von Lorenz bzw. Margolin. Die Angaben von Margolin, wie sie Lorenz übernimmt, sind, soweit sie sich überprüfen lassen, also schlichtweg falsch, andere mehr als zweifelhaft.
So ist die Behauptung, Ute-Indianer litten häufiger an Neurosen als andere menschliche Gruppen, durch nichts bewiesen. Aufgrund sorgfältig vorbereiteter Interviews, ausgewählter Stichproben und statistischer Analysen gewonnene Daten über die Ute läßt sich beweisen, daß sie sich nicht von anderen Völkern unterscheiden. Schließlich führt Stewart an, daß die Peyote-Religion der Ute die Thesen von Lorenz und Margolin widerlege. Der Peyotismus lehre seit über 50 Jahren ein Programm der Anpassung,

und die Peyote-Religion habe es erreicht, den Indianern den Stolz auf ihre Stammeskultur zu erhalten, sie aber dennoch an die Zivilisation der Weißen anzupassen.

In ähnlicher Weise verwirft auch Beatty [29] Lorenz' Gebrauch von Margolins Daten, die seiner Ansicht nach nicht dafür verwendet werden dürfen, um die zweifelhafte Annahme, Aggression könnte genetisch kontrolliert werden, zu beweisen.

„Um mit Margolins Theorie übereinzustimmen, muß man annehmen, daß nur die Aggressiven heiraten dürfen. Dies würde bedeuten, daß die Erfüllung eines Kriteriums von Aggressivität durch Teilnahme am Krieg oder anderen aggressiven Verhaltensformen eine Vorbedingung der Heirat hätte sein müssen. Derartige Annahmen sind indes nicht haltbar" [30].

Die Ute heirateten durchaus Angehörige anderer Stämme, die weder ‚Prärie-Indianer' noch aggressiv waren. Dies entkräftigt einmal mehr die These von Lorenz, daß die „Zuchtwahl bei den Ute binnen weniger Jahrhunderte eine verderbliche Hypertrophie des Aggressionstriebes herbeigeführt" habe. Wenn nur die ‚Prärie'-Stämme dem Selektionsdruck unterworfen waren und dieser Selektionsdruck die anderen Stämme, in welche die Ute-Indianer hineingeheiratet haben, nicht betrifft, „müssen wir annehmen, daß es sich bei ihnen um nicht-aggressive Völker handelt, und deshalb genetisch andersartiges Material in die Genmasse der Ute einbrachten" [31].

Alland hat sicher recht, wenn er schreibt, daß durch den Versuch von Lorenz, das soziale Verhalten der Ute auf eine verhaltensgenetische Basis zu gründen, Lorenz' These nicht mehr haltbar sei. Wenn die Heiratsregeln nicht „mit dem Prozeß in Einklang stehen, den Lorenz und Margolin beschreiben, ist ihre ganze These hinfällig" [31]. Eine Anzüchtung übermäßiger Aggressivität wäre ja nur durch Inzucht und durch eine Beschränkung der Heiratserlaubnis auf die Aggressivsten möglich gewesen.

Kommen wir noch einmal kurz auf die These zurück, die Ute verursachten mehr Unfälle als jede andere automobilbenutzende Gruppe. Selbst wenn dies wahr wäre, bliebe immer noch die Frage, woraus Lorenz eigentlich schließen kann, daß unterdrückte Aggression der Hauptfaktor für die Autounfälle sein soll. Lorenz selbst gibt uns – offensichtlich unbeabsichtigt – einen Hinweis auf eine andere, plausiblere Ursache für Autounfälle: „Wer einmal selbst mit wirklichem Zorn im Leibe einen schnellen Wagen gefahren hat, weiß – sofern er in diesem Zustand der Selbstbeobachtung noch fähig war –, welche starke Neigung zu selbstvernichtenden Verhaltensweisen in dieser Situation auftritt. Auf solche Sonderfälle scheint sogar der Ausdruck ‚Todestrieb' zu passen" [33]. Ist ‚wirklicher Zorn im Leibe' Ursache eines gestauten Aggressionstriebes oder nicht vielmehr Ursache z. B. von Frustrationen?
Beatty stellt zusätzlich die nicht unberechtigte Frage, ob in Anbetracht der Armut der amerikanischen Indianerstämme das Alter und die Beschaffenheit der Autos, die sich die Ute leisten konnten, nicht eine weitaus gewichtigere Unfallursache sein könnten.
Was schließlich das überdurchschnittliche Leiden an Neurosen anbelangt, das nicht bewiesen ist und somit zurecht in Zweifel gezogen wird, so sind diese nicht mit einem unausgelebten Aggressionstrieb zu interpretieren, sondern vielmehr als Reaktion auf die einengenden Lebensbedingungen in den Reservaten.
Dieses bewußt ausführlich behandelte Beispiel zeigt, wie oberflächlich Lorenz recherchiert und Daten analysiert, und zum anderen sollte dieses Musterbeispiel von „wissenschaftlichem" Beweis für die Existenz einer spontankumulativen Erregungsproduktion des Aggressionstriebes nicht unterdrückt werden. Der Leser möge einen Augenblick vor dieser Ruine eines wissenschaftlichen Beweises – des einzigen übrigens für sein hydraulisches Modell – staunend verweilen.

Lorenz kann sich nicht vor dem Vorwurf drücken – selbst im ethologischen Bereich, wie wir gesehen haben –, die Wirklichkeit stark zu verzeichnen. Im steten Bemühen um einleuchtende ‚Beweise' für seine Instinkttheorie, sammelt Lorenz Belege, die sich mit seiner Theorie vertragen könnten, ohne sich auch nur im geringsten darum zu bemühen, eine andere Interpretation für seine Belege zu finden; oder sich zu fragen, ob diese Belege auch wirklich den Tatsachen entsprechen. Zur Stützung seiner Thesen scheint Lorenz jedes Mittel recht zu sein, selbst wenn die wissenschaftliche Sorgfaltspflicht und Objektivität darüber zum Teufel geht. Einem Wissenschaftler vom Kaliber Lorenz' müßte eigentlich klar sein, daß Anekdoten und Geschichten vom Hörensagen für eine wissenschaftliche Beweisführung nicht nur sehr dürftig, sondern untauglich sind. Das haben Studenten bereits vor Jahrzehnten im ersten Semester gelernt und lernen es auch heute noch.

Lorenz' Rezepte zur Aggressionshemmung

Es besteht ein erheblicher Unterschied zwischen dem Manne, der mit der Faust auf den Tisch statt dem Gesprächspartner ins Gesicht haut und jenem anderen, der aus unausgelebtem Zorn gegen seinen Vorgesetzten begeisterte Streitschriften in edelster Zielsetzung verfaßt.

KONRAD LORENZ [34]

Hunde, welche bellen, beißen immerhin manchmal, aber Menschen, welche lachen, schießen nie.

KONRAD LORENZ [35]

Waren schon Lorenz' Beweise für einen uns angeborenen Aggressionstrieb äußerst schwach und wissenschaftlich unhaltbar, so sind seine Rezepte zur Entschärfung unserer Aggressionsneigungen mehr als dürftig und fragwürdig.

„Die Kultur der Indianer Nordamerikas hat eine wunderschöne Befriedungszeremonie entwickelt, die meine Phantasie anregte, als ich noch selbst Indianer spielte: das Rauchen der Friedenspfeife, des Kalumets der Freundschaft. Später, als ich über die stammesgeschichtliche Entstehung angeborener Riten, über deren aggressionshemmende Wirkung und vor allem über die erstaunlichen Analogien zwischen der phylogenetischen und kulturellen Entstehung von Symbolen mehr wußte, da stand mir eines Tages plötzlich mit sonnenklarer Überzeugungskraft die Szene vor Augen, die sich abgespielt haben *muß,* als zum ersten Mal zwei Indianer dadurch aus Feinden zu Freunden wurden, daß sie miteinander Pfeife rauchten“ [36].
Für Lorenz ist also der Ritus ein Mittel, durch das über den Mechanismus der Verschiebung Aggression in ungefährliche Verhaltensmuster umgelenkt werden könne. Um dies zu beweisen liefert uns Lorenz, statt eines empirischen Beweises für die Beziehung zwischen Riten und der Verschiebung bei Tieren, eine ‚Wie-es-gewesen-sein-könnte-Geschichte' zum Ursprung des Friedenspfeiferauchens [37], die für ihn mit „sonnenklarer Überzeugungskraft“ das Problem löst. Wir wollen unseren Lesern die rührselige Geschichte, die außer Lorenz' Phantasie nichts beweist, nicht vorenthalten.
Der gefleckte Wolf und der gescheckte Adler, Häuptlinge zweier Sioux-Stämme, treffen einander, um Frieden zu schließen. Aus Verlegenheit um passende Worte, und aus Angst durch das erste Wort die eigene Position zu schwächen, zündet der eine von beiden eine Pfeife an. Denn wer jemals mit einem österreichischen oder bayerischen Bauern ein Geschäft getätigt hat, der weiß, daß derjenige meist schon halb verloren hat, der zuerst auf die Sache zu sprechen kommt, um derentwillen man zusammengekommen ist. Also sitzen die beiden Häuptlinge da und reden vorerst nichts, sondern rauchen Pfeife. Beim nächsten oder übernächsten – oder war es sogar erst das über-übernächste

Mal? – zündet der eine von beiden seine Pfeife sofort an, so daß es allmählich zur Tradition wird, daß ein pfeiferauchender Indianer eher zu Verhandlungen bereit ist, als einer, der nicht raucht.

„Vielleicht hat es Jahrhunderte gedauert, bis die Symbolik des Zusammen-Rauchens eindeutig und verläßlich Frieden bedeutete. Sicher aber ist, daß sich im Laufe der Generationen das, was ursprünglich nur eine Verlegenheitsgeste war, zu einem Ritus festigte, der bindende Gesetzeskraft für jeden Indianer hatte, und ihm einen feindlichen Angriff nach dem Rauchen der Pfeife zur völligen Unmöglichkeit werden ließ, im Grunde immer noch aus den gleichen unverbrüchlichen Hemmungen, die Margaret Altmanns Pferden das Halten am gewohnten Lagerplatz und Martina den Umweg zum Fenster aufzwangen“ [38].

Erich von Daeniken scheint in Lorenz einen würdigen Vorgänger gehabt zu haben. Weshalb soll der Ritus universell sein, weshalb soll er allein die Funktion der Aggressionshemmung haben? Der Ritus hat sicher andere, viel wichtigere Funktionen als die der Aggressionshemmung. Etwa die Bildung von Banden in einer Gruppe, die Unterweisung im Symbolsystem der Gruppe. Schließlich kann ein Ritus die Aggression ebenso erhöhen, denn welch' anderen Zweck als nicht den der Kampfvorbereitung und Aggressionserhöhung könnte der Kriegstanz denn sonst noch haben [39]?

Völlig verwirrt wird der Leser jedoch, wenn Lorenz aus seiner Erkenntnis, daß nur bei Tieren mit hochentwickelter und intraspezifischer Aggression individuelle Freundschaft zu finden sei, ja, daß je aggressiver die betreffende Tierart, desto enger und inniger dieses persönliche Band werde, schließt, daß Liebe aus der Aggression entsprungen sei.

„Die intraspezifische Aggression ist um Millionen Jahre älter als die persönliche Freundschaft und Liebe“ [40]. Es gibt also sehr wohl intraspezifische Aggression ohne Liebe, nicht aber Liebe ohne Aggression.

„Dichter und Psychoanalytiker wissen längst, wie nahe Liebe und Haß beieinander wohnen, und daß auch bei uns Menschen das Objekt der Liebe fast stets in ‚ambivalenter' Weise auch ein solches der Aggression ist. Das Triumphgeschrei der Gänse ist, wie nicht oft genug betont werden kann, nur ein Analogon und bestenfalls ein kraß vereinfachtes Modell menschlicher Freundschaft und Liebe, doch zeigt es in bedeutsamer Weise, wie eine solche Ambivalenz zustande kommen kann" [41].

Wie eigentlich bestimmt Lorenz Liebe und Freundschaft bei niederen Tieren in sinnvoller Weise operational? Selbst beim Menschen dürfte es schwer fallen, zwischen Liebe und Zärtlichkeit, zwischen der Liebe zwischen Mann und Frau, Eltern und Kindern, zwischen Freunden usw. zu unterscheiden [42]. Wir schließen uns voll und ganz der Kritik Rattners an, der hierzu schreibt: „Das hier anstelle von Liebe zumeist nur besitzergreifende Regungen im Spiele sind, die aus Enttäuschungen in Haß umschlagen können, übersieht der leichtfertige Humanpsychologe, der von seinen Graugänsen her die Menschenpsyche interpretiert" [43]. Daran führt auch die Tatsache nicht vorbei, daß Storr von psychologischer Seite Lorenz Schützenhilfe zu geben hofft, indem er darauf hinweist, daß so mancher Ehestreit mit einem Orgasmus im Ehebett endete [44].

Schließlich versteift sich Lorenz zu der absurden Behauptung, daß Haß Liebe voraussetze, daß man nur richtig hassen könne, wo man geliebt habe. Haßt etwa der Leibeigene seinen Herrn, weil er ihn liebte, haßt der Gefolterte seinen Folterer, weil er ihn liebte?

Doch kommen wir nun zu dem ebenso ‚interessanten' Phänomen der kämpferischen Begeisterung, das nach Lorenz eine Form kollektiver oder kommunaler Aggression darstellt. Auch diese Aggression ist – wie könnte es anders sein – ein phylogenetisch entwickeltes Verhaltensmuster, das wir unseren Urahnen verdanken. Diese Verhaltensnorm ist nun deshalb gefährlich, weil ihre ‚blind-instinktive' Natur zu den vernichtendsten Fehlleistungen menschlicher Aggression führen könne. „Die Gefährlichkeit der militanten Begeisterung für einen bestimmten Wert liegt darin, daß er für andere Werte blind macht." Lorenz zitiert zur Untermalung dieser Annahme gerne das Ukrainische Sprichwort „Wenn die Fahne fliegt, ist der Verstand die Trompete" [45]. Ein unbestritten netter Ausspruch, allein, was hat dies mit einem Aggressionstrieb zu tun?

Doch Lorenz geht noch weiter und schreibt: „Diese Reaktionsweise ist zweifellos arterhaltend sinnvoll gewesen, als die Männer der wilden Stämme der Steinzeit sich restlos für das Wohl der Gemeinschaft einsetzen mußten. In der heutigen menschlichen Gesellschaft vermag ich mir keinen Fall vorzustellen, in dem diese Form eingleisiger militanter Begeisterung anders als schädlich wirken könnte" [46]. Dies ist doch biologischer Konservatismus par excellence!

Da militante Begeisterung, die uns angeboren ist, sich leicht in Krieg und kriegerische Greueltaten umwandeln kann, stellt sich für Lorenz die Frage, wie man diese Begeisterung in Bahnen lenken könne, so daß sie nicht dem Krieg, sondern dem Frieden dienstbar gemacht werden kann.

Die Patentlösung ist verblüffend und naiv zugleich. So glaubt Lorenz allen Ernstes, es könnte „ein Gegengewicht gegen alle kommunale Aggression zwischen zwei Nationen oder auch politischen Parteien gefunden werden, wenn deren Mitglieder die Empfindung für möglichst viele kulturelle Werte gemeinsam hätten, z. B. für Kunst und Wissenschaft" [47].

Ein weiterer Hoffnungsschimmer ist der Humor, wobei das Lachen, man höre und staune, vielleicht sogar wie das Vorüberdrohen der Graugans, aus einer neuorientierten Drohgebärde entstanden sei. Es ist jedenfalls – so Lorenz – weniger gefährlich, den Humor als die Begeisterung auf den Feind zu hetzen, denn „Hunde, welche bellen, beißen manchmal, Menschen, die lachen, schießen nie" [48].

Glaubt Lorenz wirklich durch Empfehlungen wie Lachen, Begeisterung für Kunst und Wissenschaft als einheitsstiftende Werte, Kriege vermeiden und unsere sogenannten aggressiven Triebe ableiten zu können?
Doch nicht genug damit: das Arsenal der kriegs- und aggressionshemmenden Tätigkeiten ist noch nicht erschöpft. Da ist etwa der Sport, der Aggressionen ableiten und Vorurteile abbauen kann. (Auf diesen Punkt werden wir in Kapitel VIII ausführlicher eingehen.) Schließlich vertritt Lorenz die Auffassung, daß wir unsere Aggressionen dadurch sublimieren sollten und könnten, wenn wir statt handgreiflich zu werden, „Streitschriften mit edelster Zielsetzung" verfaßten.
Schließlich macht uns Lorenz immer wieder darauf aufmerksam, daß Aggression im Grunde gar nichts Schlechtes sei. Wir dürfen Aggression also gar nicht ausschalten, da sonst vom Anpacken einer Aufgabe oder eines Problems, von der Selbstachtung, vom täglichen Rasieren bis hinauf zum sublimsten künstlerischen oder wissenschaftlichen Schaffen, so ziemlich alles wegfallen würde, was ein Mensch von morgens bis abends tut [49]. Was das tägliche Rasieren mit Aggression zu tun haben soll, ist schleierhaft. Mehr noch, wenn tatsächlich das Rasieren, das Anpacken einer Aufgabe, kurz, nahezu alles was wir tun auch Aggression ist, wie kann man dann davon sprechen, daß der Mensch der modernen Industriegesellschaft am Mangel von Aggressionsventilen, an unausgelebter Triebenergie leidet? Aber eben: Da Aggression über Jahrmillionen im Menschen bzw. Tier erhalten blieb, kann sie ja kein lebensfeindliches Verhalten darstellen, das wäre wider die Natur. Wie Lorenz Humanpsychologie betreibt, soll der Meister selbst verdeutlichen: „Blicken wir ein wenig in unser Inneres und versuchen wir, ohne uns selbst von vornherein als bösartige Sünder zu betrachten, einmal unvoreingenommen festzustellen, was wir bei höchster Erregung dem Mitmenschen, der sie auslöst, zufügen wollen. Ich glaube,

ich mache mich nicht besser als ich bin, wenn ich behaupte, daß die zielbildende, trieb-beruhigende Endhaltung *nicht* das Umbringen meines Freundes ist. Das mich beglükkende Erlebnis besteht vielmehr in solchem Falle zweifellos im Austeilen von lautklatschenden Watschen, allenfalls von leise knirschenden Kinnhaken, keinesfalls aber im Bauchaufschlitzen oder Totschießen. Und auch die angestrebte Endhaltung besteht nicht darin, daß der Gegner tot daliegt, o nein, *windelweich geprügelt* soll er sein und demütig meine körperliche und, wenn er ein Pavian ist, auch meine geistige Überlegenheit anerkennen. Und da ich grundsätzlich nur solche Kerle prügeln möchte, denen eine derartige Unterwerfung nichts schaden würde, kann ich meine diesbezüglichen Instinkte nicht ganz verurteilen" [50].

Wie soll man diese Aussage interpretieren? Versucht Lorenz hier eine Entschuldigung für eigene unbewältigte Aggressionen vorzutragen? Gibt es keine anderen Möglichkeiten auf Frustrationen, auf Erregung zu reagieren, als mit laut ‚klatschenden Watschen' oder ‚leise knirschenden Kinnhaken'?

Wie wahr ist doch Wicklers Befürchtung, daß für die Verfechter eines spontanen, kumulierenden Aggressionstriebes die Gefahr naheliegt, Befunde zu sammeln, die sich mit dieser These vertragen? Aber das ‚empirische' Gerüst der Lorenz'schen Theorie bricht zusammen, weil bereits die Interpretation vordergründig ist und sich andere Erklärungen von selbst anbieten. Die Beweise, die Lorenz für einen spontanen Aggressionstrieb anführt, sind nicht stichhaltig, zum Teil völlig aus der Luft gegriffen.

Lorenz schreibt zwar, daß er im Gegensatz zu Faust sich einbilde, er könne etwas lehren, die Menschen zu bessern und zu bekehren [51], doch zumindest in bezug auf die Ursachen und Bedingungen aggressiven Verhaltens, sowie in bezug auf die Aggressionsbewältigung, verzichten wir lieber auf seine Belehrungen. Analogieschlüsse von Graugänsen und Fischen auf Kinder und Erwachsene, vom Verhalten von Tieren im Käfig auf aggressives Verhalten von Regierungen und Staaten, so unterhaltend dies auch sein mag, sind wissenschaftlich scharf zu verurteilen. Wer von Graugänsen auf die Psyche des Menschen schließt, zeichnet sich weniger durch Wissenschaftlichkeit, als vielmehr durch Oberflächlichkeit aus. Wer sich die Mühe gemacht hat, Lorenz kritisch zu lesen, wird leicht geneigt sein, dem Psychologen zuzustimmen, der meinte: „Das sogenannte Böse" sollte nicht neben wissenschaftlichen Werken stehen, sondern neben Thaddäus Trolls „Deutschland deine Schwaben" [52].

Konrad Lorenz als Moralprediger

> *Der Mensch ist gar nicht so böse von Jugend auf, er ist nur* nicht ganz gut genug *für die Anforderungen des modernen Gesellschaftslebens.*
>
> KONRAD LORENZ [1]

> *Wir leben aber in einer Zeit, in der es der Naturforscher ist, der gewisse Gefahren besonders klar zu sehen vermag. So wird ihm das Predigen zur Pflicht.*
>
> KONRAD LORENZ [2]

Es scheint das Schicksal vieler berühmter Gelehrter zu sein, im Alter in die Rolle des Moralapostels zu verfallen. Selbst wenn sie auf diesem Gebiet wenig Kompetenz besitzen, versuchen sie dank ihres Prestiges und ihrer Bekanntheit, die Menschheit zu bessern, zumindest aber ihr die Leviten zu lesen. So auch Kapuziner Lorenz mit dem Buch „Die acht Todsünden der zivilisierten Menschheit". Gewiß, es ist ein lobenswertes und edles Unterfangen, Fehler und Probleme der Gesellschaft an den Pranger zu stellen. Nur, wenn diese an sich begrüßenswerte Kritik an der zivilisierten Menschheit zum Vorwand genommen wird, die

These eines ominösen Aggressionstriebes zu stützen, dann beginnt die Falschmünzerei. Dies um so mehr, wenn sich ein Wissenschaftler, zynisch seiner wissenschaftlichen Autorität vertrauend, dem Trend der Zeit und damit auch dem Profit folgend auf ein Gebiet vorwagt, auf dem er keine Kompetenz besitzt.
Welches sind denn nun die acht Todsünden der zivilisierten Menschheit [3]?

1. Die *Übervölkerung der Erde,* die mittelbar zu einer „Erschöpfung und Versandung“ zwischenmenschlicher Beziehungen führt und unmittelbar aggressionsauslösend wirkt;

2. *Verwüstung des natürlichen Lebensraumes,* welche die äußere Umwelt und im Menschen alle Ehrfurcht vor der Schönheit und Größe einer über ihm stehenden Schöpfung zerstört;

3. Der *Wettlauf des Menschen mit sich selbst,* der die Entwicklung der Technologie zu unserem Verderben immer rascher vorantreibt und die Menschen für alle wahren Werte blind macht;

4. Der *Schwund aller starken Gefühle und Affekte* durch Verweichlichung, der zusammen mit dem Fortschreiten von Technologie und Pharmakologie eine zunehmende Intoleranz gegen alles im geringsten Unlust Erregende fördert;

5. Der *genetische Verfall,* wegen mangelnder Faktoren, die einen Selektionsdruck auf die Entwicklung und Aufrechterhaltung sozialer Verhaltensnormen ausüben könnten;

6. *Das Abreißen der Tradition,* die dazu führt, daß es der jungen Generation nicht mehr gelingt, sich mit der älteren kulturell zu verständigen;

7. Die *zunehmende Indoktrinierbarkeit des Menschen,* die zu einer Uniformierung der Anschauungen führt;

8. Die *Aufrüstung der Menschheit mit Kernwaffen.*

Oberflächlich betrachtet klingt das zunächst verblüffend einleuchtend, ja, diese Aussagen tragen zum großen Teil einen harten Kern von Wahrheit in sich. Nicht so sehr die Aussagen an sich sind anfechtbar, sondern das Theoriegebäude, in das sie eingebettet sind. Lorenz ist peinlichst bemüht, dem Leser die Legitimität seiner gesellschafts- und sozialkritischen Aussagen einsichtig zu machen. Denn in unserer Gesellschaft ist es ja der Naturwissenschaftler, nicht der Sozialwissenschaftler, der die gesellschaftlichen Probleme besonders klar sieht [4].

Allerdings, sobald den Fakten die Deutung folgt, werden die Naturwissenschaftler heute „zu den größten Metaphysikern, die ehrwürdige Philosophen vor Neid erblassen lassen" [5].

Es wird wohl niemand bestreiten, daß „engste Zusammenpferchung" des Menschen zu einer Erhöhung der Aggressionsbereitschaft führen kann und sehr oft auch führt. Allein, dies hat sicher nichts mit einem uns angeborenen Aggressionstrieb zu tun, sondern rührt vielmehr daher, daß die Menschen in einem ihrer elementarsten Bedürfnisse, nämlich der Bewegungsfreiheit, eingeengt sind.

Hier wird so getan, als sei die Übervölkerung die eigentliche Quelle der menschlichen Aggression. Zu Recht weist deshalb Fromm [6] darauf hin, daß viel weniger die Bevölkerungsdichte, als der Mangel an einer sozialen Struktur, an echten Bindungen und Lebensinteressen Ursache menschlicher Aggression sei. Mit anderen Worten: die Zerstörung sozialer Strukturen in den industrialisierten Ländern und das Mißverhältnis von Bevölkerungsdichte und wirtschaftlichen und sozialen Lebensgrundlagen in den unterentwickelten Ländern sind die Quellen von aggressiven Handlungen in dichtbesiedelten Städten.

Nehmen wir als Beispiel die Kibuzzim. Dort leben die Menschen auf engstem Raum zusammen, und dennoch ist nur eine äußerst geringe Aggressionsbereitschaft vorhanden. Auch Länder wie Belgien und Holland, die zu den dichtest besiedelten Ländern der Erde zählen, sind nicht durch besonders auffällige Aggressivität gekennzeichnet [7].

Lorenz scheint zu übersehen, daß hier vielmehr soziale, kulturelle, ökonomische und psychologische Faktoren zusammenwirken, wobei besonders die Armut zu Streß und Aggression führt.

Wenn die Gesellschaft den Menschen eine ausreichende Ernährung gewährleisten kann, vernünftige Behausungen garantiert, in denen auch der Bewegungsdrang befriedigt werden kann, wenn sinnvolle Freizeitbeschäftigungen angeboten werden, dann wird die Überbevölkerung oder besser gesagt die Bevölkerungsdichte kaum mehr ein besonderes Problem sein. Aber eben, dies übersieht der voreilige und leichtfertige Ethologe, der von gefangenen Tieren, die in einem unnatürlichen Lebensraum ihrer physiologischen und sozialen Bedürfnisse beraubt sind, Analogien zum Menschen anstellt.

So versteift sich Lorenz denn auch zu der Behauptung, daß der Glaube, man könne durch entsprechende Konditionierung eine neue Sorte von Menschen erzeugen, die gegen die üblen Folgen engster Zusammenpferchung gefeit seien, ein gefährlicher Wahn sei [8].

Nun hat aber selbst der extremste Behaviorist – auf den Lorenz offensichtlich anspielt –, nämlich Skinner, bereits in seinem 1948 erschienenen Buch dargelegt, daß eine aggressionsarme Gesellschaft zusätzlich grundlegender gesellschaftlicher Änderungen bedarf [9]. Andererseits müssen wir Lorenz zustimmen, daß der Mensch – gottlob – nicht unbegrenzt konditionierbar ist, wie dies Skinner offensichtlich meint, aber wir dürfen daraus doch nicht schließen, daß der Mensch hoffnungslos der modernen Zivilisation ausgesetzt sei, und daß er sich nicht anpassen könne, nur weil seine phylo-genetische Programmierung langsamer verlaufe als die Entwicklung der zivilisierten Menschheit. Ganz abgesehen davon, daß es weniger einer

Konditionierung des Menschen bedarf, sondern vielmehr der Aufrechterhaltung und Gewährleistung seiner elementarsten Lebensbedingungen, und dies ist auch bei großer Bevölkerungsdichte möglich.

Ein weiteres Kabinettstückchen leistet sich Lorenz bei seinen Abhandlungen über den genetischen Verfall. Lorenz scheint nicht viel von einem neuen, humanen Strafvollzug zu halten, wenn er schreibt: „Es ist eine der vielen Aporien, in die sich die zivilisierte Menschheit hineinmanövriert hat, daß hier wieder die Forderungen der Menschlichkeit gegenüber dem einzelnen mit den Interessen der Menschheit in Widerspruch stehen. Unser Mitleid mit dem asozialen Ausfallbehafteten, dessen Minderwertigkeit ebensogut durch irreversible, frühkindliche Schädigungen (Hospitalisation!) verursacht sein kann wie durch erbliche Mängel, verhindert, daß der Nicht-Ausfallbehaftete geschützt wird. Man darf nicht einmal die Worte ‚minderwertig' und ‚vollwertig', auf den Menschen angewendet, gebrauchen, ohne sofort verdächtigt zu werden, man plädiere für die Gaskammer" [10].

Hier wird in unverantwortlicher Weise – aufgrund einer falschen und zur Ideologie aufgebauten Aggressions- und Instinkttheorie – einem auf Vergeltung basierenden Strafvollzug Vorschub geleistet, der, wie wir heute wissen, mit ein Grund für das Überhandnehmen von Brutalität und Gewalttätigkeit ist [11]. Mehr noch, frühkindliche Schädigungen durch Hospitalisation werden als irreversibel hingestellt, und somit jede Bemühung, diesen Menschen zu helfen, daß sie wieder Fuß in der Gesellschaft fassen, wider besseres Wissen in verantwortungsloser Weise untergraben. Lorenz scheint jedenfalls nie von den unzähligen erfolgreichen Versuchen von Psychologen, Psychotherapeuten usw. gehört zu haben, denen es gelang, Kinder und Erwachsene mit sogenannten irreversiblen Schäden, mit übergroßer Aggressivität, wieder als geheilt in die Gesellschaft zu entlassen [12]. Oder will er es nicht hören? Statt dessen spricht er lieber von einer gefährlichen Wirkung der „Ausschaltung des natürlichen Rechtsgefühls durch die heutige Tendenz zur absoluten Toleranz“ [13].

„Wenn man biologisch denken gelernt hat und von der *Macht instinktiver Antriebe* (Hervorhebung die Verf.) ebenso weiß, wie von der relativen Ohnmacht aller verantwortungsvollen Moral und wenn man zusätzlich noch einige psychiatrisch-tiefenpsychologische Einsicht in das Zustandekommen von Störungen sozialen Verhaltens hat, ist einem die Möglichkeit genommen, den ‚Delinquenten' mit jenem selbstgerechten Zorn zu verdammen, wie jeder gefühlsstarke Naive dies tut. Man sieht dann im Ausfallbehafteten weit mehr den bemitleidenswerten Kranken . . .“ [14]. Für Lorenz wird ein Mensch, der durch mangelhafte Reifung in einem infantilen Zustand verharrt, also zu einem Parasiten der Gesellschaft, der Fürsorge der Erwachsenen fordert, die nur dem Kinde zustehen. Ein Jüngling, der seine Großmutter totschlug und dies damit rechtfertigte, daß er ihr doch gesagt habe, er brauche Geld fürs Kino, dient Lorenz dabei als Beweis für seine These [15]. Er schreckt denn auch nicht vor der leichtfertigen Behauptung zurück: „Unzählige Jugendliche sind der heutigen Gesellschaftsordnung und damit auch ihren Eltern gegenüber feindlich eingestellt. Daß sie ungeachtet dieser Haltung als selbstverständlich erwarten, von dieser Gesellschaft und diesen Eltern erhalten zu werden, zeigt ihre unreflektierte Infantilität“ [16]. Wobei diese Infantilität, die Jugendkriminalität, nach Lorenz auf genetischen Zerfallserscheinungen des Zivilisationsmenschen basiert.

Hier werden in unverantwortlicher Weise Probleme oberflächlich auf genetische Zerfallserscheinungen (Rechtfertigung des Status quo?) zurückgeführt, ohne sich darüber Rechenschaft abzulegen, daß Aggression und Kriminalität zum großen Teil auf die heute herrschenden Wertvorstellungen und sozialen (Miß-)Verhältnisse unserer Gesellschaft zurückzuführen sind. Ein Jugendlicher, der sich gegen die Gesellschaftsordnung oder Autorität seiner Eltern auflehnt, wird als infantil bezeichnet und dient als Beweis für den genetischen Verfall der heutigen Menschheit. Lorenz fragt nicht danach, ob unsere Gesellschaft besonders jugendfreundlich sei, ob die Jugendlichen zu Hause auch wirklich das bekommen, was sie für eine gesunde Entwicklung ihrer Persönlichkeit brauchen, nämlich Verständnis, Eingehen auf ihre Probleme und Sorgen. Der Jugendliche hat zu gehorchen, hat sich mit den Realitäten abzufinden, Kritik ist nicht erwünscht. Weiß Lorenz eigentlich, was er schreibt?

Das Abreißen der Tradition als drohendes Gespenst des Unterganges unserer Kultur hinzustellen, ist eine recht modische Attitüde. Haß mag blind und taub, ja sogar „unglaublich dumm" machen. Allein, diesen Haß können wir kaum dadurch verringern, daß wir versuchen, den Jugendlichen beizubringen, daß das in der kulturellen Entwicklung Entstandene ebenso unersetzlich und ehrfurchterregend ist wie das in der Stammesgeschichte „Gewordene" oder daß eine Kultur wie eine Kerzenflamme ausgelöscht werden könne [17]. Dieser Haß der Jugendlichen und deren kollektive Aggression hat doch sicher nicht ihren Ursprung in phylogenetisch programmierten Antrieben, sondern ist Ausdruck der Unzufriedenheit, der Frustration über mangelndes Verständnis für ihre Probleme und Sorgen. Auch Traditionen ändern sich und müssen sich ändern; oft sind es die Jugendlichen, die den Anstoß zu solchen Änderungen gegeben haben, ohne daß deshalb die Kultur untergegangen wäre.

Schließlich müssen wir uns fragen, ob die Gewalttätigkeiten der ‚Rocker' und ‚Mods' oder anderer Gruppen nicht viel eher einem falschverstandenen oder durch ihre soziale Schichtzugehörigkeit geprägten Imponiergehabe entspringt als dem Drang, einen ominösen Aggressionstrieb ausleben zu müssen. Wir sollten nicht vergessen, daß gerade in der Unterschicht, aus der sich diese Jugendlichen vorwiegend

rekrutieren, ein Männlichkeitsideal vorherrscht, zu dessen wesentlichen Charakteristika die Gewaltanwendung gehört: ‚ein rechter Mann muß auch schlagen können'. Hier finden wir die „leise knirschenden Kinnhaken", die Lorenz austeilen möchte – Konrad Lorenz als Spät-Rocker. Der Fehler liegt nicht bei den Jugendlichen, sondern bei den Wertvorstellungen der Gesellschaft. Auch die Gewalttätigkeiten oder das Ausbrechen aus Traditionen bei Jugendlichen der Mittel- und Oberschicht sind nicht auf einen unausgelebten Aggressionstrieb zurückzuführen, sondern unter anderem auf den enormen Leistungsdruck – besonders bei der Mittelschicht – und die fehlende emotionale Zuneigung seitens der Eltern, die oft glauben, wenn sie ihren Kindern alle Wünsche erfüllen, sie materiell verwöhnen, ihre Pflicht getan zu haben.
Was schließlich die Studentenunruhen anbelangt, so entsprangen sie zunächst einer berechtigten Unzufriedenheit mit der Hochschulpolitik. Erst nachdem sich nichts änderte, und es bei Lippenbekenntnissen der verantwortlichen Gremien blieb, entwickelte sich der Haß, der zu den schweren Unruhen und Ausschreitungen führte. Damit soll weder die Gewaltanwendung entschuldigt noch Verständnis für die Handlungen der Baader-Meinhof-Bande bekundet werden. Nur, die Aggressionen der Jugendlichen entspringen nicht einem Trieb, sondern haben als Ursache das Unverständnis für ihre Sorgen und Probleme; es sind soziale, ökonomische und psychologische Ursachen. Nicht die Jugendlichen sind nicht gut genug für unsere Gesellschaft, sondern die Gesellschaft und deren Institutionen sind nicht gut genug für die Jugendlichen.
Während Lorenz bei den anderen Todsünden der zivilisierten Menschheit in seiner Kurzsichtigkeit nur wenige, wenn nicht überhaupt keine Chancen sieht, diese Probleme zu bewältigen, ist er bei der achten Todsünde, der Bedrohung der Menschheit mit Kernwaffen optimistischer. Man braucht sie nur nicht mehr herzustellen oder zumindest

nicht abzuwerfen. Andererseits sind für Lorenz die modernen Waffen eine Ursache dafür, daß die Tötungshemmung beim Menschen versage. Man braucht dem Gegner nicht mehr in die Augen zu sehen, das Bitten um Gnade, das Winseln und Weinen, die Aggressionshemmer, fallen weg. Welchen ‚Gewinn' für die Triebbefriedigung des Aggressionstriebes aber sollen moderne Waffen dann noch haben, wenn sich die Handelnden der Folgen ihrer Taten gar nicht mehr bewußt sind [18]? Mit anderen Worten, Atombomben und andere Fernwaffen können den sogenannten biologischen Bedürfnissen des Menschen gar nicht mehr gerecht werden, sie nicht mehr befriedigen.
Schließlich müßten, wenn wir Lorenz Glauben schenken wollten, die Deutschen, nachdem sie bereits zwei schwere Weltkriege hinter sich und somit ihre Aggressionen reichlich ausgelebt haben, heute nahezu ‚friedliche Lämmer' sein, dagegen die Schweizer oder Schweden, denen solche Gelegenheiten zur Aggressionsabfuhr fehlten, fürchterlich aggressiv [19].
Was bleibt von Lorenz' Aussagen und Anklagen? Was ist dies für eine Ideologie, die dahinter steckt? Wir wollen uns Pilgrim anschließen: „Er erscheint gerüstet, in enorme Weiten zu schauen und zu gehen und soll einen wohl vergessen lassen, daß er immer hinter dem Zaun seiner engbegrenzten Voraussetzungen stehenbleibt. Kurzsichtig gegenüber der Wirklichkeit sozialer Komplikationen des menschlichen Lebens, gibt er Perspektiven eines Gartenzwerges und ködert ein breites Publikum unter der harmlosen Aura dieses liebenswerten Figürchens für eine der bösartigsten Ideologien des 20. Jahrhunderts" [20].

Psychologisch-soziologische Interpretationen aggressiven Verhaltens

Das Pochen auf eine besondere Triebursache für aggressives Verhalten ist sozialethisch eine Ausflucht. Es soll davon ablenken, daß von den Kinderärzten, den Pädagogen, den Gesetzgebern, von einsichtig Handelnden überhaupt, für einen Abbau aggressiver Spannungen längst mehr getan werden könnte, als wirklich geschieht.

ARNO PLACK [1]

Gewiß, die Lage der Menschheit ist heute gefährlicher als sie jemals war. Potentiell aber ist unsere Kultur durch die von ihrer Naturwissenschaft geleistete Reflexion in die Lage versetzt, dem Untergange zu entgehen, dem bisher alle Hochkulturen zum Opfer gefallen sind. Zum erstenmal *in der Weltgeschichte ist das so.*

KONRAD LORENZ [2]

Das ist der Januskopf des Menschen: Das Wesen, das allein imstande ist, sich begeistert dem Dienste des Höchsten zu weihen, bedarf dazu einer verhaltensphysiologischen Organisation, deren tierische Eigenschaften die Gefahr mit sich bringen, daß es seine Brüder totschlägt, und zwar in der Überzeugung, dies im Dienste eben dieses Höchsten tun zu müssen. Ecce homo!

KONRAD LORENZ [3]

Bevor wir im nächsten Kapitel Lorenz' Aggressionstheorie mit ethnologisch-anthropologischen Tatsachen konfrontieren, scheint es notwendig, einige Beispiele aus der psychologisch-soziologischen Aggressionsforschung vorzustellen, die Lorenz' Thesen widerlegen.

Alland [1] geht davon aus, daß die Menschen mit einem Vermögen für Aggression, ebenso wie für viele andere Verhaltensweisen geboren werden. Das heißt, ob ein solches Verhalten bei einem Menschen oder in einer Gruppe auftritt oder nicht, hängt von einer entsprechenden Verbindung von Erbfaktoren *und* Lernen ab. Außerdem wird die Form, die ein solches Verhalten annimmt, durch die Kultur, die soziale Schicht, geprägt, in der ein Individuum seinen Sozialisationsprozeß durchläuft.

Um es an einem Beispiel zu verdeutlichen: wenn Menschen ein Vermögen für aggressives Verhalten haben, dann ha-

ben sie auch eines für Rosenzüchtung oder sportliche Höchstleistungen. Wie gut etwa ein Sportler werden kann, hängt wahrscheinlich von seinem Talent, seiner erworbenen Motivation, der Entfaltung seines Talentes durch ausdauerndes Training und den Einflüssen seiner Umwelt ab. „Der Mensch wird mit dem Vermögen geboren, Kultur zu erlernen – nicht mit Kultur“ [5].
Damit ist nicht gesagt, daß der Mensch ohne jegliche biologische Vorprogrammierung geboren ist. Er wird mit biologischen Unterschieden geboren, aber die Wechselwirkung von Vererbung und Erfahrung führt zu Unterschieden des Temperamentes und des Talentes.

Abb. 15 Erwerben, Erlernen von Aggression (7)

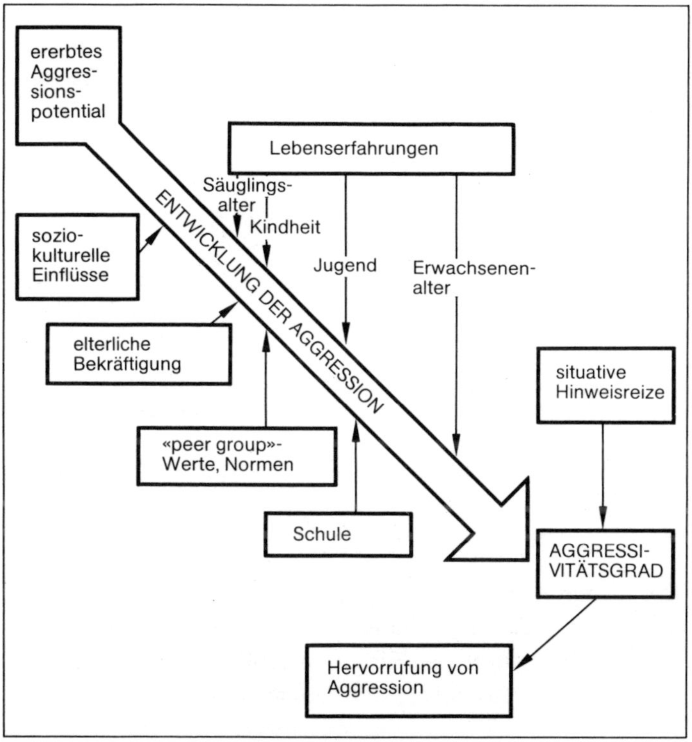

Unbestritten ist auch, daß der Mensch durch die Evolution vorprogrammiert oder besser gesagt, geformt wurde, so etwa seine Fähigkeit aufrecht zu gehen, zu sprechen usw. Elemente, die von der Kultur abhängen, sind allerdings nicht biologisch vererbt!
Der Mensch ist nicht durch biologische Gesetze festgelegt, wie Lorenz annimmt, sondern mit einem Vermögen für Aggression, genauso wie mit einem Vermögen für Gewaltlosigkeit und andere Verhaltensweisen geboren: Wir *müssen nicht,* aber wir *können* aggressiv sein.
Jedes Verhalten der Menschen geht „nicht allein auf irgendwelche Naturkräfte zurück, sondern es ist zugleich gesellschaftlich vermittelt, das heißt, das biologische Potential, das in den Menschen angelegt ist, wird immer kultiviert – mehr kultiviert, weniger kultiviert, schlecht kultiviert“ [6]. Ob und wie sich die verschiedenen ‚Vermögen' des Menschen auswirken und äußern, hängt von seinen sozialen Erfahrungen in der Familie, in der Schule, im Beruf usw. ab (vgl. Abbildung 15).

Aggression und Familie

Die Aggression fängt wie die Nächstenliebe zu Hause an.

BRONISLAW MALINOWSKI [8]

Man kann den Menschen nicht nur mit der Axt, sondern auch mit seiner Wohnung umbringen.

HEINRICH ZILLE [9]

Die Familie ist der wichtigste Teil der menschlichen Umwelt, in dem das Individuum sozialisiert wird. Das heißt, in der Familie erlernt das Kind den größten Teil der Haltungen und Einstellungen, Meinungen und Wertorientierungen, die sein späteres Leben kennzeichnen und sein Verhalten prägen [10]. Ammon [11] konnte einen engen Zusammenhang zwischen Familieneinfluß und Aggression feststellen. Mehr noch: aufgrund der Erkenntnis, daß die Ursachen erhöhter Aggressionsbereitschaft im familiären Bereich zu finden waren, gelang es Ammon, durch gruppenpsychotherapeutische Maßnahmen seine Patienten von ihren Aggressionen weitgehend zu befreien.

Die analytische Erforschung der Dynamik der Familiengruppen führte Ammon zu der Erkenntnis, daß Aggression meist das Ergebnis mißlingender Kommunikation der Familienmitglieder untereinander ist. Bei Beobachtungen am Kleinkind im ersten Lebensjahr ist kein auf Zerstörung gerichteter Aggressionstrieb festzustellen. Vielmehr sei eine ‚gerichtete Aktivität' zu beobachten, wobei das Kind seine passive Rolle aufgibt und die Umwelt zu erforschen beginnt. Wird das Kind in seinem Bemühen um diese Art von Ich-Entwicklung – etwa durch aggressive Reaktion der Eltern – gehemmt, so entstehen Konflikte, die zu Aggressionen führen.

Ammon kommt zu dem Schluß, daß Personen mit hoher Aggressionsneigung in ihrer frühkindlichen Sexualität und Erforschung der Umwelt gehemmt wurden. Menschen, die nie gelernt haben, mit Frustrationen umzugehen, neigen im späteren Leben zu explosionsartiger Aggression, wenn sie auch nur geringfügig frustriert werden. Entsprechend vertritt Ammon die These, daß während der frühen Kindheit das Kind lernen müsse, Frustrationen zu verarbeiten. Diese These bestätigt sich auch durch Untersuchungen von Davitz [12], der zeigen konnte, daß Kinder auf Frustrationen aggressiv oder konstruktiv reagieren, je nachdem was vorher mit ihnen eingeübt wurde. Es hängt also von der Frustrationstoleranz ab, ob und wann man auf Frustration aggressiv reagiert (s. Abb. 15a).

Gisela Ammon konnte nachweisen, „daß extreme Aggression von Kindern sich durch intensive Zusammenarbeit zwischen Eltern und dem psychoanalytischen Kindergarten

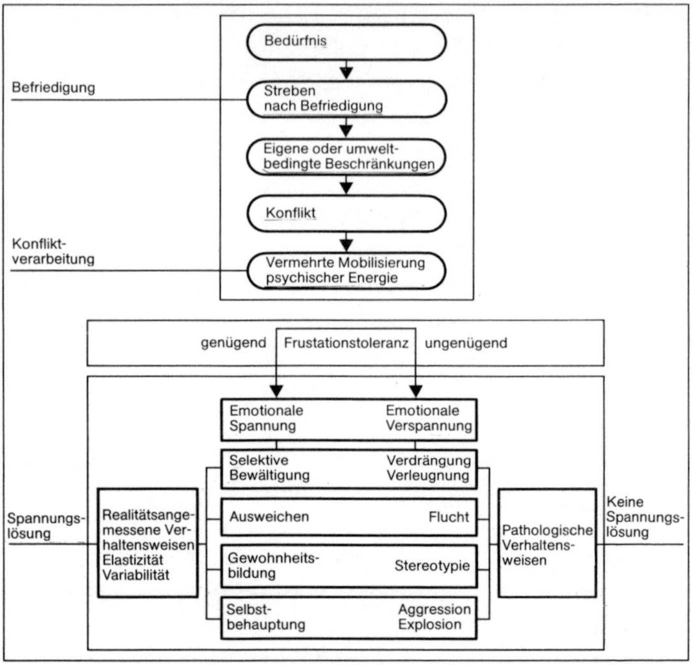

Abb. 15a Einfluß der Frustrationstoleranz auf die Art und Weise der Konfliktbewältigung

auflösen ließ, sobald die elterliche Aggression in der Therapie durchgearbeitet werden konnte und nicht länger den Kindern gegenüber ausgelebt wurde" [13]. Mit anderen Worten: eine frustrationsarme Erziehung, in der Eltern auf die Bedürfnisse der Kinder eingehen, sich mit ihnen unterhalten, verringert in erheblichem Maße die Aggressionsneigung der Kinder. Ammon geht sogar weiter: „Wenn wir an früheste kindliche Entwicklungsstörungen denken, so kann man sagen, daß die im späteren Leben gezeigte Aggression proportional der von der Mutter in der Kindheit verweigerten Liebe ist" [14].

Aggressionen sind danach nicht auf einen Trieb zurückzuführen, sondern überwiegend auf frühkindliche Frustratio-

nen, auf unbewältigte und unbewußt gewordene Konflikte in der frühen Mutter-Kind-Beziehung, auf Reaktionen gegen repressive Gesellschaftsstrukturen.
Diese Ergebnisse decken sich auffallend mit den Ergebnissen von Mantell [15]. Bei der Befragung von Vietnam-Freiwilligen (Soldaten der berüchtigten Spezial-Einheiten) und aktiven Kriegsdienstverweigerern über ihre Kindheitserfahrungen und Motivationsstruktur konnte er signifikante Zusammenhänge zwischen Erziehungsstil, Familienleben und Einstellungen zu Krieg bzw. Frieden ermitteln. Die Freiwilligen zeichneten sich durch emotionelle Unreife, Gefühlskälte und brutale Rücksichtslosigkeit aus. Sie wuchsen in einem Familienklima auf, das durch autoritäre Unterordnung, Strenge und Härte sowie Kontaktarmut gekennzeichnet ist. Als Kinder wurden sie häufig hart und oft grundlos geschlagen, ihre emotionalen Bedürfnisse wurden massiv frustriert. Sie wurden sehr früh an eine Welt gewöhnt, in der Gewalt gerechtfertigt wird und das Recht beim Stärkeren liegt.
Ganz anders die Kriegsdienstverweigerer. Sie wuchsen in autoritätsarmen, gefühlsmäßig kontaktfreudigen Familien auf. Sie erwarben soziales Verantwortungsgefühl und mitmenschliche Feinfühligkeit und erlernten vernunftbewußte Konfliktlösungsstrategien.
Ähnlich stark unterschied sich auch das Milieu, in dem diese beiden Gruppen aufwuchsen, die Freundeskreise, die Freizeitaktivitäten usw. Mantells Untersuchung macht deutlich, daß Gewaltlosigkeit weniger eine Frage der intellektuellen Leistung ist, als vielmehr eine eingeübte Lebensweise, die durch die Familie, in der Schule, und in anderen sozialen Gruppen geprägt wird. Sie zeigt uns in eindrucksvoller Weise, wie Aggression, Gewalttätigkeit im wesentlichen Maße das Ergebnis des Erziehungsprozesses in der Familie, der frühen Sozialisationserfahrungen der Menschen ist. Aggression und Gewalttätigkeit sind also kein Triebschicksal.

Vielmehr bildet das Kind sich auf „dem Hintergrund einer vielschichtigen Familiendynamik sein Urteil, *entwickelt* seinen Lebensstil und *bekennt* sich schließlich zu Verhaltensweisen, die gemeinschaftsfeindlich oder gemeinschaftsfreundlich sind. Es übernimmt Rollen und Verhaltensmuster, die destruktiv oder konstruktiv sind“ [16].
Die Familie also ist das maßgebliche Feld, wo die Verhaltensregeln eingeübt werden, wo die Grundlage für aggressives, neurotisches Verhalten, wie auch für gewaltloses, konstruktives Verhalten gelegt wird.
Beatrice Caesar [17] hat versucht, aufgrund der empirisch gesicherten Erkenntnisse zu diesem Problemkreis, eine hypothetische Zuordnung der verschiedenen Ausdrucksformen und -ebenen aggressiven Verhaltens, der Formen der elterlichen Autoritätsausübung und sozialen Schichtzugehörigkeit aufzustellen (Abb. 16).
Aufgrund dieser Erkenntnisse kommen wir nicht an der Forderung [18] vorbei, daß es erst einmal einer Untersuchung der Familie bedarf, um die Ursprünge von Aggression und Gewalttätigkeit zu verstehen. Aggression erwächst aus dem Schoße der Familie. Aber trotz dieser Belege hält Lorenz munter an der These eines spontanen, angeborenen Aggressionstriebes fest. Triebenergien oder eine Angelegenheit von ‚bemitleidenswerten Kranken', denen nicht mehr geholfen werden kann? Ist sie ein Zeichen von unreflektierter Infantilität?
Die Untersuchungen von Ammon und Mantell sowie vielen anderen zeigen, welchen Wert die Aussagen von Lorenz besitzen: „Unsere Kinder lernen in den Schulen zwar Bruchrechnen und Wurzelziehen, aber nichts über die wichtigste und verantwortungsvollste Tätigkeit in ihrem späteren Leben: die Erziehung ihrer eigenen Kinder. Erst wenn wirklich jeder Schüler erfährt, wie wichtig bestimmte elterliche Verhaltensweisen – etwa Zärtlichkeit, Beständigkeit, Eingehen auf die Wünsche des Kindes, Betonung von Einsicht, nicht von Strafe – für die gesunde seelische

Formen und Ebenen kindlicher Aggressivität	Formen elterlicher Autoritätsausübung **ERZIEHUNGSSTIL**		
	macht-orientiert	liebes-orientiert	induktiv
offen, expressiv, direkt physisch, «antisozial»	+	–	–
Phantasie-aggression	+	+	0
instrumentell, rational, psychisch, «prosozial»	–	0	+
TYP VON AGGRESSIVITÄT	offene Aggressivität	gehemmte Aggressivität	Durchsetzungs-vermögen
SOZIALE SCHICHT-HERKUNFT	Unterschicht	untere Mittelschicht	obere Mittelschicht

Abb. 16 Zuordnung von Formen und Ebenen kindlicher Aggressivität, Erziehungsstil und sozialer Schichtherkunft

Entwicklung sind, wird die Aggressivität kein gravierendes soziales Problem mehr sein“ [19].

In diesem Zusammenhang sei nochmals kurz auf die Gefahr der lebens- und bewegungsfeindlichen, kinderfeindlichen Stadtwohnungen eingegangen. Das Kind benötigt für eine psychisch gesunde Entwicklung viel Spielraum, viel Möglichkeit für die Entfaltung seiner motorischen Bedürfnisse. Aggressionen sind oft Ursache von erzwungener Einengung der Bewegungsfreiheit des Kindes, von fortwährender Frustration des Bewegungsdranges [20]. Die durch bauliche Maßnahmen und durch wertvolle Wohnungseinrichtungen erzwungene Bewegungsarmut unserer

Kinder ist als zusätzliche Brutstätte der Aggression anzusehen.

Schließlich fällt auf, wie still sich die Vertreter der Aggressionstriebtheorie verhalten, wenn es um die Frage geht, weshalb sich Frauen meist weniger aggressiv verhalten als Männer. Weder Lorenz noch Eibl-Eibesfeldt äußern sich zu dieser Problematik. Sobald sie auf die menschliche Aggression zu sprechen kommen, ist vom weiblichen Geschlecht nicht mehr die Rede. Einzig und allein Storr wagt hierzu noch einige Aussagen und schreibt: „Sehr wahrscheinlich steht die Überlegenheit des männlichen Geschlechts in geistiger und schöpferischer Hinsicht mit ihrer stärkeren Aggression in Verbindung . . .. Keine Frau war je dem Genius eines Michelangelo, Beethoven oder Goethe vergleichbar. Die Hypothese, daß Frauen den schöpferischen Leistungen der Männer gleichkommen, wenn man ihnen nur die Gelegenheit dazu gäbe und sie ermutigte, läßt sich kaum verteidigen“ [21]. Storr scheint noch nie etwas von einer Irène oder Marie Curie gehört zu haben und versteift sich lieber zu der Behauptung, daß aufgrund der Urnotwendigkeit zu verfolgen und einzudringen, der Mann in seiner Sexualität einen starken Anteil an Aggressivität habe, „den die Frau anerkennt und auf den sie reagiert, indem sie gewährt und sich ergibt“ [22]. Während Lorenz und Eibl-Eibesfeldt sich vorsichtshalber zu diesem Thema ausschweigen – offensichtlich, weil ihnen in diesem Falle biologische Erklärungen, vor allem triebtheoretische, fehlen – sucht Storr die Ausflucht im Mythos von der Überlegenheit des Mannes und der Unterwürfigkeit und Unterlegenheit der Frau, um eine Erklärung für die Ergebnisse vieler Untersuchungen zu finden, daß Männer sich von Frauen meist in Art und Ausmaß ihrer Aggressivität unterscheiden. Gerade hier zeigt sich jedoch sehr deutlich, daß vor allem unterschiedliche Geschlechtsnormen, das heißt kulturelle und soziale Faktoren eine wesentliche Rolle spielen.

So verhalten sich die Mädchen der Mudugumor in Neu-Guinea, die wie die Jungen zu gewalttätiger Selbstbehauptung erzogen werden, ebenso roh und aggressiv wie die Jungen. Margaret Mead [23] – wir werden im nächsten Kapitel noch näher auf ihre Untersuchungen eingehen – folgert aus ihren Beobachtungen, daß Eigenschaften, die als männlich oder weiblich zu gelten pflegen, mit dem Geschlecht ebenso locker verbunden zu sein scheinen wie Kleidung, Kopfschutz usw., die eine Gesellschaft im Lauf der Zeit vorschreibt. Mit anderen Worten, Geschlechtsunterschiede im aggressiven Verhalten entsprechen weitgehend den schicht-, gesellschafts- und kulturspezifischen Normen und Werten. Wird Aggression bei Jungen eher toleriert als bei Mädchen, so sind die Jungen auch aggressiver; wird sie auch bei Mädchen toleriert oder sogar gefordert, so zeigen sich keine geschlechtsspezifischen Unterschiede aggressiven Verhaltens.
Kagan und Moss [24] konnten nachweisen, daß bei Mädchen aus höheren sozialen Schichten eher aggressive Neigungen und weniger abhängiges Verhalten nachweisbar ist als bei Mädchen aus niederen sozialen Schichten. Somit gelingt den Mädchen aus den oberen sozialen Schichten durch die Erziehung zur Emanzipation das Herausbrechen aus der traditionellen Frauenrolle eher, als es dem Mädchen der Unterschicht möglich ist, die noch immer größtenteils im Sinne der traditionellen Frauenrolle (= Unterordnung und Gehorsam) erzogen werden. Offensichtlich sind Eltern aus den sozial höheren Schichten eher gewillt, größere Abweichungen von dem erwarteten Geschlechtsrollenverhalten – einschließlich aggressivem Verhalten – zu tolerieren [25].
Weshalb sind Männer gegenüber Frauen weitaus weniger aggressiv? Doch sicher nicht, weil sie phylogenetisch programmierte Aggressionshemmungen gegen Frauen besitzen, sondern einzig und allein, weil sie im Sozialisationsprozeß gelernt haben, daß Aggression gegen Frauen tabu-

iert ist. Wenn dies möglich ist, dann sollten doch auch durch entsprechende Erziehung, durch neue Wertvorstellungen andere Erscheinungsformen aggressiven Verhaltens bekämpft werden können.

Aggression scheint jedenfalls plausibler und stichhaltiger aus kulturellen, gesellschaftlichen und schichtspezifischen Werten und Normen bzw. Rollenerwartungen erklärbar und ableitbar als aus einem angeborenen Aggressionstrieb. Dabei übersehen wir nicht, daß biologische, genetische Faktoren ebenfalls eine Rolle spielen. Wie allerdings angesichts dieser Erkenntnisse immer noch davon gesprochen werden kann, daß aggressives Verhalten in ganz entscheidender Weise genetisch mitbestimmt wird, bleibt wohl das stille Geheimnis der Triebtheoretiker.

Der Mensch jedenfalls scheint für diese Gesellschaft gut genug zu sein. Wer etwas anderes behauptet, handelt höchst fragwürdig und verräterisch zugleich. Er setzt einen bestimmten Zustand der Gesellschaft als absolut und erwartet bzw. verlangt vom Menschen, daß er gut genug für diesen Zustand sei. Ist er es nicht, dann „spricht das für bedauerliche Reste von Tierheit in ihm“ [26]. Nicht der Mensch ist nicht gut genug für die Anforderungen des modernen Gesellschaftslebens, sondern vielmehr das moderne Gesellschaftsleben, die Gesellschaftsstrukturen sind nicht gut genug für den Menschen [27].

Kulturanthropologisch-ethnologische Aspekte aggressiven Verhaltens

VII

Er (Eibl-Eibesfeldt, die Verf.) versucht in einer fast krampfhaft anmutenden Suche nach einzelnen Berichten über Prügeleien oder – im Fall der Eskimos – über aggressive Gesangsduelle nachzuweisen, daß Jäger und Sammler doch ‚aggressiv' sind, und konstruiert sich den Popanz einer angeblich ‚idealistischen' Auffassung dieser Kulturen . . .

WOLFGANG SCHMIDBAUER [1]

Ohne die geringste Neigung, historische und soziologische Bedingungen zu berücksichtigen, werden solche Erscheinungen wie ‚Revierverhalten', ‚Territoriale Aggression', Aggression der Meinungen und der Kampfspiele und selbstverständlich das beliebte Rangstreben, das unter Abstraktion von herrschaftsbildenden Faktoren die Gesellschaft als naturgegebene Rangordnung erklärt und damit alle Unterdrückungsformen entschuldigt, in den großen Topf der biologischen Triebanlagen geworfen. Dadurch entsteht bei der Lektüre des Eibl-Eibesfeldt'schen Buches das eigenartige Gefühl, daß mit einem einzigen theoretischen Wurf alles, und gleichzeitig ins Leere stoßend, nichts erklärt wird.

LEO KOFLER [2]

Wir müssen davon ausgehen, daß der Mensch im Zuge seiner stammesgeschichtlichen Entwicklung (Evolution) durch Veränderungen im Erbgefüge (Mutation) und natürliche Auslese (Selektion) entstand. Bezogen auf das Verhalten bedeutet dies, daß das Verhalten des Menschen phylogenetisch, das heißt durch Vermittlung oder Übermittlung von Erbanlagen *und* ontogenetisch, das heißt durch vom Individuum gelernte Verhaltensweisen, geprägt ist. Wie wir bereits in Kapitel VI zeigten, ist das Verhalten des Menschen wesentlich durch die Kultur geprägt, also ontogenetisch bestimmt. Die kulturelle Anpassung arbeitete erheblich feiner und schneller als die phylogenetische, lokkerte die Starrheit der möglicherweise noch vorhandenen Instinkte und öffnete somit einen immer größer werdenden Spielraum soziokultureller Anpassungsfähigkeit [3].

Nach Lorenz und Eibl-Eibesfeldt ist Aggression ein Trieb, der stammesgeschichtlich überliefert und somit genetisch vorprogrammiert wurde. Aggression entstand also aus einer phylogenetischen Anpassung.
Wenn diese Annahme zutreffen soll, dann müßte Aggression in jenen Kulturen besonders ausgeprägt sein, „welche jenes Stadium der menschlichen Evolution kennzeichnen, das mindestens 99 Prozent unserer Entwicklungsgeschichte ausmacht“ [4], das heißt in den Kulturen der Jäger und Sammler der Altsteinzeit. Der Mensch dieser Epoche müßte weitaus aggressiver gewesen sein als der Vertreter der modernen Zivilisation. Außerdem darf es – immer noch nach der Theorie von Lorenz – keine Unterschiede im Aggressionspotential der heutigen Kulturen oder Gesellschaften geben.
Anhand ethnologischer und kulturanthropologischer Untersuchungen wollen wir deshalb in diesem Kapitel die These eines stammesgeschichtlich überlieferten Aggressionstriebes einer kritischen Prüfung unterziehen. Dabei wird sich zeigen, daß es keinen kulturanthropologischen oder ethnologischen Beweis für einen uns angeborenen, genetisch vorprogrammierten Aggressionstrieb gibt, auch wenn Eibl-Eibesfeldt uns immer wieder vom Gegenteil überzeugen möchte. Gerade auf die Untersuchungen promitiver, friedlicher Völker, die Eibl-Eibesfeldt unternahm, um zu ‚beweisen', daß die Jäger- und Sammler-Kulturen doch aggressiv seien, werden wir besonders eingehen. Dies um so mehr, als Eibl-Eibesfeldts Untersuchungen uns eher Beweise gegen als für die Annahme eines phylogenetisch vorprogrammierten Aggressionstriebes liefern.

Aßen die Cro-Magnons ihre „gerösteten Brüder"?

Schmidbauer [5], Alland [6] und Fromm [7] – um nur die neueren Veröffentlichungen zu nennen – würdigten bereits eingehend die Ergebnisse anthropologischer Untersuchungen über unsere ältesten Vorfahren, so daß wir uns auf das Notwendigste beschränken können.

Zur Widerlegung der Aggressionstheorie von Lorenz bedarf es zwar sicher nicht eines Rückgriffes auf die Lebewesen der Steinzeit. Wir verfügen über genügend andere Befunde, die diese Theorie widerlegen. Allein, wenn Lorenz davon ausgeht, daß es mehr als wahrscheinlich sei, „daß das verderbliche Maß an Aggressionstrieb, das uns Menschen heute noch als böses Erbe in den Knochen sitzt, durch einen Vorgang intraspezifischer Selektion verursacht wurde, der durch mehrere Jahrzehntausende, nämlich durch die ganze Frühsteinzeit, auf unsere Ahnen eingewirkt hat" [8], so scheint es erforderlich, die Frage zu stellen, inwieweit Lorenz' Annahmen über diese Lebewesen zutreffen. Zunächst scheinen einige Funde für einen spezifischen Tötungstrieb zu sprechen. So lassen paläoanthropologische Ausgrabungsbefunde offensichtlich vermuten, daß der Frühmensch kannibalisch gewesen sein könnte. Einige angekohlte, zersplitterte Knochen bedeuten nun aber noch nicht, daß wir Überreste einer kannibalischen Orgie vor uns haben. Die Knochen können von Tieren angenagt worden sein, die verkohlten Überreste können auch von einer Leichenverbrennung stammen und ähnliches mehr. Kannibalismus war möglich, ist aber nicht bewiesen [9].

Bei der Analyse des Kannibalismus wird meist übersehen, daß unter dem Namen Kannibalismus zwei verschiedene Erscheinungen zusammengefaßt sind: *Endokannibalismus,* bei welchem nur stammeseigene Personen gegessen werden, und *Exokannibalismus,* bei welchem Fremde verspeist werden. Exokannibalismus ist dabei eindeutig die „wildere" Form und scheint auch viel später aufgetaucht zu sein.

So kannten nomadische oder halbnomadische Völker nur den Endokannibalismus. Desgleichen verhielt es sich mit den Jägern und Sammlern. Dagegen zeigten solche Völker, die bleibende, fixierte Organisationen hatten oder von Akkerbau und Viehaufzucht lebten, in den allermeisten Fällen nur Exokannibalismus. Daraus muß der Schluß gezogen werden, daß der mildere Endokannibalismus älter ist, da die fixen sozialen Organisationen und Ackerbau erst in späteren Stadien der Menschwerdung auftauchten. Die aggressiven Praktiken sind eindeutig jüngeren Datums und auch als eindeutig menschliches Merkmal zu deuten. In keinem dieser Fälle kann jedoch Kannibalismus mit Aggression in Verbindung gebracht werden.
Der Australopithecus, der vor über einer Million Jahren vor unserer Zeit lebte, falls er überhaupt als Ahnherr der Menschen betrachtet werden kann, darf keinesfalls für das ‚verderbliche Maß an Aggressionstrieb' in uns Menschen verantwortlich gemacht werden. Dieses Wesen war alles andere als ein Totschläger oder ein Wesen mit ungezügelter Aggressivität gegen seine Artgenossen.
Ähnlich verhält es sich auch mit den Jägern und Sammlern der Altsteinzeit. Diese, für die stammesgeschichtliche Entwicklung des Menschen besonders bedeutsamen Kulturen waren nicht besonders aggressiv [10]. Die meisten Jäger und Sammler waren – weit davon entfernt, aggressiv zu sein – bemerkenswert friedlich und somit sicher nicht Ursache des ‚bösen Erbes', das uns heute ‚in den Knochen' sitzt. Jäger und Sammler lebten deshalb so friedlich zusammen, weil sie weder Besitzstreben noch Neid kannten, das heißt, weitgehend egalitäre, klassenlose Gesellschaften waren. Wenn Lorenz davon ausgeht, daß die Aggression durch intraspezifische Selektion genetisch programmiert wurde und durch mehrere Jahrtausende auf unsere Ahnen eingewirkt hat, so irrt er und führt seine Theorie selbst ad absurdum.

Wer erfand den Krieg?

Ich akzeptiere nicht, daß die Menschen einen angeborenen Tötungstrieb haben. Die Tatsache, daß es sozialer Indoktrination bedarf, um Menschen dazu zu bringen, in den Krieg zu ziehen, beweist doch, daß es diesen angeborenen Drang zum Töten nicht gibt. Man muß Soldaten zwangsverpflichten, man muß für die Verweigerung des Kämpfens so harte Strafen vorsehen, daß es als das geringere Übel erscheint, in den Krieg zu ziehen und zu kämpfen.

ELISABETH MOORE [11]

Es gäbe heute keine Menschen, wenn nicht Kooperation für den Menschen höchst wichtig gewesen wäre. Sowohl innerhalb einer Gruppe als auch zwischen verschiedenen Gruppen muß aggressives Verhalten einer negativen Auslese unterworfen gewesen sein. „Feindseligkeiten in und zwischen Gruppen mit kleiner Kopfzahl hätten in der Tat ihren Fortbestand unmöglich gemacht. Es gibt weder den geringsten Hinweis noch einen vernünftigen Grund zu der Annahme, daß es solche Konflikte jemals vor der Entwicklung von agrarisch-ländlichen Lebensformen in menschlichen Gesellschaften gegeben hat. Und die entstanden vor nicht viel mehr als 12000 Jahren. Die Legende von der Aggressivität des frühen Menschen gehört in dieselbe Klasse von Legenden wie jene vom *wilden Tier,* die besagt, daß die meisten, wenn nicht alle *wilden* Tiere gefährliche Töter sind“ [12]. Der Krieg wurde also um die letzte größere, mitteleuropäische Eiszeit *erfunden,* und bis dahin scheint der Mensch eher den friedfertigen Charakter der Menschenaffen gehabt zu haben. Aggressives Verhalten ist offensichtlich eine typisch menschliche „Errungenschaft“, von der man sich anscheinend ungern trennt.
Wright [13] analysierte die Kriegführung von 653 primitiven Völkern und konnte dabei nachweisen, daß die primitiven Jäger und Sammler am wenigsten kriegerisch waren, während die am höchsten stehenden Ackerbauern und Hirten die kriegerischsten von allen sind. Kriegslust ist somit keine Funktion angeborener Triebe, sondern ent-

springt vielmehr der kulturellen Entwicklung, das heißt, sie geht mit dem Seßhaftwerden, der Bildung von Eigentum und Besitz usw. einher.
Was wir heute über unsere Urahnen wissen, läßt die Annahme zu, daß „die Nächstenliebe des Menschen ein weit ursprünglicherer Zug als seine Aggressivität“ [14] ist. Dennoch aber beruft sich Lorenz darauf, daß Aggression um Jahrmillionen älter sei als die persönliche Freundschaft und Liebe.
Die Frühmenschen sind, trotz Kannibalismus, nicht als aggressiv zu betrachten, weil ihnen die Motivation dazu bestimmt fehlte. Wir können nicht eine heutige Situation in die Vergangenheit projizieren und daraus folgern, daß Frühmenschen ihren Brüdern gegenüber aggressiv gewesen seien. Der Vergleich der Motive einer gleichartigen Handlung unter verschiedenen Völkern und die Verschiedenheit der Gedankengänge, wie wir sie heutzutage unter den verschiedenen Kulturen feststellen können, lassen die allgemein verbreiteten Ansichten über die menschliche Aggressivität als zu dogmatisch erscheinen.
Deshalb können und dürfen wir nicht annehmen, daß früher der werdende Mensch, von überaus friedlichen Tieren abstammend, seinen Mitmenschen gegenüber aggressiv eingestellt war.

Kritik an der Humanethologie von Eibl-Eibesfeldt

Manches weist darauf hin, daß Rangstreben, Bereitschaft zur Unterordnung und zum Gehorsam, Intoleranz gegen Außenseiter, Aggression, aber auch unsere altruistischen Neigungen und der Drang, ein freundschaftliches Band zu stiften, kurz die Liebe im umfassenden Sinn durch stammesgeschichtliche Anpassung vorgezeichnet sind.

IRENÄUS EIBL-EIBESFELDT [1]

So wie man Belohnung aggressiver Akte in Richtung auf gesteigerte Aggression erziehen kann, so kann man durch Bestrafung Aggressionen auch unterdrücken. Eine solche Befriedung trifft aber zugleich die Initiative, die positiv mit der Aggression korreliert ist. Wir ‚verbeißen' uns in Aufgaben, ‚attackieren' Probleme und ‚bewältigen' sie. Schon die Umgangssprache drückt aus, daß auch kulturschöpferische Leistungen von der Aggression gespeist werden.

IRENÄUS EIBL-EIBESFELDT [2]

In Eibl-Eibesfeldt scheint Lorenz nicht nur einen gelehrigen Schüler, sondern auch einen würdigen Mitstreiter zur Verteidigung seiner eigenen Aggressionstheorie gefunden zu haben.

Zwar weicht Eibl-Eibesfeldt in manchen Punkten von der Theorie seines Meisters ab, so etwa in der Annahme, daß die Liebe uns ebenfalls vorprogrammiert sei und seit eh und je als Gegenspieler des Aggressionstriebes wirke. Was jedoch die Annahme eines uns angeborenen Aggressionstriebes mit spontan-endogener Erregungsproduktion anbelangt, so versucht er geradezu mit dem Mut des Verzweifelten nach Befunden zu suchen, die diese These belegen könnten. Bei der Lektüre der Arbeiten von Eibl-Eibesfeldt kann man sich nicht des Eindruckes erwehren, daß er – aus Respekt und Rücksichtnahme auf seinen Lehrer? – gegen seine eigene Überzeugung an der These des Aggressionstriebes festhält. Wie anders soll man sich sonst die oft widersprüchlichen Aussagen und methodologisch fragwürdigen Interpretationen erklären?

Wie wir bereits in Kapitel 2 zeigten, geht Eibl-Eibesfeldt davon aus, daß der Mensch mit einem natürlichen und ebenfalls genetisch vorprogrammierten Gegenspieler des

Aggressionstriebes – dem Bindetrieb – ausgestattet sei. Hier feiert der Triebdualismus von Freud fröhliche Urständ. „Die aggressiven Impulse der Menschen werden meines Erachtens durch ebenso tief verwurzelte Neigungen zur Geselligkeit und zum gegenseitigen Beistand aufgewogen. Nicht erst die Erziehung programmiert uns zum Guten, wir sind unserer Anlage nach gut“ [3].

Die Kontrolle der uns angeborenen Triebe obliegt dabei nach Eibl-Eibesfeldt im wesentlichen den kulturellen Kontrollmustern. Er bedient sich des Kunstgriffs, das soziale Potential des Menschen stärker herauszustellen, um Einwände gegen die Hypothese eines Aggressionstriebes zu entkräften. Dabei kann er es sich aber nicht verkneifen, gleich in einem Nachsatz zu ergänzen, daß der Mensch auch in bezug auf sein Sozialverhalten zum *entscheidenden Teil* genetisch vorprogrammiert sei. Dies erinnert an die Methode, einem bissigen Hund ein Stückchen Fleisch hinzulegen, in der Hoffnung, daß er einen dann in Ruhe läßt.

Welche Beweise liefert uns Eibl-Eibesfeldt für seine Thesen? Zunächst ist er in bemerkenswerter Weise bemüht, bei allen – von Anthropologen und Ethnologen als friedlich bezeichneten – Völkern nach aggressiven Handlungen zu suchen, um dann – nachdem er genügend ‚Aggressionen' gezählt und beobachtet hat – zu behaupten, diese Völker seien eben doch aggressiv. So wendet sich Eibl-Eibesfeldt gegen die Feststellung von Helmuth [4], daß bei den Eskimos, den Zuni-Indianern und Buschmann-Kulturen Aggressionen fehlen, mit dem Hinweis auf Gesangsduelle bei den Eskimos, grausame Initiationsriten der Zunis und spielerische ‚Aggressionen' bei den Buschmannkindern.

Was die Hopi-Indianer anbelangt, so scheint es selbst Eibl-Eibesfeldt schwergefallen zu sein, dort Aggressionen zu finden. „Hopi-Indianer unterdrücken körperliche Aggressionen und finden Wettkämpfe geschmacklos. Sie lernen, selbst Feinde anzulächeln und im Alltag freundlich mit leiser Stimme zu reden" [5]. Nur eine Form aggressiven Verhaltens fand man dennoch: den Kleinkrieg mit den Artgenossen, der mit einer Zunge „so spitz wie ein Giftpfeil" geführt werde [6].

Schließlich ist für Eibl-Eibesfeldt das „aggressive Imponieren" durch Schmuck, Waffen und männliches Auftreten, das in vielen Kulturen gleich sei, ein Beweis für einen Aggressionstrieb.

An diesen wenigen Beispielen wird bereits recht deutlich, wie Eibl-Eibesfeldt argumentiert. Wenn es darum geht, zu beweisen, daß auch die friedfertigsten Gesellschaften aggressiv sind, muß der sonst vernachlässigte Aggressionsbegriff im weiteren Sinne herhalten [7]. Mit anderen Worten: man braucht nur den Aggressionsbegriff weit genug auszudehnen, um nachzuweisen, daß auch die Eskimos oder Buschmänner aggressiv sind, um ihn dann schließlich wieder einzuengen, wenn es darum geht, die Gefährlichkeit und Verwerflichkeit der Aggression in unserer Gesellschaft sichtbar zu machen. So kommt es denn auch zu einer paradoxen Situation, daß Eibl-Eibesfeldt Verhaltensweisen, wie etwa das Drohimponieren oder Flüchten, die für ihn dazu dienen, Aggressionen zu verhindern, als aggressiv bezeichnet [8].

Zu Recht wirft ihm Schmidbauer vor, er versuche andere Autoren nur dadurch ins Unrecht zu setzen, weil sie nicht seine Definition benutzten. „Nur so wird es ihm möglich, die Aussage, daß Jäger und Sammler weniger aggressiv sind als spätere Kulturformen, in der ganz deutlich von Aggression als territorialer Angriff, kriegerischer Überfall oder Mord ausgesprochen ist, durch den Nachweis von Spucken, Beißen, Schlagen und Treten in Kindergruppen zu ‚widerlegen'" [9]. Dies wird besonders deutlich, wenn Eibl-Eibesfeldt mit dem Begriff der spielerischen Aggression arbeitet. So werden die !Ko-Buschleute [10] zwar als friedfertige Menschen akzeptiert, aber die Erkenntnis, daß in 191 Minuten in einer neunköpfigen Kindergruppe 166

aggressive Akte (inklusive Anstarren) beobachtet werden konnten, dient ihm bereits als Beweis dafür, daß die zunächst aggressiven Neigungen erst entwickelt und sekundär im Erziehungsprozeß bewältigt werden.
Wie widersprüchlich Eibl-Eibesfeldt argumentiert und interpretiert, macht folgendes Zitat deutlich: „Ziemlich oft sieht man einjährige Buschmannsäuglinge mit einem Stock in der erhobenen Hand umherlaufen und nach Spielgefährten und Erwachsenen schlagen. Dabei jauchzen sie oft vor Vergnügen. Ich sah nie, daß die Säuglinge darin unterwiesen wurden, wohl bekamen sie aber eine gewisse Ermunterung" [11]. Zunächst müssen wir uns ernsthaft fragen, ob spielerische Aggression nicht bereits ein Widerspruch in sich ist. Und was soll die Bemerkung, daß Säuglinge nie darin unterwiesen wurden?
Eibl-Eibesfeldt will damit wohl andeuten, daß dieses Verhalten vererbt wurde, also genetisch vorprogrammiert sei. Können die Säuglinge dieses Verhalten nicht aber bereits von anderen Kindern abgeschaut haben? Schließlich wurden sie darin sogar ermuntert, d. h. bestärkt. Man merkt, er sucht mit Gewalt nach Befunden für seine Theorie und ist dafür bereit, beobachtetes Verhalten ohne Berücksichtigung des sozialen und kulturellen Zusammenhanges zu interpretieren.
Ähnlich geht Eibl-Eibesfeldt bei seiner Abhandlung der Fremdenablehnung der Buschmannkinder vor, die er als Beweis für die Manifestationen aggressiven Verhaltens heranzieht. Mit acht bis zehn Monaten beginne diese Fremdenfurcht. Nähert sich ein Fremder, so wenden sich die Babys ab und klammern sich an ihre Bezugspersonen, wobei sie oft sogar weinen. Mit zunehmendem Alter ändert sich diese Reaktion dahingehend, daß die Kinder nicht nur fliehen, sondern den Fremden aktiv abwehren, indem sie z. B. nach ihm schlagen. Eibl-Eibesfeldt folgert daraus, daß es sich hier um eine elementare, angeborene Verhaltensweise des Menschen handelt, um ein paar Seiten später die

einleuchtendere sozialpsychologische bzw. lernpsychologische Erklärung für dieses Verhalten anzubieten. So schreibt er, daß man Säuglinge verbal neckt, indem man ihnen sagt bzw. damit droht, der Fremde nehme sie mit. Hier wird doch ersichtlich, daß die Fremdenablehnung erst durch das Verhalten der Erwachsenen hervorgerufen bzw. erzeugt wurde.

Schließlich ist für Eibl-Eibesfeldt das aufsehenerregende Experiment von Milgram [12] über den primäre und sekundäre Aggressionshemmungen außer Kraft setzenden Autoritätsgehorsam, das von Milgram als Angriff auf ein autoritäre Charakterstrukturen produzierendes *sozio-kulturelles Erziehungsmilieu* beabsichtigt war, eine Bestätigung für eine angeborene Neigung des Menschen zum Gehorsam [14].

Die Einseitigkeit der Interpretation von Eibl-Eibesfeldt beweist uns auch sein Festhalten an der These von der Territorialverteidigung. Dem Menschen wird ähnlich wie den Tieren ein Trieb zugeschrieben, ein bestimmtes Areal zu erobern und zu verteidigen [15]. Aufgrund von ethnographischen Daten müssen wir die Behauptung, der Mensch besitze eine angeborene territoriale Aggressivität, zurückweisen. Die Jäger und Sammler erheben in der Regel weder Besitzansprüche, noch verteidigen sie bestimmte Territorien gegen andere Gruppen [17].

Von den Hazda, einem von fremden Einflüssen völlig unberührten Stamm von Jägern und Sammlern aus Ostafrika, wissen wir, daß sie jagen und sammeln dürfen, wo sie wollen. Selbst als ihnen von umwohnenden ackerbautreibenden Negern Teile ihres Landes weggenommen wurden, haben sich die Hazda nicht gewehrt und ihr Territorium nicht verteidigt [18].

Schließlich übersehen Eibl-Eibesfeldt wie Lorenz – von den Vulgärverhaltensforschern Ardrey und Morris ganz zu schweigen – großzügig, daß die uns Menschen am nächsten verwandten Tiere, die großen Menschenaffen, kein Terri-

torialverhalten zeigen. Es ist somit mehr als unwahrscheinlich, daß irgendeine menschliche Art jemals durch einen solchen Trieb gekennzeichnet gewesen sein sollte. Territorialverhalten von Buntbarschen und Graugänsen kann nicht auf den Menschen übertragen werden, nicht einmal auf andere Tiere, sondern gilt ausschließlich für diese [21]. „Bei den nächsten Verwandten des Menschen unter den Primaten gibt es bemerkenswerterweise kein einfaches Territorialverhalten. Daß der Mensch diese Eigenschaft wiedererlangt hat, kann als eine Fortsetzung von Tendenzen betrachtet werden, die bereits in den protokulturellen Sozialorganisationen der Primaten vorhanden sind und ursprünglich auf den Erwerb der Eigenschaft, Fleisch zu fressen, und den Kampf um die Protein-Vorräte zurückgeführt werden. Es gibt keine Notwendigkeit, sie mit übertrieben sparsamen Begriffen zu erklären, die auf irreführenden und überholten Ansichten über das aggressive Verhalten niederer Tiere basieren. Die relevanten Hypothesen liegen näher vor der Haustür“ [20]. Wenn wir schließlich davon ausgehen, daß Territorien verteidigte Gebiete sind, wo die Grenzen bekannt sind und beobachtet werden, dann wird auch ersichtlich, daß Territorialverteidigung etwas anderes ist als die ‚Aggression' zur Verteidigung eines Zugabteils, die von Lorenz und Eibl-Eibesfeldt immer gerne als Beispiel herangezogen wird.
Territoriale Aggressivität ist beim Menschen viel komplexer, als es uns die Triebtheoretiker glauben machen möchten [21]. Territorialität entspringt eben nicht einem angeborenen Trieb, sondern ist vielmehr als Entfaltung menschlicher Fähigkeiten im Zusammenhang mit der bio-sozialen Umwelt zu interpretieren. Anhand der Abron-Gesellschaft und der Semai zeigt Alland, daß solches Verhalten entscheidend von den sozio-kulturellen Einflüssen geprägt wird. Mit anderen Worten: entgegen den Behauptungen von Lorenz, Eibl-Eibesfeldt, Ardrey und Morris entspringen Territorialität und Aggressivität nicht einem uns ange-

borenen Trieb – es gibt genug Völker, die weder aggressiv noch territorial sind –, sondern sind Ausdruck sozio-kultureller Einflüsse, die, wenngleich durch genetische und physische Faktoren begrenzt, nicht durch diese Faktoren bestimmt werden.

Mit faszinierenden Trapezkünsten scheint es Eibl-Eibesfeldt immer wieder zu gelingen, dank der Gegenspieler des Aggressionstriebes, die Richtigkeit der Annahme eines spontan-endogenen Aggressionstriebes im Menschen zu beweisen. So schreibt er selbst, daß die Buschleute nicht kriegerisch seien, daß sie Konflikte innerhalb der Gruppe mieden, daß sie ein friedliches Zusammenleben durch eine Reihe von Ritualisierungen der Aggression erreichten. Die Sozialisierung der Aggression aber finde im wesentlichen in den Kinderspielgruppen statt. „Bereits Säuglinge zeigen aggressives Verhalten und setzen es gegen Rivalen oder zur Verteidigung eines Objektes durchaus zweckmäßig ein" [22]. Nichts spräche also für die ursprüngliche Friedfertigkeit des Menschen, vielmehr müsse er erst durch den Sozialisationsprozeß zu einem friedfertigen Wesen erzogen werden, was allerdings voraussetze, daß Friedfertigkeit das Erziehungsziel der betreffenden Kultur sei.

Dabei läßt sich Eibl-Eibesfeldt – statt sich von dem ominösen Aggressionstrieb zu lösen – zu einer verblüffenden Schlußfolgerung hinreißen: „Was bei den Buschleuten auffällt, ist nicht der Mangel an Aggressionen, sondern die Tatsache, daß diese Menschen ihre Aggressionen so gut zu kontrollieren wissen und daß bei den Erwachsenen die freundlich-bindenden Verhaltensweisen dominieren. Diese Menschen sind täglich über viele Stunden damit beschäftigt, freundliche Kontakte zu pflegen; sie plaudern, lausen einander, spielen mit den Kindern und lassen das Rauchrohr kreisen ... Da die Frauen für den täglichen Nahrungserwerb nur zwei bis drei Stunden am Tag Feldkost sammeln und die Männer nur in größeren Zeitintervallen auf eine Jagdexkursion gehen, bleibt diesen Menschen auch

Zeit, sich einander zu widmen. Man könnte sagen, diese Menschen haben *reichlich Zeit, im eigentlichen Sinne Mensch zu sein*" (Hervorhebung die Verf.) [23].
Man kann sich des Gefühls nicht erwehren, der allzu listenreiche Autor habe die These vom Bindetrieb, der uns angeboren ist, nur formuliert, um auch bei friedfertigen Völkern das Vorhandensein aggressiver Neigungen beweisen zu können. Friede gehöre zu unseren biologischen Anlagen, was die Tendenz zeige, Aggressionen zu ritualisieren. „Wir sind zur Nächstenliebe gewissermaßen vorprogrammiert" [26].
Damit hat sich der Kreis wieder geschlossen: die Tendenz, Aggressionen zu ritualisieren, beweist, daß wir zur Nächstenliebe vorprogrammiert sind, vorhandene Aggressionen beweisen, daß wir zur Aggressivität vorprogrammiert sind, und nicht vorhandene Aggressionen beweisen, daß die Aggressionen ritualisiert wurden. Mit anderen Worten: Das Vorhandensein beschwichtigender und bindender Rituale, die „große Rolle dieser Rituale in unserem Leben" widerlegt nicht die These eines spontanen Aggressionstriebes beim Menschen, sondern dient als Beweis für unsere hohe Aggressionsbereitschaft und ist Indiz dafür, daß jeder Mitmensch Träger aggressionsauslösender Signale ist [25].
Trotz aller mitleiderregenden und beschwichtigenden Appelle, trotz uns angeborener Bindetriebe können Morde an Artgenossen nicht verhindert werden. Da bleibt nur noch die Hoffnung – die auch Lorenz hegt –, daß unsere Nachkommen sich unter dem Selektionsdruck genetisch wandeln und so die Fähigkeit erlangen, alle Menschen ohne Ansehen der Person zu lieben [27].
Obgleich Eibl-Eibesfeldt keine Beweise für seine Theorie liefern kann, hält er sie weiterhin aufrecht: „Für die Annahme eines primären, uns Menschen angeborenen Aggressionstriebes gibt es zwar keinen strengen Beweis, wohl aber eine Reihe starker Indizien" [28]. Vergessen wir einmal den wissenschaftlichen Brauch, daß eine Theorie auf-

grund von Indizien nicht als wissenschaftlich erhärtet angesehen werden kann und darf, so bleibt immer noch die Schwachbrüstigkeit dieser Indizien, zumal sie allesamt viel logischer sozio-kulturell erklärt werden können.
Alle Beispiele, die Eibl-Eibesfeldt gerade von den Buschmannkindern anführt, zeigen uns zunächst einmal, daß unter gegebenen ökonomischen Bedingungen aggressionsloses gesellschaftliches Zusammenleben möglich ist. Außerdem zeigen sie, daß Aggressionen nicht durch angeborene Aggressivität, sondern durch ,asoziales' Verhalten, d. h. durch Verhalten, das gegen die gesellschaftlichen Normen und Regeln verstößt, ausgelöst wird. Über diesen Widerspruch versucht sich Eibl-Eibesfeldt hinwegzumogeln, indem er diese sozial bedingten Verhaltensweisen als weitgehend angeboren bezeichnet [29].
Er selbst macht uns in seinem unbelehrbaren Festhalten am Aggressionstriebkonzept und seinen Untersuchungen über friedliche Völker deutlich, daß die ethologische Forschung keine zusätzlichen Indizien für einen spontanen Aggressionstrieb beizubringen vermag, und weist somit erst recht auf die schwache Begründung dieser Hypothese hin.
Statt sich um ein befriedigendes Beispiel für die spontane Aggressivität zu bemühen, fabuliert auch er über den Expeditionskoller und greift dann zu jener Scheinlösung, die wir schon vorher kritisierten: er erweitert den Aggressionsbegriff, gibt die als selbstverständlich vorausgesetzte Gleichsetzung von Aggression und Destruktion auf, und begreift Aggression nur noch als konstruktiven Anreiz zur physischen und psychischen Umweltauseinandersetzung. Er rückt immer dann „verschwiegen den weiteren Aggressionsbegriff ein, wenn es gilt, das Postulat des Aggressionstriebes im engeren Sinne, der Spontaneität des Destruktionsstrebens also, zu verteidigen“ [30].
Dennoch scheint Eibl-Eibesfeldt trotz aller Einwände einen Trumpf in der Hand zu haben, nämlich seine oft zitierten Beobachtungen an Taubblind-Geborenen. Er zieht

diese Beobachtungen gerne als letzten Beweis für angeborene Verhaltensweisen aus dem Ärmel, da diese Menschen unter „definierten Bedingungen des Erfahrungsentzuges heranwuchsen“ [31].

So konnte er beobachten, daß Taubblinde *ab einem bestimmten Alter* Fremden mit Ablehnung gegenübertreten. „Haben sie am Geruch eine Person als fremd erkannt, dann wenden sie sich ab und suchen Kontakt mit einer Bezugsperson“ [32]. Dies, obwohl sie nie schlechte Erfahrungen mit Fremden gemacht haben. Eibl-Eibesfeldt interpretiert dieses Verhalten als einen natürlichen „Reifungsvorgang sozialer Einstellungen“ [33].

Mit zunehmendem Alter bekommt diese Fremdenablehnung sogar aggressive Züge, das heißt, das taubblinde Kind weicht nicht nur aus, sondern schlägt auch nach dem Fremden, wenn er sich weiter um Kontakt bemüht. „Die Reaktion nach Schema: fremd = Feind, bekannt = Freund entwickelt sich, ohne daß es dazu schlechter Erfahrungen mit Fremden bedarf“ [34].

Selbst Platzgewohnheiten entwickeln einige dieser Taubblinden. Das heißt, sie bestehen auf ihrem Sitzplatz am Tisch und verteidigen ihn gegen andere.

So eindrucksvoll diese Beobachtungen auch sind, sie sprechen in keiner Weise für einen spontanen Aggressionstrieb. Eibl-Eibesfeldt führt selbst aus, daß solche Verhaltensweisen stets dann vorkämen, wenn man ihnen Geschenke oder den Sitzplatz wegnehme, wenn Fremde aufdringlich werden usw., das heißt, diese Verhaltensweisen sind nicht spontan, sondern reaktiv.

Was Eibl-Eibesfeldt hier betreibt, ist reiner Sophismus. Die mimischen Eigenschaften der taubblind geborenen Kinder kann man nicht dazu benutzen, um den Vorrang solcher Eigenschaften vor den erworbenen unter Beweis zu stellen. Vielmehr unterliegen diese Verhaltensweisen wie Weinen, Wutausbrüche usw. zweckgerichteten Zielen und stehen nicht für sich selbst [35].

Wir können zwar davon ausgehen, daß angeborene Elemente im Sozialverhalten beobachtbar sind, die von den gleichen körperlichen Reaktionen begleitet sind. Dies ist auch das große Verdienst der Untersuchungen von Eibl-Eibesfeldt. Auch mag unbestritten sein, daß solchen Verhaltensweisen ein ‚innerer Antrieb' zugrunde liegt, „der zusammen mit Reizauslösern zur entsprechenden Handlung führt" [36]. Allein, von einem Aggressionstrieb mit spontan-endogener Erregungsproduktion kann hier keine Rede sein. Es ist eben etwas anderes, ob ich von aggressiven Handlungen spreche, die als Bewegungsformen ablaufen, oder das Erkennen der Situationen meine, in denen aggressives Verhalten auftreten soll, oder schließlich das Bedürfnis, bestimmte Spannungen ‚abzureagieren'.
Dennoch versteift sich Eibl-Eibesfeldt zu der Behauptung, daß die Spontaneität der bemerkenswerte Zug innerartlicher Aggression sei, daß Aggression auch ohne Schlüsselreize ausgelöst werden könne. Den Beweis dafür ist er uns allerdings bis heute schuldig geblieben.
Obwohl die von Eibl-Eibesfeldt durchgeführten Beobachtungen friedlicher Völker bereits hinreichend gezeigt haben, daß Aggression kein angeborener Trieb, nahezu aggressionsloses Zusammenleben keine Utopie ist, wollen wir zum Schluß dieses Kapitels noch eine Analyse verschiedener anthropologischer Arbeiten hinzufügen – getreu dem Grundsatz des Buches, Beweise gegen Behauptungen zu setzen.

Friedfertige und kriegerische Gesellschaften

Wenn man verlangt, daß eine Gesellschaft das absolute Ideal eines völligen Verzichts auf Feindseligkeiten und Streitereien verwirklicht, so könnte man wohl keine einzige als nicht-gewalttätig und friedlich bezeichnen. Aber ein derartiger Standpunkt wäre doch wohl recht naiv. Selbst im Grunde unaggressive und nicht-gewalttätige Leute reagieren unter gewissen Umständen verärgert, besonders solche mit einem cholerischen Temperament. Das bedeutet aber nicht, daß ihre Charakterstruktur aggressiv, gewalttätig und destruktiv ist.

ERICH FROMM [1]

Fromm [2] hat in einer interessanten Analyse von dreißig primitiven Kulturen deutliche Unterschiede in bezug auf Aggressivität und Friedfertigkeit gefunden, so daß diese Gesellschaften je nach dem Grad ihrer Aggressivität bzw. Friedfertigkeit in drei deutlich unterscheidbare Systeme unterteilt werden können: lebensbejahende; nicht-destruktive; aggressive und destruktive Gesellschaften.
Ein Vergleich der beiden *extremen* Gesellschaftssysteme liefert uns aufschlußreiche Hinweise auf die strukturellen und sozio-kulturellen Bedingungen aggressiven Verhaltens.

Lebensbejahende, friedfertige Gesellschaften

Diese Gesellschaften zeichnen sich durch das nahezu völlige Fehlen von Feindseligkeiten, Gewalttätigkeiten und Grausamkeiten aus. Strafen und Verbrechen spielen eine äußerst geringe Rolle, Kriege als Institution fehlen völlig. Neid, Geiz, Habgier, Ausbeutung, Raub usw. fehlen nahezu ganz. Es gibt keine nennenswerte Besitzunterschiede; wer eine besonders gute Ernte hat, teilt diese mit den weniger Erfolgreichen. Persönliches Eigentum ist auf ein Minimum beschränkt.
Mann und Frau sind weitgehend gleichgestellt, eine ausgeprägte soziale Hierarchie ist nicht zu erkennen. Ebenso fehlen das Eigentumsrecht an Grund und Boden, und somit

auch der „territoriale Imperativ" als Aggressionsauslöser. Die Erziehung der Kinder ist liebevoll und beschützend. Das Kleinkind bekommt immer dann zu trinken, wenn es möchte. Stets ist jemand da, der um das Wohl des Kindes bemüht ist. Die Kinder dürfen spielen, solange sie nicht in Streit geraten. Wenn sie in Streit geraten, wird der Angreifer weggeholt, darf mit den Füßen um sich schlagen, sich im Schmutz wälzen usw. Kinder sollen ihre Gefühle nicht unterdrücken, sondern nur darauf achten, daß sie ihnen nicht selbst schaden.

In diesem Zusammenhang scheinen die Angaben von Margaret Mead [3] über die Berg-Arapesh von Neu-Guinea höchst aufschlußreich. So werden dort bei den Mädchen Zornesausbrüche schon sehr früh ‚unterdrückt', während sich ein Junge noch im Alter von 15 Jahren auf dem Boden wälzen darf. Mead nennt dafür zwei Gründe:

1. Die Jungen ab 4 bis 5 Jahren hängen mehr an ihrem Vater und sind deshalb auch mehr zurückgestoßen und verlassen, da der Vater seltener da ist als die Mutter bei der Tochter. Werden die Jungen älter, dann werden sie häufig vom Vater in die Obhut älterer Brüder gegeben, was das Gefühl der Verlorenheit dieser Jungen noch steigert. Bei der geringsten Neckerei heulen deshalb diese Jungen und erleiden Wutanfälle. Der Erfolg bleibt nicht aus, sofort kümmert sich alles um sie und tröstet sie. Die Jungen lernen also bereits sehr schnell, durch Wutanfälle die Aufmerksamkeit auf sich zu lenken.

Die kleinen Mädchen hingegen werden viel früher zu Arbeiten herangezogen und schließen sich selten vornehmlich dem Vater an, so daß die ‚zweite Entwöhnung' wegfällt. Mead fand drei kleine Mädchen, die ähnlich den Jungen zu Wutanfällen neigten. Diese Mädchen waren Töchter von Vätern, die keine Söhne hatten und die Mädchen wie Söhne erzogen. Verließ ein Vater für längere Zeit das Haus, warf sich das Mädchen wie ein Junge zu Boden und riß sich das Grasröckchen ab.

2. Da es einem Mann durchaus gestattet ist, Wut und Trotz durch Bodenstampfen, Schreien usw. zu zeigen, hat der kleine Junge ein *Vorbild* für solche Gefühlsexzesse, die einem Mädchen völlig fehlen.

Damit wird auch in eindrucksvoller Weise deutlich, daß solche Gefühlsausbrüche nicht aus einem angeborenen Aggressionstrieb entspringen, sondern größtenteils gelernt oder nachgeahmt werden. Interessant bei den Arapesh ist, daß es keine Spiele gibt, die die Streitlust oder den Ehrgeiz anfeuern könnten, keine Wettkämpfe, keine Spiele mit zwei Parteien. Selbst der Kult ist abgewandelt, das heißt, es fehlen sämtliche grausamen Riten, Haß und Bestrafung, die aufgestaute aggressive Triebenergien ritualisieren könnten.

Diese Gesellschaften, zu denen wir neben den Berg-Arapesh unter anderem auch die Polar-Eskimos, die Zuni-Indianer und sicher auch die von Eibl-Eibesfeldt untersuchte !Ko-Buschmann-Gesellschaft zählen können, sind äußerst friedfertig.

Sie zeigen uns, daß aufgrund ihres sozialen Gesellschaftssystems viele der Aggressionen, mit denen wir heute konfrontiert werden, fehlen bzw. gar nicht erst entstehen können. So etwa: Aggression aus Besitzunterschieden wie Raub, Diebstahl, Ausbeutung, aggressive Rangdemonstrationen, territoriale Aggression usw. Weit davon entfernt, Zeuge für einen phylogenetisch vorprogrammierten Aggressionstrieb zu sein, zeigen uns diese Gesellschaften, daß Aggression weitgehend ontogenetisch bestimmt ist und aus den jeweiligen sozialen und wirtschaftlichen Bedingungen der betreffenden Gesellschaft entspringt. Sie beweisen uns außerdem, daß ein weitgehend aggressionsloses Zusammenleben möglich ist. Daran ändert es auch nichts, daß Eibl-Eibesfeldt anderen Autoren eine ‚Renaissance Rousseauscher Träumereien' oder das Festhalten am Mythos der modernen Soziologen von der aggressionslosen Urgesellschaft vorwirft. Im übrigen weist die interessante Kibbuz-Analyse von Bettelheim [5] in eindrucksvoller Weise nach, daß auch in unserer heutigen Zeit durch entsprechende Erziehung und weitgehende Abschaffung von Privateigentum aggressionsarmes Zusammenleben möglich ist.

Destruktive Gesellschaften

Diese Gesellschaften zeichnen sich durch interpersonale Gewalttätigkeit, Zerstörungslust, Aggression und Grausamkeit gegen Stammesbrüder wie gegen andere aus. Freude am Krieg, Heimtücke und Verrat herrschen vor. Die Gesamtatmosphäre ist geprägt von Feindseligkeit, Spannungen und Angst. Das Privateigentum spielt eine große Rolle, es bestehen Rivalitäten und eine strenge Hierarchie.

Privateigentum wird rücksichtslos verteidigt, vor allem territoriale Besitzansprüche. Jeder Vorteil wird auf Kosten des besiegten Rivalen errungen. Margaret Mead [6] berichtet von den Mundugumor aus Neu-Guinea, daß die Jungen wie die Mädchen zu gewalttätiger Selbstbehauptung systematisch erzogen werden. Die Kinder werden ohne Wärme, Hätschelei und spielerische Vertrautheit genährt. Die Entwöhnung von der Brust erfolgt brutal durch Wegstoßen. Die Kinder lernen zuerst eine Reihe von Verboten: sie dürfen das Haus nicht verunreinigen, sich nicht außer Sichtweite entfernen, nicht an die Mutter klammern, weder aus Zuneigung noch aus Angst, nicht schreien oder die Aufmerksamkeit der Erwachsenen herausfordern usw.

Die Initiationsriten sind grausam: die Jugendlichen werden von Krokodilzähnen gebissen, gebrannt und geschlagen, wobei es den Mädchen freigestellt ist, an diesem Reifefest teilzunehmen. Zwei Drittel der Mädchen entscheiden sich dabei meist für die Teilnahme. Da zwischen Mädchen und Jungen keine großen Unterschiede gemacht werden, verhalten sich die Mädchen ebenso roh und aggressiv wie die

Jungen. Die Mundugumor schätzen also bei Männern wie bei Frauen die gleichen Eigenschaften, nämlich Gewalttätigkeit, Ehrgeiz, sexuelle Energie, Eifersucht, Rachsucht und die Freude an Aktivität und Kampf [7].

Wir sehen, in destruktiven Gesellschaften herrschen Privateigentum, Territorialität, strenge Hierarchie usw. vor, die entsprechend auch Aggressionen schüren und auslösen. Neben diesen sozio-ökonomischen Faktoren wird Aggression durch lieblose und bewußt auf Gewalttätigkeit angelegte Erziehung gefördert.

Dabei fällt besonders auf, daß entgegen den Annahmen von Eibl-Eibesfeldt und Lorenz die sogenannten aggressionsableitenden Rituale bei den friedfertigen Gesellschaften nahezu völlig fehlen, während die destruktiven Gesellschaften diese Rituale besitzen, obwohl sie diese ja eigentlich gar nicht nötig hätten. So etwa: Kampfspiele, grausame Initiationsriten usw.

Die Tatsache, daß es bei den friedfertigen Gesellschaften aggressive und bei den aggressiven Gesellschaften friedfertige Außenseiter gibt, kann nicht als Beweis dafür herangezogen werden, daß es doch einen angeborenen Aggressionstrieb gibt. Dies beweist lediglich, daß Menschen kein homogener Rohstoff sind, sondern wie sehr auch genetische Faktoren eine Rolle spielen. Die Unterschiede im Ausmaß der Aggressivität sind allerdings den jeweiligen gesellschaftlichen und kulturellen Verhältnissen zuzuordnen.

Die anthropologischen und paläontologischen sowie geschichtlichen Daten von den verschiedensten Völkern, über die wir heute verfügen – einschließlich derjenigen von Eibl-Eibesfeldt – liefern uns zahlreiche Beweise gegen und nicht einen einzigen für die Aggressionstriebtheorie. Dies aus folgenden drei Gründen:

– Nehmen wir an, es gäbe einen Aggressionstrieb, der irgendwie genetisch fixiert sei. Da der Mensch biologisch eine Einheit bildet, da er nur aus einer einzigen Art (Spezies) besteht, müßte dieser Trieb, als Merkmal der Art, bei sämtlichen Menschen vorhanden sein. Menschliche Gesellschaften unterscheiden sich nun aber – wie wir gesehen haben – bezüglich des Grades ihrer Aggressivität grundlegend voneinander, so daß die Annahme eines uns angeborenen Aggressionstriebes eindeutig widerlegt ist;

– Die unterschiedlichen Grade der Aggressivität stehen meist in enger Beziehung zu psychischen und sozio-ökonomischen Faktoren, bzw. der jeweiligen Sozialstruktur dieser Gesellschaften, so daß diese Faktoren einleuchtender für eine Erklärung aggressiven Verhaltens herangezogen werden können;

– Der Grad der Aggressivität wächst mit der Entwicklung der Zivilisation und nicht umgekehrt [8].

So folgert Fromm [9] zu Recht: wäre der Mensch tatsächlich nur mit der biologisch angepaßten Aggression ausgestattet, die er mit seinen tierischen Vorfahren gemein hat, so wäre er ein äußerst friedliches Wesen; und gäbe es unter Schimpansen Psychologen, so würden diese kaum ein Buch über Aggression schreiben müssen.

Lorenz ist der Vorwurf zu machen, sich zu wenig mit der Lektüre anthropologischer Bücher beschäftigt und sich zu viel um Rückschlüsse von niederen Tieren, z. B. seinen Graugänsen, auf menschliches Verhalten bemüht zu haben. So konnte es nicht ausbleiben, daß er das weitaus Näherliegende vergaß, nämlich eine vergleichende Verhaltensforschung beim Menschen zu betreiben. Kein Wunder, daß er sich auf das Postulat eines Aggressionstriebes, der uns phylogenetisch vermittelt wurde, einließ. Wer statt einer Analyse der Arbeiten von Margaret Mead, Malinowski, Bettelheim, Lee und DeVore, Ruth Benedict, Turnball, Schmidbauer, um nur einige zu nennen, lieber Graugänse studiert, Goethe und Schiller zitiert sowie Anekdoten aus seinem reichen Leben erzählt, darf nicht für sich in Anspruch nehmen, auf dem Gebiete der menschlichen Aggression ernstgenommen zu werden.

Eibl-Eibesfeldt auf der anderen Seite wäre besser beraten, seine eigenen, höchst interessanten Beobachtungen primitiver Völker ohne die Scheuklappen eines angeborenen Aggressionstriebes zu analysieren und sich einmal mehr Gedanken über die verblüffenden und eklatanten psychischen und sozio-kulturellen Unterschiede von aggressiven bzw. friedfertigen Gesellschaftssystemen zu machen. Den Aggressionsbegriff je nach Bedarf beliebig weit auszudehnen oder einzuengen, trägt kaum zur Glaubwürdigkeit bei. Da hilft es auch nichts, wenn man für ein „interaktionales Aggressionsmodell" plädiert und dennoch an einem spontan-endogenen Aggressionstrieb festhält. Letztlich ist das Thema Aggression zu ernst, als daß man daraus wie Lorenz und Eibl-Eibesfeldt eine „fröhliche Wissenschaft" machen kann.

Schließlich sei darauf hingewiesen, daß, selbst wenn man aggressives Verhalten als *universal,* wie z. B. Essen oder Trinken, bezeichnet – was jedoch nur möglich ist, wenn man wie Eibl-Eibesfeldt die höchst bemerkenswerten interindividuellen und interkulturellen Unterschiede ignoriert –, in bezug auf einen Aggressionstrieb überhaupt nichts ausgesagt ist. Es gibt auch andere Verhaltensweisen wie z. B. Sprechen, Nasebohren usw., die ebenso universal sind, ohne daß wir deshalb von einem Sprech- oder Nasebohrtrieb sprechen [10].

VIII

Sport – ein Mittel zur harmlosen Abreaktion aufgestauter Aggressionen?

Aber ich will noch auf eins zu sprechen kommen, Herr Friedrichs, ich glaube, solche Wettkämpfe, wo große Teile der Völker sich identifizieren mit der Mannschaft, die haben insofern für die Nation auch was Positives, als sich hier Aggressionen abreagieren können im Beifall, im Gebrüll, im Getue, im Gepfeife, die in früheren Phasen der Geschichte in sehr viel ernsthafterer und gefährlicherer Form sich abreagierten, insofern ist in einem besonderen Sinne doch was dran an der These von der völkerverbindenden Kraft des Sports, auch wenn es manchmal im ersten Augenblick nicht so aussieht, und je nach dem, ob die Holländer nun morgen gewinnen oder die Deutschen, wird es sicher ein paar Tage geben, wo die Menschen ein bißchen, na nicht nur freundliche Gefühle haben gegenüber ihrem Nachbarn. Aber wenn das Spiel nur einigermaßen fair ist, und darauf hoffe ich sehr, darauf baue ich sehr, dann wird davon doch auf die Dauer überhaupt nichts nachbleiben.

Bundeskanzler HELMUT SCHMIDT [1]

Die Aggression ist ein menschlicher Trieb, der sich so oder auch anders einen Weg zu seiner Abreaktion bahnt. In der modernen, technologisch durchorganisierten Welt, wo es solche Kampfmittel wie Atombomben gibt, sind Kundgebungen fanatischer Sportzuschauermassen eine vergleichsweise harmlose Abreaktion der Aggression. Der Sport, und zwar ausdrücklich mit Einschluß des vielgeschmähten Schausports, ist so besehen geradezu ein psychohygienisches Postulat der modernen Zeit.

JEAN-JACQUES HEGG [2]

Wenn in diesem Kapitel von Sport die Rede ist, so ist in erster Linie der wettkampf- und erfolgsorientierte Spitzen- bzw. Berufssport gemeint, auf den sich auch Lorenz bezieht.

So ist für Konrad Lorenz der Sport eine im menschlichen Kulturleben entwickelte Sonderform des Kampfes. „Wie phylogenetisch entstandene Kommentkämpfe verhindert er sozietätsschädigende Wirkungen der Aggression und erhält gleichzeitig ihre arterhaltenden Leistungen aufrecht. Außerdem vollbringt diese kulturell ritualisierte Form des

Kämpfens auch die unvergleichlich wichtige Aufgabe, den Menschen zur bewußten und verantwortlichen Beherrschung seiner instinktmäßigen Kampfreaktion zu erziehen. Die ‚Fairness' oder Ritterlichkeit des Sports, die auch unter stark aggressionsauslösenden Reizwirkungen aufrecht erhalten wird, ist eine wichtige kulturelle Errungenschaft der Menschheit. Außerdem wirkt der Sport segensreich, indem er wahrhaft begeisterten Wettstreit zwischen überindividuellen Gemeinschaften ermöglicht. Er öffnet nicht nur ein ausgezeichnetes Ventil für gestaute Aggressionen in der Form ihrer gröberen, mehr individuellen und egoistischen Verhaltensweisen, sondern gestattet ein volles Ausleben auch ihrer höher differenzierten kollektiven Sonderform. Kampf um die Rangordnung innerhalb der Gruppe, gemeinsamer harter Einsatz für ein begeisterndes Ziel, mutiges Bestehen großer Gefahren und gegenseitige Hilfe unter Mißachtung des eigenen Lebens usw. usw. sind Verhaltensweisen, die in der Vorgeschichte der Menschheit hohen Selektionswert besaßen" [3].

Sie wurden durch intraspezifische Selektion weiter hochgezüchtet, „und bis in die jüngste Zeit waren sie sämtlich in gefährlicher Weise geeignet, vielen mannhaften und naiven Menschen den Krieg als etwas keineswegs ganz Verabscheuungswürdiges erscheinen zu lassen. Deshalb ist es ein *großes Glück,* daß sie sämtlich in den härtesten Formen des Sports wie Bergsteigen, Tauchen oder Expeditionen und dergleichen, ihre volle Befriedigung finden. . . . Wettkämpfe zwischen Nationen stiften indes nicht nur dadurch Segen, daß sie ein Abreagieren nationaler Begeisterung ermöglichen, sie rufen noch zwei weitere Wirkungen hervor, die der Kriegsgefahr entgegenwirken: sie schaffen erstens *persönliche Bekanntschaft* zwischen Menschen verschiedener Nationen und Parteien, und zweitens rufen sie die einigende Wirkung der Begeisterung dadurch hervor, daß sie Menschen, die sonst wenig gemeinsam hätten, für *dieselben Ideale* begeistern" [4].

Diese naiven Glaubensbekenntnisse an die aggressionsabführende, Kriege verhindernde und weltweite Freundschaft und Verbrüderung ermöglichende Funktion des Spitzensports sind nicht nur lächerlich, sondern gefährlich.
Der Glaube, Kriege könnten durch sportliche Wettkämpfe verhindert werden, ist nicht nur absurd, sondern muß als ein Versuch gewertet werden, die Aufmerksamkeit von den tatsächlichen Ursachen und Bedingungen des Krieges abzulenken. Kriege werden weder von Veranstaltern sportlicher Wettkämpfe noch von den Sportlern oder Zuschauern vom Zaun gebrochen, sondern von Politikern und den hohen Militärs. Diese kümmern sich herzlich wenig um diese sogenannte friedenstiftende Funktion des Sports. Im Gegenteil – wie das Beispiel des „Fußballkrieges" zwischen El Salvador und Honduras zeigt – werden durch sportliche Wettkämpfe hervorgerufene Emotionen und Aggressionen von gewissenlosen Politikern schamlos ausgenutzt. Sie manipulieren geschickt eine emotional und aggressiv aufgeladene Stimmung im Volk, um einen Krieg zu führen, der sicher anderen Zielen dient als dem, eine Revanche für die sportliche Niederlage zu üben. Auch ein Blick in die Geschichte der Olympischen Spiele der Neuzeit läßt an der völkerverbindenden, Kriege verhindernden Funktion des Sports mehr als Zweifel aufkommen. Jedenfalls vermochten weder die Olympischen Spiele 1936 in Berlin noch andere Spiele Kriege zu verhindern.
Wer behauptet, begeisternde sportliche Wettkämpfe bauten Aggressionen ab und stifteten Frieden, ist nicht nur ein gefährlicher Demagoge, sondern mißachtet die Realität und ignoriert einfachste gruppendynamische Gesetze.
Dennoch wurde und wird – wie kaum eine andere These von K. Lorenz und seinen Anhängern – gerade die Annahme einer kathartischen Wirkung des Sports von Vertretern des Sports, des öffentlichen Lebens – von der Politik [5] bis hin zur Kirche – unreflektiert nachgebetet und als willkommene Rechtfertigung für viele Unzulänglichkeiten

und Ungereimtheiten des heutigen Spitzensports und der Gesellschaft aufgegriffen.
Dabei gehen die Vertreter der Katharsis-Hypothese – die sich auch aus der Reihe der Vertreter der Frustrations-Aggressions-Hypothese rekrutieren – davon aus, daß durch die aggressive Handlung der Spannungszustand der betreffenden Person gelöst und die Frustration beseitigt wird; es bestehe keine weitere Tendenz, aggressiv zu handeln, bis die verbrauchte Energie erneuert wird und eine neue Frustration erfolgt. Mit anderen Worten: Nach einem Fußballspiel müßten Zuschauer und Sportler, da sie ihre Frustrationen oder aufgestauten aggressiven Triebenergien beseitigt bzw. entladen haben, als friedfertige Lämmer nach Hause gehen.
In der Studie „Sport, Mensch und Gesellschaft" der Evangelischen Kirche Deutschlands steht denn auch entsprechendes zu lesen: „In jeder hochtechnisierten Gesellschaft ist der Leistungs- und Gestaltungswille des einzelnen Menschen eingeengt. Dadurch kann es in ihm zu einer *Stauung von Energien* kommen, die nicht mehr in eine sinnvolle Tätigkeit umzusetzen sind. Die Folgen können sein: Niedergeschlagenheit, Frustration und Unlust am Leben. Dadurch können sich Aggressionen entwickeln, die sich möglicherweise als ungezügelte Störung der menschlichen Gemeinschaft äußern. Sport kann zu einem Ventil *angestauter Aggressionen* werden, die sich andernfalls auf weit bedrohlichere Weise auswirken würden" [6]. Dann, nach einer Aufzählung von weiteren positiven Wirkungen des heutigen Spitzensports: „Diese weitreichende und positive Bedeutung sportlicher Ereignisse muß bedacht werden, ehe man vorschnell manche *negativen* Begleiterscheinungen kritisiert, die, wie man weiß, damit verbunden sein können" [7].
Selbst die Kirche mißt also der *kathartischen Wirkung* des Spitzensports eine solch wichtige Funktion zu, daß sie negative Begleiterscheinungen zumindest in einem positive-

ren Licht sieht. Wen wundert es da noch, daß sich Deutschlands Sportfunktionäre die Katharsis-Hypothese zu eigen machen. Das liest sich dann im *Sportinformationsdienst* des Deutschen Sportbundes so:

„Wenn in amerikanischen Stadien Schüsse auf einen Schiedsrichter abgegeben werden oder in Italien die kochende Volksseele sich an einem Gegner rächt, der die Frechheit besaß, die Heimmannschaft zu besiegen, dann wissen wir, daß es sich um echte Fanatiker handelt.
Im Fußballmutterland England hatten wir dies bisher auch geglaubt, es mag auch immer noch zutreffen: Die zahlreichen Jugendlichen, die ihren Zerstörungstrieb seit Saisonbeginn ausgetobt haben und von denen viele mit Haftstrafen und Geldbußen bedacht worden sind, waren zum Teil gewiß von ihrer Leidenschaft überwältigte Vereinsfanatiker. Aber eben doch nur zum Teil. Vor den Richtern hat sich nämlich ergeben, daß so mancher Rowdy nicht um des Fußballs oder eines Vereins wegen zum Spiel geht, sondern eben, um seinen *Aggressionstrieb auszutoben.* Da sind ganze Banden Jugendlicher, die um des Krachs oder der Zerstörung willen Fußballspiele mit ihrem Besuch beehren – sozusagen *Betriebsfremde.*
Nationaltrainer Don Revie äußerte unlängst die Ansicht, man müßte diese Wüteriche dort treffen, wo es sie am meisten schmerzt, am Geldbeutel. Ob das jedoch genügt, ist fraglich – *Zwangsarbeit* wäre zur Abkühlung solch überhitzter Gemüter vermutlich noch wirksamer, denn das Geld für Bußen kann man ja bei dieser Rabaukenmentalität auch stehlen oder rauben.
Vielleicht gäbe es jedoch ein anderes Heilmittel, an das bisher niemand gedacht hat. Denn da es sich um Betriebsfremde handelt, die zum Fußball keine innere Beziehung haben, könnte man die Burschen in einem Lager zwingen, gegeneinander Fußball zu spielen. Wer weiß, wie schnell sie sich daran gewöhnen würden, die Regeln zu respektieren und ihre überschüssigen Kräfte auf solche *gesunde Weise* abzureagieren? Dabei würde sich bald herausstellen, wie es um die vielgepriesenen erzieherischen Fähigkeiten des Sports wirklich bestellt ist“ [8].

Sieht man einmal davon ab, daß hier nicht die Ursachen, sondern die Wirkungen bekämpft werden sollen (wo bleibt die kritische Auseinandersetzung mit der Erfolgsanbetung, der Emotionalisierung der Massen durch die Massenmedien und Hochstilisierung sportlicher Erfolge?), dann zeigt dieser Bericht doch zweierlei: Einmal klopft man sich selber kräftig auf die Schulter und weist seine Daseinsberechtigung nach, weil der Sport auf so harmlose und gesunde Weise Aggressionen abbaut. Zum anderen aber will man den Widerspruch, daß dieser angebliche Aggressionsabbau alles andere als harmlos und gesund ist, mit dem Argument entkräften, es handele sich um ‚Betriebsfremde', um Menschen – natürlich vorwiegend Jugendliche –, die gar nicht des Sports wegen in die Stadien strömten. Und sozusagen mit einem gedanklichen Salto rückwärts hebt man dann wiederum die erzieherische Funktion des Sports hervor. Hier wird einfach so getan, als gäbe es keine groben vorsätzlichen Fouls bei den Sportlern, als hätte es nie einen Bundesligaskandal gegeben, als wären außer den paar ‚Betriebsfremden' alle anderen Zuschauer gegen Emotionen und Leidenschaften gefeit.

Es ist an der Zeit, mit dem Märchen von der aggressionsabbauenden Funktion des Sports aufzuräumen.

Was die Harmlosigkeit der sogenannten Aggressionsabfuhr durch den Sport anbelangt, so brauchen wir nur die Tageszeitungen aufzuschlagen, um uns eines besseren belehren zu lassen. Einige *Aufmacher* verschiedener Sportberichte seien hier stellvertretend für unzählige andere genannt:

„Die Brutalisierung der Fans nimmt zu“ [9]

„Foul-Rekord: 222 Strafminuten – Eishockey Massenprügelei beim Bundesligaspiel Augsburger EV gegen EV Landshut“ [10]

„Schwere Ausschreitungen in Argentinien“ [11]

„Linienrichter erlitt Schädelfraktur“ [12]

„Italien: Jede zweite Runde ein Skandal“ [13]

„Verwilderung auf und neben den Fußballplätzen – Ist das noch Sport?“ [14]

„Fußtritte, Fausthiebe und sogar ein K.O.“ [15]

„Gewalt am Ball“ [16]

„Halbstarke feiern Orgien auf Englands Fußballfeldern – Vandalismus ums runde Leder vergrämt die Fans“ [17]

„Der Fußballmord hat niemanden überrascht“ [18]

„Junge Fußballfans bereiten der britischen Regierung Sorgen“ [19]

„Fußballfanatiker zündete Fabrik an“ [20]

„Empörte Hausfrau verprügelte Schiedsrichter – Ehemann lobte seine schlagfertige Gattin“ [21]

„Schiedsrichter muß für Ergebnis büßen. Fußballfan schlug Unparteiischen nieder“ [22]

„Fußballfans wüten wie Vandalen in Sonderzügen“ [23]

Weit davon entfernt, ein harmloses Ventil für aufgestaute Aggressionen zu sein, entpuppt sich der Sport, vor allem bei den Kampfsportarten viel eher als aggressionsaufbauend. Plack [24] hat bereits in eindrucksvoller Weise mit dem Mythos von der harmlosen Aggressionsabfuhr sportlicher Großereignisse aufgeräumt und gezeigt, wie Chauvinismus und Brutalität durch den Spitzensport gefördert werden.
Dabei brauchen wir nicht einmal den Krieg zwischen Honduras und El Salvador heranzuziehen, der 1969 nach einem Qualifikationsspiel um die Teilnahme an der Fußballweltmeisterschaft 1970 ausbrach, um die These vom aggressionsableitenden, völkerverbindenden Sport in Frage zu stellen. Tumulte nach und während Fußballspielen und anderen sportlichen Ereignissen, Schlägereien zwischen Zuschauern, Sportlern und Schiedsrichtern haben in den letzten Jahren auf und neben den Sportplätzen der ganzen Welt Tausende von Menschenleben gekostet. Der Brutali-

sierung im heutigen Sport kommen wir nicht mit Glaubensbekenntnissen an die erzieherische Funktion des Sports, an seine völkerverbindende und aggressionsbereinigende Funktion bei. Hierzu bedarf es einer kritischen Reflektion der Entwicklung des Spitzensports, die in engem Zusammenhang mit der Entwicklung unserer Gesellschaft zu sehen ist. Nicht zu unrecht folgert Hacker: „Im Gegensatz zur sportlichen Verritterlichung verwandelt uneingeschränkte Erfolgsanbetung Siege und Rekorde in Fetische des Leistungsprinzips und der nationalen Selbstbehauptung. Ohne Kosten und Opfer zu scheuen, fordern und fördern in unbedingtem Drang nach Erfolg, Kommerzialisierung wie Nationalismus die zugespitzte Polarisierung und den tierischen Ernst." Wenn nationaler Siegeswille und die aus dem Unterhaltungsbedürfnis der Massen „sich ergebenden Profitmöglichkeiten mittels der dramatisch-spektakulären Elemente des Sports (Fahnen, Hymnen, Schauspielerei, Protzerei und Imponiergehabe) zu ihren Zwecken ausnützen, wird Sport bald zum Werkzeug der Aggressionslegitimierung statt zum Mittel der Aggressionskontrolle" [25].

Angesichts dieser eklatanten Widersprüche zwischen Sportrealität und der immer wieder behaupteten erzieherischen und kathartischen Funktion des Sports nimmt es auch nicht wunder, daß sich die sportspezifische Aggressionsforschung lange Zeit vorwiegend mit der Überprüfung dieser Funktionen beschäftigte.

Dabei fällt auf, daß sich die Vertreter der kathartischen Abführung aggressiver Neigungen im Sport nie die Mühe machten, diese These auch empirisch zu überprüfen. Offensichtlich glauben sie, daß es solcher Überprüfungen nicht bedürfe, denn nach der Triebtheorie *muß* es einfach so sein; weshalb sich dann noch die Mühe machen, ‚selbstverständliche' Annahmen zu überprüfen? So erschöpfen sich die Aussagen von Hegg [26], Fuchs [27], Baldewein [28], Ferrer-Hombravella [29], Platzbecker [30], um nur einige zu nennen, meist in naiven Glaubensbekenntnissen und mehr oder weniger banalen Äußerungen. Dies angesichts einer Fülle empirischer Arbeiten, die darauf schließen lassen, daß kathartische Effekte im Sport nicht eintreten, sondern im Gegenteil befürchten lassen, daß durch das Verfolgen und Ausüben von Wettkampfsport Aggressionen eher erhöht als abgebaut werden. Es darf allerdings nicht übersehen werden, daß es äußerst schwierig ist, die kathartische Wirkung wissenschaftlich exakt zu überprüfen, d. h. die angewandten Untersuchungsmethoden sind oft noch ungenau. Immerhin weist keine der Untersuchungen, die wir nachfolgend vorstellen, den kathartischen Effekt überzeugend nach, sondern liefert Beweise für den meist gegenteiligen Effekt.

Aggressionsabfuhr der Zuschauer?

> *Da Olympische Spiele nirgendwo durch möglichen Aggressionsabbau bisher Kriege verhindert haben, erscheinen für eine friedlichere Zukunft der Welt die Überlegungen der noch in den Anfängen steckenden Friedenspädagogik vielleicht fruchtbarer als systemstabilisierende Überlegungen, wie man Aggressionen, z. B. über Olympische Spiele, ableiten kann, – außer: Systemstabilisierung bringe den Weltfrieden. Dafür gibt es jedoch keine Anzeichen.*
>
> HANS-JOACHIM WINKLER [1]

> *Es spricht nichts dafür, daß . . . Aggressivität beim Verfolgen von Wettkämpfen identifizierend entlastet werden kann – das Gegenteil ist wahrscheinlicher; eher findet eine Aktivierung oder Induzierung statt.*
>
> MEINHARD VOLKAMER [2]

Musil schrieb in seiner Abhandlung über den Sport: „Es mag sein, daß zwei Boxer, die sich gegenseitig wundschlagen, dabei füreinander Kameradschaft empfinden, aber das sind zwei, und zwanzigtausend schauen zu und empfinden etwas ganz anderes dabei“ [3]. Diese Vermutung von Musil scheint sich aufgrund zahlreicher Untersuchungen und

lernpsychologischer Experimente zu bestätigen: von einem kathartischen Effekt bei den Zuschauern kann kaum die Rede sein, vielmehr von einer Zunahme der Aggressionsbereitschaft [4].
So konnten Goldstein und Arms [5] bei Zuschauern eines Fußballspiels eine signifikante Zunahme der Aggressionsneigung bzw. Aggressionsbereitschaft nach dem Spiel im Vergleich mit der Aggressionsneigung davor feststellen. Selbst bei Zuschauern eines Turnwettkampfes war die Aggressionsbereitschaft – wenn auch nicht signifikant – nach dem Wettkampf angestiegen.
Turner [6] konnte ebenfalls einen Anstieg der Aggressionsbereitschaft bei Zuschauern von Football- und Basketballspielen registrieren wie auch Kingsmore [7] bei Zuschauern von Basketballspielen, während bei Ringkampfzuschauern die Aggressionsbereitschaft leicht abnahm.
Plessner [8] erwähnt eine amerikanische Studie, die deutliche Veränderungen in der Blutzucker- und Adrenalin-Konzentration des Blutes sowohl bei den Spielern als auch den Zuschauern eines Footballspiels aufzeigt. Mehr noch: nach dem Spiel dauerte es bei den Zuschauern länger, bis sich der Normalzustand wieder einstellte. Nach Volkamer [9] löst das intensive Beobachten des sportlichen Geschehens beim Zuschauer ein Bedürfnis aus, die beobachteten Bewegungen mitzuvollziehen, und zwar um so mehr, je engagierter der Zuschauer ist. Da dieses Bedürfnis jedoch nicht oder nur sehr unzureichend befriedigt werden kann, mag schon darin eine Ursache für die allgemeine Aktivierung der Zuschauer liegen, die sie aggressiver werden läßt.
Nun wird allein das Ansehen eines Fußballspieles noch nicht unbedingt zur Aggressionssteigerung führen. Ob eine aggressive Aufladung erfolgt, hängt sicher von mehreren Faktoren ab. Eine Erhöhung der Aggressionsneigung hängt u. a. davon ab, welche Bedeutung der Zuschauer selbst dem Ereignis, dem wahrgenommenen Reiz bei-

mißt [10]. Wird z. B. das Ereignis als aggressive Auseinandersetzung interpretiert, so ist die Wahrscheinlichkeit aggressiver Reaktionen um so größer.
Weitere Faktoren, die aggressive Tendenzen der Zuschauer herbeiführen, sind die Gewißheit der Anonymität in der Masse, wodurch die Furcht, für Aggression bestraft zu werden, verringert werden kann, sowie der Grad der Erregtheit der Zuschauer; so steht u. a. die Geräuschkulisse im Stadion in enger Beziehung zur Höhe der Aggressionsbereitschaft [11]. Mit anderen Worten: je größer der Lärm, je größer das Gebrüll, desto größer die Wahrscheinlichkeit, daß die Zuschauer aggressiv aufgeladen werden, desto höher die Aggressionsbereitschaft nach dem Spiel. In diesem Zusammenhang wird auch die Bedeutung der Berichterstattung der Massenmedien deutlich. Je mehr Emotionen geweckt werden, je mehr Bedeutung einem Spiel beigemessen wird, je mehr auf aggressive Auseinandersetzungen seitens der Massenmedien eingegangen und hingewiesen wird, um so wahrscheinlicher wird es auch bei Zuschauern zu Ausschreitungen kommen [12].
Berichte über Ausschreitungen seitens der Zuschauer, empirische Untersuchungen über ihr aggressives Verhalten weisen also auf die große Wahrscheinlichkeit des Aggressionsaufbaus. Wenn auch noch nicht mit letzter Bestimmtheit feststeht, daß Sport die Aggressionsbereitschaft erhöht, so kann aber ganz sicher die Katharsis-Hypothese, die Annahme einer harmlosen Abreaktion aggressiver Stauungen durch das Verfolgen von Sportwettkämpfen, verworfen werden.
Volkamer [13] formulierte entsprechend folgende Hypothesen: Ob es bei Zuschauern zu aggressiven Verhaltensweisen kommt, hängt u. a. davon ab,

- wie beliebt eine Sportart ist
- welchen Zuschauerwert eine Sportart hat
- wieviel Zuschauer den Wettkampf verfolgen

– wie groß die Fachkundigkeit des Publikums ist
– welche Bedeutung einem Wettkampf zugeschrieben wird (was auf dem Spiel steht).

Aggressionsabfuhr bei Sportlern?

Wenn es also bislang nur genau kontrollierte Befunde (...) gibt, die gegen das Stattfinden kathartischer Prozesse sprechen, sollte vielleicht die sowohl von ‚bürgerlichen' als auch ‚kritischen' Sporttheoretikern übernommene Hypothese nicht länger aufrechterhalten werden, Sport besitze eine Ventilfunktion für aggressive Triebenergie.

JOCHEN SPRENGER [14]

Auf den ersten Blick scheint die Annahme, Sportler könnten ihre Aggressionen durch Wettkämpfe abreagieren, weitaus einleuchtender zu sein. Doch auch hier erweist sich die Katharsis-Hypothese als höchst fragwürdig.
So stellte Neumann [15] fest, daß Trainingssportler, also Sportler, die regelmäßig trainieren, gegenüber ‚Allgemeinsportlern' oder Nicht-Sportlern weitaus kampfwütiger und aggressiver sind. Außerdem zeigte es sich, daß Fouls in Handball-, Fußball- und Basketballspielen gegen Ende des Spieles nicht abnehmen, wie nach der Katharsis-Hypothese zu erwarten wäre.
Ähnliche Ergebnisse wurden von Naber [16] in einer Analyse von Fouls in 260 Basketball-Spielberichten erzielt: die Fouls nahmen gegen Ende einer jeden Spielhälfte (in den letzten fünf Minuten etwa) nicht ab, sondern stiegen im Gegenteil bis zur *fünffachen Höhe* ihres Normalwertes an. Ein Befund, der kaum mit einer Katharsis aggressiver Handlungen im Wettkampfsport in Einklang zu bringen ist.
Ryan [17] kommt aufgrund seiner Untersuchungen zu dem Schluß, daß Wettkämpfe immer unvermeidlich zu Aggressionen führen müssen, die nicht ab-, sondern aufgebaut werden. Ähnlich konnten auch Zillmann, Katcher und Mi-

lavsky [18] zeigen, daß die durch starke körperliche Anstrengung hervorgerufene Erregung die Aggressionsbereitschaft der Versuchspersonen erhöhte.
Untersuchungen von Sherif et al., Christy et al., Nelson et al., Johnson und Hutton, Husman [19] usw. sprechen ebenfalls viel eher für die Annahme einer aggressionsaufbauenden als aggressionsvermindernden Funktion des Sports bzw. sportlicher Wettkämpfe. Lüschen [20] schließlich konnte nachweisen, daß sportliche Leistungsforcierung in Schulklassen zu einer Zunahme aggressiver Handlungen zwischen den Schülern führen.
Aggression im Sport ist nicht Ursache eines Faktors, nämlich der kathartischen Abfuhr aggressiver Triebenergien, sondern entspringt vielfältigen Ursachen, wobei man davon ausgehen kann, daß aufgrund der Struktur sportlicher Wettkämpfe Aggressionen aufgebaut und nicht abgebaut werden. Das Festhalten an der Ventilfunktion des Sports für angestaute Aggressionen ist nichts anderes als der Versuch, die vielfältigen Ursachen aggressiven Verhaltens im Sport zu verschleiern und die aggressionsinduzierenden Ursachen zu ignorieren.
Differenzierte Untersuchungen zum Problem Aggression und Sport [21] weisen eindeutig darauf hin, daß der Wettkampfsport – nicht zuletzt auch wegen seiner politischen und ökonomischen Verflechtungen – von zahlreichen aggressionssteigernden Faktoren durchsetzt ist. Entsprechend diesen Untersuchungen können die Ursachen aggressiven Verhaltens im Sport hypothetisch wie in Abb. 17 dargestellt werden.
Die aufgeführten Einflußfaktoren aggressiven Verhaltens im Sport können nicht isoliert betrachtet und voneinander getrennt werden. Vielmehr wirken sie ineinander und bedingen sich gegenseitig. Sicher, die Benennung der Einflußfaktoren allein reicht nicht aus, um aggressives Verhalten im Sport zu erklären. Aber, aggressives Verhalten im Sport darf nicht einseitig auf eine Katharsis zurückgeführt

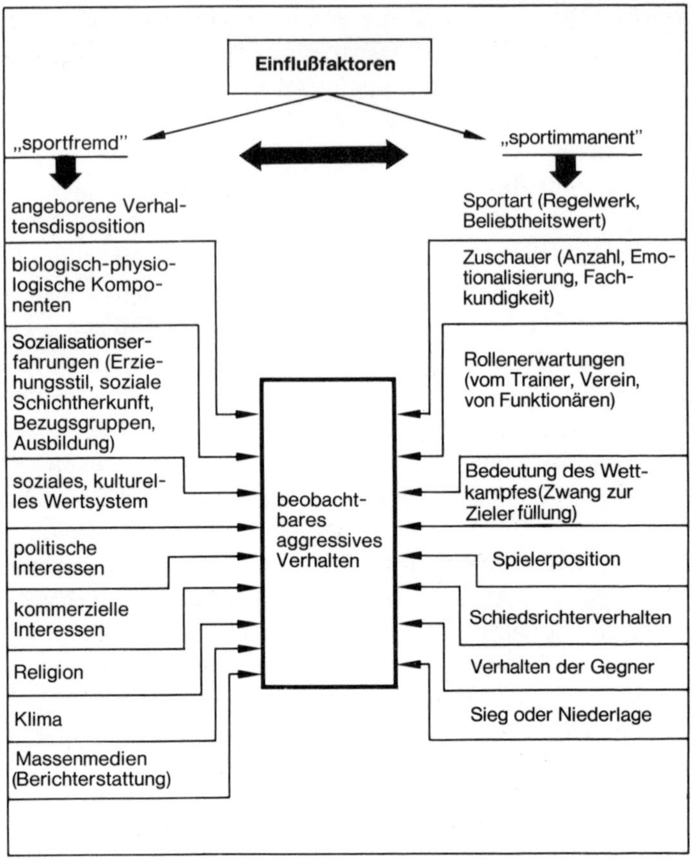

Abb. 17 Einflußfaktoren aggressiven Verhaltens im Sport (22)

werden, sondern es müssen verschiedene Variablen berücksichtigt werden. Naul und Voigt [23] faßten diese Variablen in vier sich wieder ergänzende Gruppen zusammen: *Sozialisationsvariablen* (z. B. Motivation, Leistungsfähigkeit); *Sozialpsychologische Variablen* (z. B. Rangplätze in der Tabelle, Rollenverteilung in Mannschaften); *sportspezifische Variablen* (z. B. Regelwerk der Sportart) und *politisch-ökonomische Variablen* (z. B. Produktionsverhältnisse, Gesellschaftsstruktur usw.) (Abb. 18).

Diese Variablen sind nun keineswegs hypothetisch, sondern können anhand empirischer Untersuchungen nachgewiesen werden.
Volkamer untersuchte nahezu zweitausend Spielberichte von Fußballspielen in Schleswig-Holstein [24]. Dabei ergaben sich die folgenden Faktoren, die aggressives Verhalten beeinflussen – wobei er sich allerdings auf in Spielberichten eingetragene Verwarnungen und Feldverweise beschränkte.

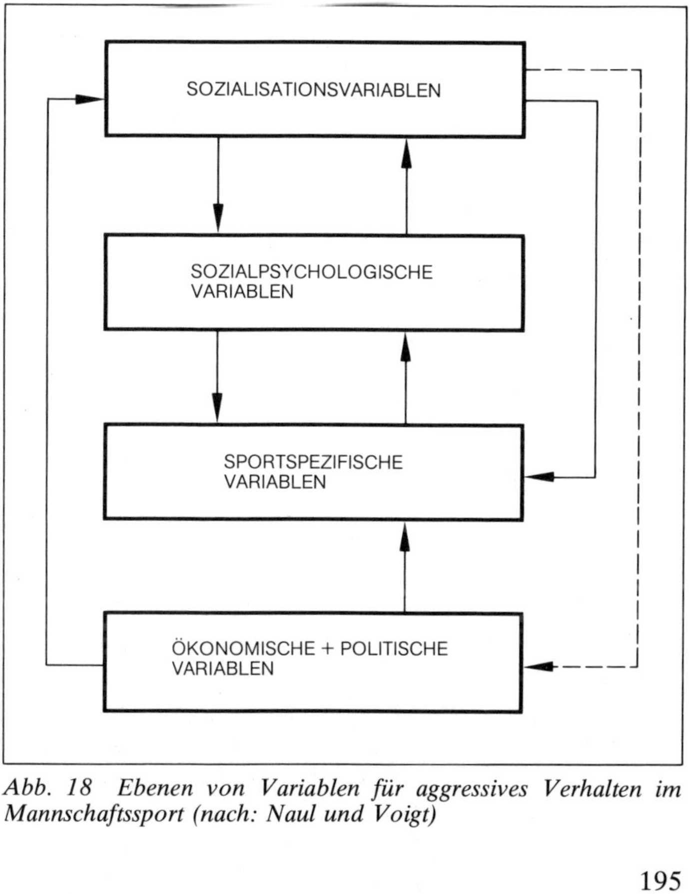

Abb. 18 Ebenen von Variablen für aggressives Verhalten im Mannschaftssport (nach: Naul und Voigt)

1. *Sieg oder Niederlage;* der Verlierer reagiert häufiger aggressiv als der Sieger.
2. *Heim- oder Auswärtsspiel;* auswärtsspielende Mannschaften begehen mehr Fouls als die Heimmannschaft.
3. *Tordifferenz;* mit zunehmender Tordifferenz sinkt die Aggressivität, am stärksten ist sie bei unentschiedenen Spielen, also bei gleichstarken Gegnern.
4. *Rangstufe in der Tabelle;* der Ranghöhere begeht mehr Aggressionen als der Rangtiefere, andererseits begehen die auf den oberen Rängen spielenden Mannschaften zusammen weniger Fouls als die auf den unteren Rangplätzen der Tabelle stehenden Mannschaften.

Dazu zeigte sich auch, daß aggressives Verhalten nicht nur Eigenschaft der Individuen ist, die sich in einer sozialen Struktur befinden, sondern daß das Ausmaß aggressiven Verhaltens weitgehend von der Struktur des Fußballspiels bestimmt wird, an dem der Spieler teilnimmt und von der Stellung, die er in diesem System einnimmt [25].

Ebenso veranlassen wahrscheinlich bestimmte Rollen innerhalb der Mannschaft, wie zum Beispiel Kapitän oder Mannschaftssprecher, ihre Träger zu vermehrt oder vermindert aggressivem Verhalten. Anders ausgedrückt: aggressives Verhalten im Sport ist das Ergebnis von Werten, Normen und Rollenvorschriften – Athleten zeigen aggressives Verhalten, weil es erwartet wird [26, 27].

Ein lehrreiches Beispiel für das Lernen am Erfolg, das Imitationslernen, die Rollenerwartungen und Rollenanforderungen bietet die Entwicklung des russischen Eishockeys. Die Russen waren jahrelang als Vertreter des sogenannten körperlosen Eishockeyspiels bekannt, obgleich gerade in dieser Sportart körperliche Angriffe und körperbetontes Spiel erlaubt ist. Je länger sich die Russen jedoch im internationalen Wettbewerb tummelten, desto mehr glich sich ihr Spiel dem körperbetonten kanadischen Eishockey an. Ja, nach den Spielen zwischen kanadischen Profis und der russischen Nationalmannschaft im Winter 1972/73 nahm das aggressive Verhalten sowjetischer Spieler Formen in bisher kaum gekanntem Ausmaß an, die in Moskau 1973 bei den Eishockeyweltmeisterschaften in Schlägereien gipfelten [28].

Roheit und Aggressivität perfektionieren somit den Status der technischen Fertigkeiten eines Spielers und gehören auch zu den Kriterien, nach denen der Trainer die Spieler bewertet.

So fand Vaz einen engen Zusammenhang zwischen aggressivem Verhalten und der Leistungsstärke der Spieler. Mit anderen Worten: Auswahlspieler haben eine weitaus positivere Einstellung zu aggressivem und rohem Spiel – wobei sie selbst bereit sind, den Gegner zu verletzen, wenn sie damit ihrer Mannschaft einen Vorteil verschaffen – als Spieler, die nicht in eine Auswahl berufen wurden bzw. erst seit kurzem Auswahlspieler sind. Allerdings wird nicht nur der Gebrauch von aggressiven Handlungen durch die sportliche Karriere verinnerlicht, sondern man lernt auch, den Gebrauch von aggressiven Taktiken auf bestimmte Situationen zu beziehen; d. h. unter bestimmten Bedingungen wird aggressives, gegen die Regeln verstoßendes, Verhalten nicht grundsätzlich gerechtfertigt [29].

Zu diesem Problem äußerte sich der Schweizer Eishockeynationalspieler Jürg Berger: „Andererseits muß sich jeder Eishockeyspieler auch im klaren sein, daß eine gewisse Aggressivität heute einfach jeder *entwickeln muß,* will er sich *Respekt verschaffen* ... Wenn ich einem Verteidiger gegenüberstehe, von dem ich weiß, daß er ein ‚Braver' ist, so werde ich doch keinen Moment zögern zu versuchen, voller *Mumm* und Zuversicht, zwischen ihm und der Bande durchzulaufen. Hingegen stellen sich instinktiv Hemmungen ein, ... wenn ich weiß, daß der Verteidiger vor mir kein Mittel scheuen wird, um mich zu stoppen" [30].

Der Durchbruch unkontrollierter Aggressionen, die Ausschreitungen in körperbetonten Kampfsportarten wie z. B. Eishockey, Fußball oder Boxen, die als typische Unterschichtsportarten gelten [31], mag zudem auch auf sozio-ökonomische Überforderung und damit Frustrierung der Unterschicht zurückzuführen sein. Hier spielen vor allem die spezifische Rollenstruktur und das spezifische Rollengefüge der Unterschicht sowie die geringe Erfahrung in erfolgreicher Bewältigung von Konflikten und Rollendiskrepanzen mit hinein. Gerade in der Unterschicht sind die gegen abweichendes Verhalten verinnerlichten Normen relativ schwach, d. h. die Sozialisationserfahrungen reichen nicht aus, um ein extrasportives Verhalten auszuschließen [32].

Diese Annahmen scheinen auch die bereits zitierten Ergebnisse Mantells [33] zu untermauern. So üben die äußerst aggressiven Vietnam-Freiwilligen vorwiegend Sportarten aus, in denen sie ihre Aggression ohne Furcht vor Sanktionen ausüben können. Weil: „du den anderen schlagen kannst“ ... “Härter, und du konntest Leuten eine reinhauen und alles. Dabei zeigen, wie grausam du bist“. Man hüte sich jedoch, hier von einer Katharsis zu sprechen, vielmehr scheint die Gefahr zu bestehen, daß die aggressiven Verhaltensweisen, die dank des Regelwerks erlaubt sind, im Sport verstärkt wurden; somit wurden die Freiwilligen in ihren aggressiven Neigungen bestärkt. Wäre eine Katharsis erfolgt, hätten sich diese Leute kaum als Freiwillige für Vietnam gemeldet.

Die Kriegsdient-Verweigerer hingegen betrieben vorwiegend nicht-aggressive Sportarten oder besaßen Vertrauenspositionen, wie z. B. Mannschaftsführer.

Aggressives Verhalten im Sport kann also nicht allein sportspezifisch erklärt werden. Man muß vielmehr politisch-ökonomische Aspekte der jeweiligen Gesellschaft berücksichtigen, in der sich das soziale Handlungssystem ‚Sport‘ befindet.

Allardt [34] behauptete bereits 1967, daß es eine funktionaläquivalente Beziehung zwischen Gesellschaftsstruktur und der vorwiegend ausgeübten Sportart gäbe. Ausgehend von Durkheims [35] Theorie zur Arbeitsteilung folgerte Allardt, daß in Gesellschaften mit niedriger Arbeitsteilung, starken politischen und ökonomischen Zwängen und hartem Gehorsamstraining nicht formalisierte, aggressive Sportarten, die körperliche Kraft erfordern, populär sein müßten:

„Je höher die Arbeitsteilung, desto formalisierter sind die Regeln der Aktivität;

Je stärker die sozialen und politischen Zwänge, desto wichtiger ist die körperliche Stärke und desto unwichtiger die technische Fertigkeit;

Je härter das Gehorsamstraining, desto aggressiver sind die Aktivitäten;

Je niedriger die Arbeitsteilung und je stärker die sozialen Zwänge, desto populärer ist der Mannschaftssport; und vice versa, je höher die Arbeitsteilung und je schwächer die sozialen Zwänge, desto populärer ist ebenfalls der Mannschaftssport“ [36].

Wichtig an dieser Annahme ist, daß Allardt den interessanten Versuch unternommen hat, sportliche Aktivitäten und aggressives Verhalten in Zusammenhang mit der Gesellschaftsstruktur zu interpretieren, und dadurch aufzeigte, daß Aggression im Sport nicht losgelöst werden kann von politisch-ökonomischen Einflußfaktoren. Auch Zurcher und Meadow [37] erkannten einen ähnlichen Zusammenhang zwischen Nationalsportart, kulturspezifisch-familiärer Autoritätsausübung und der Form des erlaubten und gezeigten aggressiven Verhaltens in dieser Sportart. Es ist also zu vermuten, daß das in den verschiedenen Sportarten gezeigte aggressive Verhalten nicht nur schicht- und gesellschaftsspezifisch, sondern auch kulturspezifisch unterschiedlich sein wird und zwar je nach den Werten und Normen der betreffenden Kultur. So konnten auch Riesman und Denney [38] zeigen, wie sich der amerikanische Fußball mit Änderung der amerikanischen Kultur vom Rugby zu einem völlig anders gearteten Spiel entwickelte.

Der amerikanische Fußball ist nun voll integriert in die amerikanische Gesellschaft, er „spiegelt in der dem Spiel eigentümlichen Energie, dem harten Zusammenprall in der größeren Konzentrierung auf Individuen die Leitmotive der Kultur der amerikanischen Gesellschaft“ [39] wider. Die Art und das Ausmaß aggressiven Verhaltens im Sport scheinen somit in der Tat Ausdruck des sozio-kulturellen Systems zu sein, in dessen Rahmen es stattfindet.
Gerade dies aber macht deutlich, wie gefährlich die Behauptung ist, Sport sei ein Ventil zur harmlosen Abreaktion aggressiver Neigungen. Mit dieser Aussage, der sich Politiker wie viele andere nur zu gern anschließen, werden soziale und ökonomische Verflechtungen von Sport und Aggression unter den Tisch gewischt, die wahren Ursachen aggressiven Verhaltens verheimlicht und somit notwendige Änderungen des gesellschaftlichen Wertsystems erst gar nicht diskutiert. Dies nach dem Motto: man schicke die Menschen auf den Sportplatz, man investiere große Summen in den Spitzensport (wenn die dadurch wichtigeren Investitionen für den Freizeitsport auch verloren gehen), plädiere für die aggressionsabbauende und völkerverbindende Funktion des Sports, und schon hat man sich der leidigen Frage nach den wahren Ursachen von Aggression und Gewalttätigkeit entledigt. Es ist unbegreiflich, daß trotz der immer gravierender werdenden Probleme gewalttätiger Ausschreitungen sowohl seitens der Sportler als auch seitens der Zuschauer, diese These noch immer nachgebetet wird; sie zeigt, wie gefährlich die Doktrin der Aggressionstriebtheorie ist.
Als interessantes Detail ist noch anzumerken, daß es im Sport mehr Ähnlichkeiten als Unterschiede in bezug auf das Verhaltensprofil bei einem Vergleich zwischen Männern und Frauen gibt. Dies, weil Aggression gegeneinander oder gegen eine Mannschaft als erfolgreiches Mittel zur Zielerreichung dient und damit auch zu wiederholter Aggression führt [40].

Sowohl männliche als auch weibliche Athleten neigen dazu, höhere Werte oder Bedürfnisse für Aggression zu entfalten als Nichtsporttreibende [41]. Mehr noch: weibliche Spitzensportlerinnen sind – im Gegensatz zu Ergebnissen von Normalpopulationen, wo Männer stets höhere Aggressionswerte als Frauen aufweisen – keineswegs weniger aggressiv als ihre männlichen Kollegen. In einer eigenen Untersuchung konnten wir sogar feststellen, daß weibliche Spitzensportlerinnen höhere Aggressionswerte als männliche Spitzensportler erreichten [42].

Den Sport, insbesondere den Spitzensport als Allheilmittel gegen unerwünschte, sozial mißbilligte Aggressionen, als ‚psychohygienisches Postulat' der zivilisierten Welt oder gar als Garant für den Weltfrieden heranzuziehen, ist wohl kaum noch länger haltbar. Vielmehr müssen wir uns die Frage stellen, ob nicht sogar im Sport verstärkte aggressive Verhaltensweisen auf andere soziale Bereiche übertragen werden. Volkamer [43] hält es für möglich, daß die aggressiv-strukturierten Verhaltensmuster und Einstellungen des Wettkampfsports durch die aktive Ausübung dieser Verhaltensmuster gelernt und über den Bereich des Sports hinaus verallgemeinert werden. Ähnlich formuliert es auch Heintz: „Es ist denkbar, ja sogar wahrscheinlich, daß die Bereiche, in denen eine relativ große Aggressivität gestattet ist, eine Art Übung bieten, die eine Zunahme der aggressiven Äußerungen zur Folge haben kann. Es ist nämlich zu bedenken, daß die Aggressivität in derartigen Bereichen jeweils gegenseitig ist ... Das einzige, was wir mit einiger Sicherheit behaupten können, ist, daß der sportliche Wettkampf keine latente Aggressivität zu absorbieren vermag" [44].

Wer trotz dieser Erkenntnisse weiterhin das Märchen einer Katharsis der Aggression im Sport aufrechterhält, muß sich den Vorwurf gefallen lassen, einen bewußten ‚Informations-Ausfall' zu produzieren, der die wahren Ursachen verschleiern hilft, und das elementare Wissen um die tat-

sächlichen Verhältnisse und Interessengegensätze den Menschen vorenthält.
Politiker wie Sportfunktionäre rechtfertigen hohe finanzielle Investitionen für den Spitzensport mit dem Hinweis auf völkerverbindende und kathartische Funktionen sportlicher Großereignisse und glauben außerdem der Gefahr zunehmender Brutalisierung in unserer Gesellschaft entgegenwirken zu können, ohne an gesellschaftlichen und ökonomischen Bastionen rütteln zu müssen.
Sportpädagogen entziehen sich schließlich dadurch der Verantwortung, nach Reformen im Sportunterricht zu forschen. Kurz: man unterschlägt, daß für „einen Abbau aggressiver Spannungen längst mehr getan werden könnte, als wirklich geschieht" [45]. Der Sport scheint zur Verdekkung der wahren Ursachen und Bedingungen aggressiven Verhaltens, und damit zur Wahrung des Status quo, vergewaltigt zu werden. Wir wollen beileibe nicht den Sport schlechter machen, als er ist. Sport erfüllt wesentliche Funktionen in unserer Gesellschaft, mit Sicherheit aber nicht die Funktion eines Sicherheitsventils für aufgestaute Aggressionen oder eines Garanten für weltweite Verbrüderung. Mehr noch: Sport könnte viel eher erzieherische Funktionen erfüllen, würden wir endlich erkennen, daß sportliche Aktivität nicht zwangsläufig zur Aggressionssublimierung führt, sondern daß es dazu tiefgreifender Eingriffe und Veränderungen bedarf.
Um den Sport zu jener willkommenen Aggressionskontrolle zu machen, die er angeblich sein soll, bedarf es tiefgreifender Änderungen unseres ökonomischen Systems wie auch des Sports selber. Die Benutzung des Sports zum Verschleiern und Verhüllen anderer Ziele muß durchschaut und enthüllt werden [46].
Damit kommen wir zu der ebenso naiven wie leichtfertigen Annahme, daß Kampfsportarten, sportliche Wettkämpfe überhaupt, Ventilsitten seien, die als Kriegs- und Kampfersatz bei friedlichen Völkern die Aggression ritualisieren.

Diese These, die von Lorenz, Eibl-Eibesfeldt usw. in bewundernswerter Hartnäckigkeit aufrechterhalten wird, hat der amerikanische Anthropologe Sipes für seine höchst interessanten Untersuchungen zum Gegenstand genommen. Da diese Arbeit bisher leider im deutschsprachigen Raum noch nahezu unbekannt ist, wollen wir im folgenden näher darauf eingehen.

Krieg, Kampfsportarten und Aggression

> *Tiroler Bauernburschen suchen oft Händel. Raufen macht ihnen offensichtlich Spaß. Und das gilt nicht nur für Tiroler. Dort, wo das Kämpfen verpönt ist, findet man sehr häufig ritualisierte Auseinandersetzungen wie Kampfspiele, Singduelle und andere Bräuche, die man als Ventilsitten zur Abreaktion gestauter, aggressiver Impulse deuten kann.*
>
> I. EIBL-EIBESFELDT [1]

> *Weltweit ist die Lustmotivation der Aggression. Nicht immer muß sie sich in direkter Rauflust äußern, obgleich nicht nur die Tiroler in Wirtshäusern gelegentlich Händel suchen. Es gibt sehr viele Formen von Kampfspielen. Der Rahmen spannt sich von Wettkämpfen nach dem Muster des Fingerhakelns bis zum Schach oder Fußballspiel. Diesem aggressiven Wetteifern liegt eine Lust zugrunde. Offenbar reagiert man aggressive Impulse auf diese Weise ab, während ein Aggressionsstau als unlustvolle Spannung erlebt wird.*
>
> I. EIBL-EIBESFELDT [2]

Die vergleichende Völkerkunde erlaubt uns zu überprüfen, ob Aggression tatsächlich in einer vergleichbaren Form in allen Völkern vorhanden ist. Gleichzeitig kann die Triebtheorie der Aggressionsgenese getestet werden.

In einer Querschnittsstudie von 20 Kulturen untersuchte Sipes [3] folgende Hypothesen:

1. *Triebtheoretisches Modell:* Zwischen Krieg und Kampfsport besteht ein synchron gegenläufiges Verhältnis. Das heißt, kriegerisch veranlagte Gesellschaften haben und betreiben *weniger* Kampfsportarten. Dagegen sind friedliebende Völker diesen Sportarten *mehr* ergeben.

2. *Kulturell-lerntheoretisches Modell:* Es besteht ein direkter Zusammenhang zwischen Krieg und Kampfsportarten. Das heißt kriegerische Völker betreiben Kampfsportarten intensiv, während friedliche Gesellschaften diesen in kleinerem Maße nachgehen.

Zur Überprüfung dieser Hypothesen wählte Sipes [4] zehn Völker, die möglichst in ständigem Kriegszustand lebten, und – was bedeutend schwieriger war – zehn friedliche Völker, die den Krieg überhaupt nicht kannten.

Jede körperliche Betätigung, die primär lustbetont ist und als Belustigung oder Zeitvertreib gedacht sein kann, stellt Sipes [5] unter den Begriff „Sport".

Als Kampfsportarten wurden jene Sportarten angesehen, die folgenden Kriterien genügten:

– zwei Gegner sind vorhanden, als Einzelpersonen oder als Mannschaften;

– es kommt zu einem akuten (oder zumindest möglichen) Körperkontakt zwischen den Gegnern. Der Kontakt kann auch mittels einer wirklichen oder simulierten Waffe herbeigeführt werden;

– das Ziel des Sportgeschehens besteht darin, dem Gegner Schaden (zumindest symbolisch) zuzufügen. Eine andere Zielsetzung besteht aus dem Gewinn des gegnerischen Territoriums. Dieses kann auch durch ein Objekt ersetzt werden (ein Ball z. B.), das man aus dem gegnerischen Feld heraus- oder hineinbringen soll;

– wenn weder Körperkontakt noch Territorialgewinn vorhanden ist, aber die Tätigkeit einen offenkundig kriegerischen oder paramilitärischen Aspekt hat. Solche Sportarten werden notwendigerweise mit einer echten oder simulierten Kampfwaffe ausgeführt [6].

Sipes kommt zu dem Ergebnis, daß beim Vorhandensein von Kriegen das betroffene Volk gewöhnlich auch sehr häufig Kampfsportarten betreibt, während bei friedlichen Völkern Kampfsportarten kaum vorhanden sind bzw. kaum betrieben werden (Abb. 19).

Kriegerisches Verhalten	Vorhandensein von Kampfsportarten		
	ja	nein	
ja	9	1	10
nein	2	8	10
	11	9	20

Abb. 19 Zusammenhang zwischen Kampfsportarten und Kriegszustand (7)

Die Hypothese, wonach Kampfsportarten durch Abreagieren einer angestauten Aggression den Krieg ersetzen können, fällt dadurch wieder einmal zusammen und muß als wirklichkeitsfremd verworfen werden. Vielmehr weisen die Ergebnisse von Sipes daraufhin, daß Kampfsportarten als Stimulans für kriegerische und aggressive Neigungen wirken.

Das kulturell-lerntheoretische Modell konnte also bestätigt werden, wonach ein direkter, positiver Zusammenhang zwischen Kampfsportarten und Krieg besteht.

Um diese Resultate zu bekräftigen, unternahm Sipes zusätzlich eine diachronische Studie, die als Gegenpol zur Querschnittstudie die gleichen Verhältnisse zwischen Sport und Krieg aufdecken sollte.

In dieser Untersuchung wurde das Verhältnis von Kampfsportarten und anderen Sportarten mit der Kriegstätigkeit der Vereinigten Staaten während des Zeitraumes zwischen den Jahren von 1920 bis 1970 untersucht. Sipes ging von folgender Annahme aus: Wenn dem trieb-theoretischen Modell Glauben geschenkt werden kann, müßte ein umgekehrt proportionales Verhältnis zwischen Kampfsportarten einerseits und militärischem Engagement andererseits bestehen [8].

SPORT	Sportarten	
	kampfbetont	nicht kampfbetont
Zuschauer –	Boxen Eishockey **Rugby** Basketball Ringen	**Baseball** Golf Kegeln Autorennen Eislaufen
Aktiv –	Karate – Judo Fechten **Jagen** Eishockey Rugby	Golf Kegeln **Wetten** Baseball Skilaufen

Abb. 20 Auslese der Sportarten (9)

Um eine quantitative Aussage der militärischen Unternehmungen zu bekommen, wurde auf den Prozentsatz der männlichen US-Bevölkerung, die in militärische Aktionen einbezogen war, zurückgegriffen. Dieser Prozentsatz der männlichen Bevölkerung wurde dann noch nach der allgemeinen Bevölkerungszunahme korrigiert.

Bei der Auswahl der Sportarten unterschied Sipes zwischen Zuschauer- und Aktivsportarten und unterteilte diese wiederum in kampfbetonte ‚aggressive' und nicht-kampfbetonte ‚nicht-aggressive' Sportarten. Von jeder Kategorie las er die Sportart aus, über die er die meisten Unterlagen beschaffen konnte (Abb. 20).

Dazu einige Bemerkungen: Jagen wurde als Kampfsportart angesehen,

– weil dabei Waffen und waffenartige Geräte gebraucht werden, unter Einsatz (manchmal) von physischer Gewalt;

– weil das Jagen in den USA keine Bedeutung als Nahrungserwerb hat und daher für niemanden ein wirtschaftlicher Zwang besteht, diesen Sport zu betreiben.

Das Wetten (bei Pferderennen = „Tiercé") wurde aus folgenden Gründen als Aktivsport angesehen:
– des Einsatzes wegen, der ebenso psychisch wie physisch eindeutig aktiv von der teilnehmenden Person erlebt wird;
– weil besonders die Wette der Grund der Anwesenheit des Wettenden am Pferderennen ist. Die Betätigung ist nicht das Zusehen, sondern das Spekulieren und das Erleben des Wettens;
– weil das technische Verständnis der Teilnehmer vorhanden ist und oft auf einem beachtlichen Niveau steht.

SPORT		vor 1946	nach 1946
Kampfbetont	Jagen	0,101 (0,413)	0,123 (0,468)
	Rugby	– 0,036 (0,602)	0,096 (0,413)
Nicht kampfbetont	Wetten	0,606 (0,576)	– 0,498 (0,413)
	Baseball	0,017 (0,388)	0,002 (0,404)

Abb. 21 Zusammenhang zwischen militärischer Intervention und Stärke des Engagements in den verschiedenen Sportarten (10)

Die unterschiedliche militärische Situation vor und nach 1946 ermöglichte eine bessere Einteilung des Zeitraumes. So teilte Sipes diesen Zeitraum in zwei Perioden ein: vor 1946 und nach 1946. Bei Berechnung der Korrelationen zwischen Sport und Kriegseinsatz erhielt Sipes folgende Werte (Abb. 21).
In Klammern stehen die Werte, die hätten erreicht werden müssen, um einen direkten Zusammenhang zwischen sportlicher und militärischer Tätigkeit aufzuzeigen. Bei einem niedrigeren Wert ist der postulierte Zusammenhang nicht aussagefähig, und man muß annehmen, daß *kein* direkter Zusammenhang besteht.
Die Abbildungen 22 und 23 verdeutlichen nochmals die Zusammenhänge zwischen sportlicher und militärischer Aktivität.

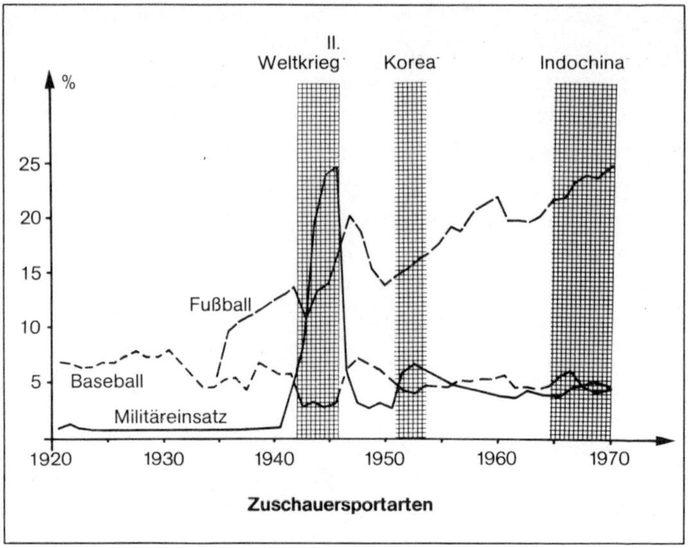

Abb. 22 Zuschauersportarten (11)

Abb. 23 Aktivsportarten (12)

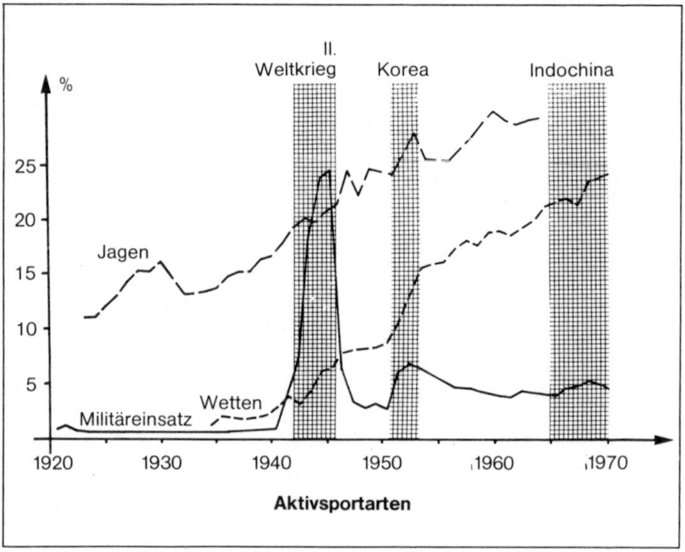

Beide Darstellungen machen deutlich, daß die kampfbetonten Sportarten Jagen und Rugby während des zweiten Weltkriegs einen allgemeinen Aufschwung erlebten, ebenso während des Koreakrieges. Mit dem Wetten verhält es sich ähnlich. Nur das nicht kämpferische Baseball hatte während der Kriegsperioden sinkende Beteiligungen.

Die Resultate dieser diachronischen Studie unterstützen in allen Belangen diejenigen der Querschnittstudie verschiedener Völker und verweisen die Behauptungen von Lorenz und Eibl-Eibesfeldt, Kampfsportarten seien willkommener Ersatz für kriegerische Handlungen, eindeutig in das Reich der Fabel. Kampfsport und Krieg zeigen einen direkten Zusammenhang. Das eine fördert das andere. Sie können demnach absolut nicht als Alternativlösungen zum Abreagieren aggressiven Verhaltens gelten.

Zu Recht folgert Sipes [13]: Das triebtheoretische Modell ist derart in den westlichen Kulturen verankert, daß man bestimmt noch andere Verhaltensweisen suchen wird, die nach diesem Modell den Krieg beim Aggressionsabbau ersetzen sollen. Man denke dabei an Selbstmord, an Mord, Drogengebrauch, Bestrafung von Psychopathen, physischer Gewalt gegenüber Familien- oder Gruppenangehörigen, Klatsch, schwarze Magie und auch psychische Krankheiten.

Bevor es jedoch nicht klar erwiesen ist, daß gerade diese aufgezählten Faktoren als Alternativbestätigung zum Krieg oder zum Kampfsport in Frage kommen, müssen und dürfen wir das triebtheoretische Modell vergessen; dies mit der beruhigenden Gewißheit, daß es auf den Menschen nicht anwendbar ist.

IX Zur Indoktrinierbarkeit der Menschen – dargestellt am Beispiel der Aggressionstheorie von Konrad Lorenz

Eine Hypothese, die jeglicher ‚Falsifikation' unzugänglich ist, ist auch nicht verifizierbar und damit zur experimentellen Arbeit unbrauchbar.

KONRAD LORENZ [1]

Es ist leicht und billig, zuerst eine Theorie zu entwickeln und sie dann mit Beispielen zu ‚untermauern', denn die Natur ist so vielgestaltig, daß man auch für völlig abstruse Hypothesen bei fleißigem Suchen scheinbar überzeugende Beispiele finden kann.

KONRAD LORENZ [2]

Die meisten von uns – dessen müssen wir uns bewußt sein – lieben ihre Hypothesen, und es ist, wie ich einmal sagte, eine zwar schmerzhafte, aber jung und gesund erhaltende Turnübung, täglich, gewissermaßen als Frühsport, eine Lieblingshypothese über Bord zu werfen.

KONRAD LORENZ [3]

Die zunehmende Indoktrinierbarkeit der Menschheit ist eine der großen Gefahren, die nicht nur „unsere heutige Kultur, sondern die Menschheit als Spezies mit dem Untergang bedrohen" [4]. Wie recht Lorenz mit diesen goldenen Worten hat, wollen wir anhand der Verbreitung und Verteidigung seiner Aggressionstriebtheorie überprüfen. Es bietet sich an, die Schritte nachzuvollziehen, die eine Doktrin oder wissenschaftliche Lehre zur Gefahr für die Menschheit werden lassen.

So schreibt Lorenz zu Recht, daß eine Hypothese niemals durch eine einzige widersprechende Tatsache widerlegt werden könne, sondern immer nur durch eine andere Hypothese, die *mehr* Tatsachen einzubringen vermöge als sie selbst. „‚Wahrheit' ist somit diejenige Arbeitshypothese,

die am besten geeignet ist, den Weg zu jener anderen zu bahnen, die mehr zu erklären vermag" [5]. Wie es um die ‚Wahrheit' der Aggressionstriebtheorie bestellt ist, zeigten die vorangegangenen Kapitel zur Genüge und was die ‚Tatsachen' anbelangt, die in die Hypothese vom angeborenen Aggressionstrieb eingebracht werden können, so sind sie doch recht dürftig gegenüber den Tatsachen, die gegen die These eingebracht werden konnten.
Man kann Lorenz nur zustimmen, daß eine gute Arbeitshypothese an Wahrscheinlichkeit gewinnt, wenn in jahrelanger Forschung keine Tatsachen zutage kommen, die ihr widersprechen [6]. Allerdings ist es höchst verwunderlich, daß er immer noch an seiner Lieblingshypothese vom angeborenen, spontanen Aggressionstrieb festhält. Lorenz selber drückt sich aber um die von ihm geforderte geistige Morgengymnastik – die ihm sicher gut getan hätte – und hält an seinen Lieblingshypothesen nahezu 40 Jahre in bewundernswerter Hartnäckigkeit fest, obwohl in diesen Jahrzehnten unzählige Tatsachen zutage gekommen sind, die seinen Hypothesen widersprechen. Scheinbar hält er selber herzlich wenig von dem doch so gesund erhaltenden Frühsport.
Er verfällt genau in den gleichen Fehler, den er – zum Teil zu Recht – den extremen Behavioristen vorwirft. Er mißachtet ‚Tatsachen' anderer Forscher, die seinen Hypothesen widersprechen und sucht nach Befunden, die seine abstrusen Thesen scheinbar bestätigen, um somit aus seinen Hypothesen eine ideologische Doktrin zu machen [7].
Diese Doktrinbildung wird dadurch noch bedenklicher, daß Lorenz die Reichweite seiner Lehre überschätzt. „Auch das Vertrauen in die Lehre des Meisters, so wertvoll es bei der Gründung einer ‚Schule', d. h. einer neuen Forschungsrichtung sein kann, bringt die Gefahr der Doktrinbildung mit sich. Das große Genie, das ein neues Erklärungsprinzip entdeckt hat, neigt erfahrungsgemäß dazu, dessen Geltungsbereich zu überschätzen" [8]. Dabei zieht

Lorenz in aller Bescheidenheit als Beispiele Namen wie Freud, Loeb, Pawlow usw. heran. Weshalb vergaß er sich selbst zu nennen? Er hätte kaum ein treffenderes Beispiel finden können. Wer von Graugänsen, Fischen, Vögeln und anderen niederen Tieren auf die Psyche des Menschen schließt, der überschätzt den Geltungsbereich seiner Schule ganz gewaltig.

Doch Lorenz hat noch weitere Weisheiten in seinem Nähkästchen: „Wenn dann noch hinzukommt, daß die Theorie allzu plastisch ist und wenig zur Falsifikation anreizt, dann kann dies im Verein mit der Verehrung für den Meister dazu führen, daß die Schüler zu Jüngern werden und die Schule zu einer Religion und einem Kult, wie dies so mancherorts mit der Lehre Freuds passiert ist" [9]. Wohlgemerkt, Lorenz beutelt wiederum andere Lehren und andere Forscher und übersieht das näherliegende, nämlich sich selbst an der Nase zu ziehen. Schließlich haben es die ‚Jünger' Storr oder Eibl-Eibesfeldt im Verein mit ihrem Meister geschafft, die Lehre vom Aggressionstrieb zu einem Kult, ja zu einer Religion zu machen, an die viele, zu viele Menschen nur zu gerne glauben. Obwohl sich immer mehr Jünger (z. B. Wickler) von der Lehre ihres Meisters lösen, weil sie über Tatsachen verfügen, die an der Richtigkeit dieser Lehre berechtigte Zweifel aufkommen lassen, verbreitet sich die Lehre vom Aggressionstrieb wie ein Krebsgeschwür im wissenschaftlichen und mehr noch im pseudowissenschaftlichen Bereich. Schlimmer konnte es schon nicht mehr kommen.

Der entscheidende Schritt zur Bildung einer Doktrin besteht jedoch darin, daß die Verbreitungsmöglichkeit, die heute einer solchen Lehre durch die Massenmedien wie Radio und Fernsehen geboten ist, sehr leicht dazu führt, „daß eine Lehre, die nicht mehr als eine unverifizierbare wissenschaftliche Hypothese ist, nicht nur zur allgemeinen wissenschaftlichen, sondern überhaupt zur öffentlichen Meinung wird" [10].

Und dann treten alle jene Mechanismen in Kraft, die zum Festhalten an erprobten Traditionen dienen. „Die Doktrin wird nun mit derselben Zähigkeit und derselben Affektbetontheit verteidigt, die am Platze wäre, wenn es gälte, die wohlerprobten Weisheiten, das durch Selektion geklärte Wissen einer alten Kultur, vor der Vernichtung zu bewahren“ [11]. Schließlich läßt Lorenz die Katze völlig aus dem Sack: „Eine solche, zur allumfassenden Religion gewordene Doktrin gewährt ihren Anhängern die subjektive Befriedigung einer endgültigen Erkenntnis von Offenbarungscharakter. Alle Tatsachen, die ihr widersprechen, werden geleugnet, ignoriert oder aber, was am häufigsten vorkommt, im Sinne Sigmund Freuds *verdrängt,* d. h. unter die Schwelle des Bewußtseins verbannt“ [12].

Wie recht er da hat. Was tun denn Eibl-Eibesfeldt, Storr, Ardrey, Morris und vor allem er selbst in ihrer Blindheit gegenüber sozio-kulturellen Einflüssen? Sie leugnen, ignorieren oder suchen alle Tatsachen zu verdrängen, die gegen einen Aggressionstrieb sprechen, und versuchen mit leicht durchschaubaren Kunstkniffen diese Tatsachen vom Tisch wissenschaftlicher Objektivität zu wischen. Tatsachen, die uns Lorenz liefern kann, erschöpfen sich dabei meist in Rückschlüssen von seinen Graugänsen auf die Menschen, in Anekdoten, Klassikerzitaten und letzten Endes in einer Fülle von Glaubensbekenntnissen. „Es gibt aber auch Dinge, die ich ebenso fest glaube wie erwiesene Theorien, ohne auch nur den geringsten Nachweis dafür zu haben, daß meine Überzeugung richtig ist“ [13].

Mit diesem Zitat hat Lorenz in bezug auf seine Aggressionstheorie selbst den treffendsten Beleg gegen diese Theorie geliefert. Wie kaum eine andere Theorie hat gerade die Aggressionstriebtheorie von Lorenz bei Vertretern der Politik, Wirtschaft, Kirche und des Sports, bei autoritären, machtbesessenen und gewalttätigen Menschen offene Türen eingerannt. Obwohl kaum ein Beweis *für,* wohl aber unzählige Beweise *gegen* diese Theorie vorhanden sind, obwohl sich diese Theorie als falsch und unhaltbar erwiesen hat, wird sie weiterhin bei jeder Gelegenheit zur willkommenen Erklärung unbequemer Folgen der fortschreitenden Industrialisierung herangezogen. „Die in der Pose wissenschaftlicher Gründlichkeit vorgetragene Meinung, Aggressivität müsse uns ‚angeboren' sein, ist jedoch nicht nur im Blick auf die Forschungslage leichtfertig; sie ist auch moralisch leichtfertig: da doch die zur Rücksichtlosigkeit erzogenen Menschen unserer Kultur dankbar von den Wissenschaften sich ihr Gewissen beschwichtigen lassen" [14]. Tatsächlich scheint diese Theorie zur subjektiven Befriedigung einer endgültigen Erkenntnis über unsere Aggressionen mit Offenbarungscharakter geführt zu haben. Es ist eben sehr bequem, alles was wir nicht als „im wesentlichen von uns selbst gemacht, als Folge der Unordnung in dem vom Menschen gemachten Teil der Umwelt akzeptieren wollen", der Natur anzulasten, auf ‚phylogenetisch programmierte' oder ‚angeborene' Faktoren zurückzuführen [15].

Die banale Erkenntnis, daß der Mensch aggressiv *ist,* weil er aggressiv *ist,* daß er aggressiv *ist,* weil er aggressiv *war* und aggressiv *war,* weil er aggressiv *ist,* macht diese Theorie für Menschen, deren Aufgabe es wäre, den Ursachen aggressiven Verhaltens wirklich auf den Grund zu gehen, so attraktiv.

Aggression als angeboren anzusehen und somit als einzige Möglichkeit der Bewältigung dieses Problems soziale Ventile wie Begeisterung für Kunst, Raumflug, Sport und Wissenschaft anzupreisen, ist nichts anderes als der Verzicht, den Bedingungen und Ursachen aggressiven Verhaltens auf den Grund zu gehen [16]. Hier geht es nicht um gesellschaftliche, sozialpolitische Reformen, sondern um die Aufrechterhaltung des Status quo. Wen wundert es da noch zu hören, die Menschheit sei nicht kampfbereit und aggressiv, weil sie in Parteien zerfällt, „sondern sie ist in eben dieser Weise strukturiert, weil dies die Reizsituation darstellt, die für das Abreagieren sozialer Aggressionen erforderlich ist" [17]. Hier demaskieren sich Lorenz und seine Anhänger, „denn abgesehen davon, daß sie ihre völlig irrigen Auffassungen von der Natur des Menschen verbreiten, lenken sie die Aufmerksamkeit von den tatsächlichen Ursachen von Aggression und Zerstörungswut des Menschen ab" [18]. Diese Ursachen resultieren eben nicht aus unausgelebten Aggressionstriebenergien, sondern vielmehr aus den widersprüchlichen und falschen Werten, „mit denen der Mensch in einer überbevölkerten, unter Konkurrenzdruck stehenden, bedrohlichen Welt einer gegen den andern zu leben versucht. Nicht die Natur des Menschen erfordert unsere Aufmerksamkeit, sondern seine Lebensbedingungen in dieser Welt" [19].

Die Annahme eines angeborenen Aggressionstriebes fordert dazu auf, Aggression, Herrschaft, Konkurrenz, Kampf aller gegen alle und repressive Pädagogik und Gesellschaftsstruktur unkritisch zu rechtfertigen, und hemmt nahezu alle Anstrengungen, sich um konstruktive, sozialpolitische Bemühungen zur Verminderung aggressiver Neigungen zu bemühen. Letztlich dienen diese naturwissenschaftlichen Theorien sogar politischen Zwecken [20].

Solange Lorenz an seine Theorie glaubt, und solange es Menschen gibt, die seinem Glauben vertrauen, solange werden Reformen zur Verringerung aggressiven Verhaltens auf sich warten lassen. Dann bleibt uns wirklich nichts anderes übrig, als gemeinsam mit Lorenz an die großen Konstrukteure des Artenwandels zu glauben und zu hoffen, daß sie es fertigbringen, daß wir das volle und warme Gefühl von Liebe und Freundschaft nicht nur für Einzelmenschen empfinden können. „Ich glaube, daß sie es tun werden, denn ich glaube an die Macht der menschlichen Vernunft, ich glaube an die Macht der Selektion und ich glaube, daß die Vernunft vernünftige Selektion betreibt. Ich glaube, daß dies unseren Nachkommen in einer nicht allzu fernen Zukunft die Fähigkeit verleihen wird, jene größte und schönste Forderung wahren Menschentums zu erfüllen“ [21]. Dies schreibt ein Mensch und Wissenschaftler, der allen Ernstes von sich behauptet, er könne – im Gegensatz zu Faust – etwas lehren, die Menschen zu bessern und zu bekehren [22].

Die Liebe zu seiner Theorie macht Lorenz ganz offensichtlich blind gegenüber wissenschaftlichen Tatsachen. Und so übersieht er denn auch, daß es nicht Aufgabe des Wissenschaftlers ist und sein kann, Glaubensbekenntnisse zu formulieren, Annahmen, die er glaubt oder nicht glaubt, zu beweisen oder zu widerlegen, sondern daß es in erster Linie darum geht, herauszufinden, was ist [23].

Und das, was ist, entspricht ganz und gar nicht dem, was Lorenz uns glauben machen möchte. Weder beim Menschen noch beim Tier konnte bisher auch nur ein schlüssiger Beweis für einen Aggressionstrieb erbracht werden. Selbst im eigenen Lager mehren sich die Stimmen, die gegenüber dem Postulat eines Aggressionsinstinktes beim Tier vorsichtig geworden sind. Die Gegenargumente und Gegenbeweise sind erdrückend, sie reduzieren die Aggressionstheorie von Lorenz auf das ihr zustehende Maß.

Die ‚Beweisführungen' von Lorenz und Eibl-Eibesfeldt sind widersprüchlich und oft bar jeder Logik, sie entsprechen nicht den Tatsachen. Die Katharsis-Hypothese, eine der Hauptstützen des Lorenz'schen Theoriegebäudes, konnte nie bestätigt werden. Auch konnten bisher keine anatomischen Aggressionszentren beim Menschen entdeckt werden. Anthropologische, psychologisch-soziologische Befunde sprechen eindeutig gegen die Annahme eines programmierten Aggressionstriebes und weisen in eindrucksvoller Weise auf sozio-kulturelle Zusammenhänge von Aggression und Friedfertigkeit hin. Kurz: so faszinierend Lorenz und seine Anhänger ihre Thesen in Worte zu kleiden vermögen, so amüsant und einleuchtend sie ihre Theorie zu ‚verkaufen' wissen, einer wissenschaftlichen Überprüfung hält sie nicht stand. Bei kritischer Betrachtung fällt das ganze Theoriegebäude wie ein Kartenhaus zusammen, erweist sich diese Theorie als eine bunte Seifenblase.

Wer sich die Mühe gemacht und das Buch vom „sogenannten Bösen“ mehrmals gelesen hat, wird jedesmal neue Widersprüche, Unzulänglichkeiten und falsche Behauptungen entdecken; dazu bedarf es noch nicht einmal einer wissenschaftlichen Vorbildung. Aber eben das ist ja das Fatale: beim ersten Lesen scheint die ganze Beweisführung von Lorenz herrlich einleuchtend. „Es ist *traurig,* daß soviel Kunst auf diese Art verschwendet wurde“, und es ist *verwerflich,* daß ein so brennendes und schwerwiegendes Problem wie das der Aggression, des Krieges und der Gewalt durch „legère Arbeit mit einem toleranten Achselzucken“ heruntergespielt oder übergangen wurde [24].

Wie sorgfältig schließlich Lorenz recherchiert und wie es um seine Wissenschaftlichkeit bestellt ist, zeigt uns die Tatsache, daß er zwar andere Wissenschaftler zur Beweisführung für die Richtigkeit seiner Thesen fleißig zitiert, es aber tunlichst unterläßt, einen Quellennachweis zu liefern. So zeichnen sich denn auch seine wichtigsten Arbeiten zur Aggression sämtlich durch eine Fehlanzeige bezüglich des Literaturverzeichnisses aus. Offensichtlich soll dem aufmerksamen und kritischen Leser die Überprüfung der Originalliteratur – soweit diese überhaupt vorhanden ist – unmöglich gemacht werden. Überrascht es da noch, daß Versuche, die Originalquellen zu ermitteln und nachzuschlagen, meist damit endeten, daß man feststellte, daß die zitierten Arbeiten oder Wissenschaftler gar nicht existierten oder falsch zitiert bzw. interpretiert wurden? Zur Aufrechterhaltung und zum Beleg seiner irrigen Thesen scheinen Lorenz offensichtlich alle Mittel recht zu sein. Dies ist nicht der Stil eines Menschen, der für sich in Anspruch nehmen will, wissenschaftlich zu arbeiten.

Es ist wirklich an der Zeit, mit dem Mythos vom Aggressionstrieb aufzuräumen und Lorenz als das zu entlarven,

was er – zumindest auf dem Gebiet der Aggressionsforschung – ist: ein Märchenonkel, der uns mit rührenden Anekdoten, Glaubensbekenntnissen, Klassikerzitaten und dem fernen Hoffnungsschimmer, daß die großen Konstrukteure des Artenwandels den Menschen besser machen mögen, eine plausible Erklärung für Aggression und Brutalität in unserer Gesellschaft zu liefern hofft und glaubt.
Die großen Konstrukteure einer aggressionsärmeren Gesellschaft sind ganz sicher nicht jene des Artenwandels oder der Triebtheorie. Die wahren Konstrukteure sind die Natur- und Humanwissenschaften, die auf der Basis wissenschaftlicher Untersuchungen uns über die wahren Ursachen und Bedingungen aggressiven Verhaltens aufklären, und somit auch praktikable Lösungsmodelle oder Handelsstrategien zur Bewältigung aggressiven Verhaltens liefern können. Dies allerdings nur dann, wenn sich die Vertreter der einzelnen Wissenschaftsdisziplinen von ihren einseitigen Erklärungsmodellen lösen und bereit sind, ihr gesichertes Gedanken- und Untersuchungsgut in eine pluralistische Theorie der Aggression einzubringen und unbewiesene oder widerlegte Thesen ‚über Bord zu werfen'.

Plädoyer für ein pluralistisches Aggressionsmodell

X

Die komplexe Vielfalt des gesellschaftlichen Lebens der Menschen wird in der wissenschaftlichen Arbeitsteilung derart auf theoretische Konstruktionen wie die verschiedenen Formen des Lernens oder andere theoretische Denkmodelle reduziert und verkürzt, daß die gesellschaftliche Realität der Wissenschaft entgleitet.

KLAUS HORN [25]

Allein von einer unendlichen Plastizität menschlicher Natur auszugehen, kann einen ähnlichen Effekt haben wie die Rede vom Aggressionstrieb: Es wird den Subjekten zur Last gelegt, wenn sie die Anpassungsleistung an vorliegende Normen nicht erbringen, und zwar noch viel radikaler als bei der Annahme eines Aggressionstriebes. Denn während Lorenz immerhin vom ‚sogenannten' Bösen sprach, weil es nicht sinnvoll ist, eine (angeblich) angeborene, also dem Willen entzogene Verhaltenskomponente moralisch zu beurteilen, ist bei der völligen Vernachlässigung des Naturmoments der Menschen die Anpassungsforderung an die Menschen noch weitaus radikaler. In aller Regel ist es bloß der persönlichen Entscheidung eines Forschers überlassen, ob er darüber hinaus noch die Frage nach dem Sinn der Normen stellen will, denen man sich beugen soll.

KLAUS HORN [26]

Wir verstehen unsere Aufgabe nicht nur in einer Kritik der Lorenzschen Konzepte vom Aggressionstrieb, sondern auch darin, eine – aus gesicherten Erkenntnissen der Aggressionsforschung abgeleitete – Alternative zur Erklärung der Ursprünge und Bedingungen aggressiven Verhaltens anzubieten. Dies scheint uns um so notwendiger, als die derzeitige Alternative zwischen Behaviorismus und Biologismus weder wissenschaftlich länger haltbar noch dem Fortschritt der Aggressionsforschung und Aggressionsbewältigung dienlich ist. Die Frage kann und darf also nicht lauten: Natur oder Dressur (nature or nurture)? Der Mensch ist weder eine Marionette in der Hand von Trieben, noch ein Rohdiamant, der lediglich des Schliffes der Konditionierung bedarf.

Wenn das Ziel der Aggressionsforschung und der Diskussion über das Phänomen Aggression die Verringerung oder Vermeidung aggressiven Verhaltens sein soll, dann müssen wir aufhören, die Aggression durch die Brille der Einseitigkeit zu betrachten und sollten das gesamte Spektrum der möglichen Ursachen und Bedingungen analysieren.
Es ist keineswegs so, daß die Vertreter der einzelnen Aggressionstheorien keine wertvollen und fruchtbaren Erkenntnisse zur Erhellung des Phänomens Aggression beigetragen hätten. Untersuchungen einzelner Aspekte der Aggression, einseitige Erklärungsmodelle aggressiven Verhaltens, das heißt, „Theorien mittlerer bzw. begrenzter Reichweite" sind für den Forschungsprozeß sicher unumgänglich und erforderlich. Sie sind aber nur sinnvoll, wenn die Ergebnisse innerhalb des begrenzten Aussagewertes interpretiert werden, und die Forscher nicht der Versuchung erliegen, in unzulässiger Weise ihre Ergebnisse verallgemeinernd auf das gesamte Phänomen der Aggression zu übertragen. Allerdings waren die meisten Vertreter der einzelnen Aggressionstheorien mit voreiligen Verallgemeinerungen und Verabsolutierungen schnell zur Hand. Nur so ist zu erklären, weshalb noch immer behauptet wird, Aggression resultiere *allein* aus Frustration oder Angst; daß Aggression *allein* aus dem Lernen durch Erfolg oder Nachahmung entspringe; oder daß Aggression *allein* biologisch erklärt werden könne und müsse. Wo bleiben bei den Frustrations-Theoretikern die Aspekte der instrumentellen Aggression, wo bei den Lerntheoretikern die biologischen Aspekte und bei den Triebtheoretikern die sozio-kulturellen und psychologischen Aspekte? Die Aggressionsforschung kann erst dann aus der Sackgasse der Monokausalität – in die sie nicht zuletzt wegen Lorenz und Skinner geraten ist – herausgeführt werden, wenn wir erkennen, daß die bisher vorhandenen Erklärungsmodelle aggressiven Verhaltens nichts anderes sind als heuristische Hilfskonstruktionen, Theorien von mehr oder weniger begrenzter

Reichweite, die ganz bestimmte Teilaspekte des Gesamtaspektes der Aggression erfassen und erklären [27].
Ein solcher Schritt verlangt allerdings auch, daß die einzelnen Vertreter der Aggressionstheorien bereit sind, jene „gesund- und jungerhaltende Turnübung zu absolvieren“, die Lorenz so blumig beschrieb: alle unbewiesenen Lieblingshypothesen über Bord zu werfen, und unter Einbringung sämtlicher abgesicherter Erkenntnisse in ein plurikausales Aggressionsmodell den Anspruch aufzugeben, den alleinigen Erklärungsansatz für Aggression und Gewalt gefunden zu haben.
Für einige Vertreter der Ethologie, namentlich Lorenz, Eibl-Eibesfeldt und Hegg, bedeutet dies, daß sie endlich die unbewiesene und längst widerlegte These von einem uns angeborenen Aggressionstrieb mit spontan kumulierendem Antrieb aufgeben. Für die Frustrations-Theoretiker wiederum heißt dies, daß sie die These, jede Aggression entspringe einer Frustration bzw. Angst fallenlassen, während die Lerntheoretiker die These von der unendlichen Plastizität und Konditionierbarkeit des Menschen über Bord werfen und anerkennen, daß der Mensch auch biologisch oder genetisch determiniert ist.
Unter diesem Aspekt scheint uns die ‚Versöhnung der geläufigen Aggressionstheorien ohne logische Kunstkniffe' möglich [28]. Wir müssen also eine Integration der bisher gesicherten Erkenntnisse der Aggressionsforschung aus Ethologie, Biologie, Physiologie, Psychologie, Sozialpsychologie, Psychoanalyse, Pädagogik, Soziologie, Kulturanthropologie, Politologie, Ökonomie usw. anstreben (Abb. 24).
An diesem pluralistischen Ansatz wurde zunächst kritisiert, daß ein ‚Overall-Modell' [30] dieser Art uns nicht weiterbringe, zumal weder Dependenzen noch Interdependenzen feststellbar seien; außerdem stelle sich die Frage, inwieweit nicht schon allein die unterschiedlichen Aggressionstheorien miteinander unvereinbar seien und damit Erklä-

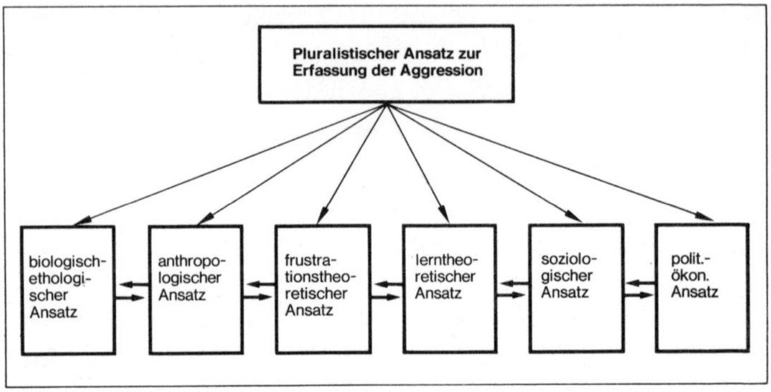

Abb. 24 Pluralistischer Ansatz zur Erfassung der Aggression (29)

rungsmängel der einen Theorie durch die konkurrierende nicht aufgehoben werden könnten. Kurz: man wirft uns vor, wir verführen nach dem altbekannten Prinzip: Man nehme die verschiedenen Aggressionstheorien, vermenge sie, löse sich von monokausaler Sicht und schon habe man das Phänomen Aggression freigelegt [31].

Diese Kritik scheint einem Mißverständnis zu entspringen. Es geht nicht darum, alle Theorien oder theoretischen Ansätze in einen Topf zu werfen, sie schön umzurühren, um dann ein fertiges Aggressionsgericht bzw. -modell aus dem Topf zu holen. Wesentlich erscheint uns, daß zuerst unvereinbare, empirisch widerlegte oder unbewiesene Thesen der einzelnen Theorien aus diesem Modell eliminiert werden. Die Widersprüchlichkeiten der einzelnen Theorien scheinen uns nicht so gravierend, als daß man nicht zu einer Übereinstimmung kommen könnte. So haben bereits nicht wenige Ethologen und Biologen das Triebkonzept aufgegeben und plädieren für einen „bio-sozialen“ Ansatz der Aggression. Hassenstein schreibt etwa, daß es zwar unabdingbar zum Selbstverständnis des Menschen gehöre, prinzipiell willensfrei und verantwortlich handeln zu können, also im entscheidenden Augenblick *unabhängig* von naturbedingten Verhaltensbedingungen zu sein, wir aber den-

noch die biologischen Verhaltensbedingungen kennen und berücksichtigen müßten.
„Nicht weil ihnen der Mensch widerstandlos unterworfen wäre, sondern weil sie an der Bestimmung der Verhaltensrichtungen einen mehr oder weniger gewichtigen, kaum je ganz zu vernachlässigenden Anteil haben" [32]. Aggression entspringt demnach zwar biologisch determinierten Verhaltensplänen, nicht aber einem von sich aus zur Aggression drängenden Antrieb. Das, was vererbt ist, was vorprogrammiert erscheint, ist somit eben nicht das Verhalten, sondern der Plan, das Vermögen, so zu handeln.
Man kann dies am Beispiel eines Computers verdeutlichen. Um einen Computer zum Rechnen zu veranlassen, benötigen wir zunächst ein Programm, einen Handlungsplan, den wir ihm eingeben. Ohne dieses Programm kann der Computer keine Rechnung ausführen. Wenn das Programm gespeichert ist, besitzt der Computer das „Vermögen", ganz bestimmte Handlungen auszuführen. Allein, die Tatsache, daß dieses Programm nun gespeichert ist, daß der Computer das Vermögen für bestimmte Handlungen besitzt, reicht noch nicht aus, um diese Handlungen auch auszuführen. Es gibt keine Energie, die kontinuierlich aufgeladen wird und den Computer von sich aus zur Ausführung solcher Handlungen drängt. Das „Vermögen" des Computers bleibt so lange im Verborgenen, in Ruhe, bis wir ihm ganz bestimmte weitere Daten eingeben und bestimmte Knöpfe drücken. Erst dann kommt es über den Plan zur gewünschten Handlung. Die Daten, die wir für das Beispiel Aggression eingeben, sind: Sozialisationserfahrungen und soziokulturelle Einflüsse; die Knopfbetätigungen wiederum entsprechen etwa einer ganz spezifischen Situation, in der sich das Individuum befindet. Der Plan, das „Vermögen" zur Handlung mag vorprogrammiert sein, die aus diesem Plan hervorgehenden Handlungen hingegen sind überwiegend erlernt, sozio-kulturell bestimmt. Mehr noch: die Frage, ob dieser Plan, dieses Vermögen überhaupt jemals genutzt

und in Anspruch genommen werden, hängt überwiegend von sozio-kulturellen Einflüssen, von unseren Sozialisationserfahrungen im weitesten Sinne ab [33]. Mit anderen Worten: sozio-kulturelle Einflüsse bestimmen, ob überhaupt jemals der Startknopf ausgelöst und das gespeicherte Aggressionsprogramm benutzt wird.

Welche Gewichtung nun den einzelnen Faktoren bzw. Komponenten aggressiven Verhaltens zukommt, ist individuell-, schicht-, gesellschafts-, kultur-, umwelt- und situationsabhängig. Nicht zu Unrecht schreibt Horn, das „biologische Potential, das in den Menschen angelegt ist, wird immer kultiviert – mehr kultiviert, weniger kultiviert, schlecht kultiviert" [34]. Was dabei die Dependenzen und Interdependenzen der einzelnen Faktoren aggressiven Verhaltens betrifft, so scheint es beim heutigen Stand der Forschung sicher noch verfrüht, endgültige Aussagen zu formulieren. Dies wird weiteren gezielten interdisziplinären Untersuchungen vorbehalten bleiben. Eine Aggressionstheorie beim heutigen Stand unseres Wissens um die Zusammenhänge von Ursachen und Bedingungen aggressiven Verhaltens aufzustellen, hieße die Augen vor den vielen noch unbewältigten Fragen zu schließen, die das Phänomen der Aggression umgeben. Den Schlüssel für eine endgültige Aggressionstheorie besitzen wir noch lange nicht.

Wir könnten nun unser pluralistisches Modell zusammenfassen und in vier Dimensionen einteilen (Abb. 25), die bei der Erforschung und Interpretation aggressiven Verhaltens berücksichtigt werden müssen [35].

Um es an einem Beispiel deutlich zu machen: psychologische Erklärungen aggressiven Verhaltens verweisen zwar auf die unmittelbaren Bedingungen aggressiven Verhaltens, aber sie nutzen uns zum Verständnis und vor allem zur Bewältigung der Aggression doch herzlich wenig. Erst wenn wir auch die Bedingungen dieser Bedingungen, den gesellschaftlichen, kulturellen Aspekt und Zusammenhang

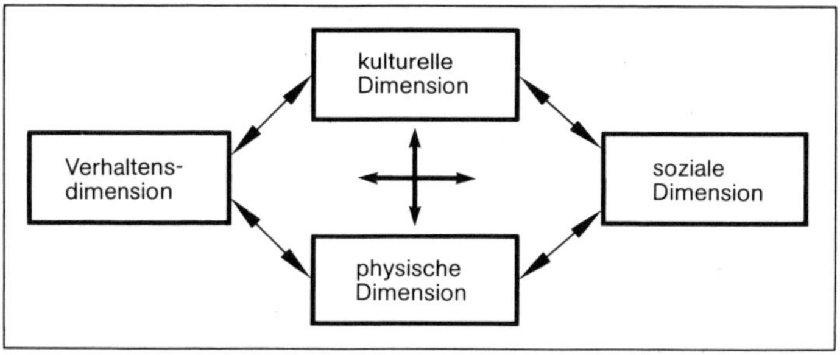

Abb. 25 Dimensionen der Aggression

sowie die biologischen Faktoren mit berücksichtigen [36], kommen wir dem Problem der Aggression bei. Wenn wir wissen, daß ein autoritärer Erziehungsstil, der auf körperliche Züchtigung angelegt ist, erst recht aggressives Verhalten hervorruft, nutzt uns diese Erkenntnis in bezug auf die Bewältigung aggressiven Verhaltens noch wenig. Erst wenn wir mit einbeziehen, daß der autoritäre und auf körperliche Bestrafung ausgerichtete Erziehungsstil besonders in der Unterschicht verbreitet ist, weil dies den Rollenerwartungen dieser sozialen Schicht entspricht, können wir nach gezielteren Maßnahmen zur Aggressionsbewältigung suchen. Aggression erscheint als ein mehr oder weniger umnebeltes Gebilde, das man zwar umschreiben, aber nur schwer fassen kann. Je nach Art und Form dieses Gebildes treten einige seiner Hauptelemente mehr oder weniger in Erscheinung.

Zu Recht schreibt Fürntratt, daß die verschiedenen Arten von aggressiven Verhaltensäußerungen *„biologisch und psychologisch gesehen unmöglich alle ein und dasselbe sein können,* unmöglich alle eine gleichartige Ursache, eine einheitliche Erklärung haben können, insbesondere unmöglich Ausdruck *eines* zugrundeliegenden Faktors, einer geheimnisvollen inneren Kraft, eines allgemeinen Aggressionstriebes oder -instinktes sein können“ [37]. Mit anderen Worten, die Ursachen und Bedingungen aggressiven Verhaltens sind ebenso vielfältig wie deren Formen.

Wir wollen uns dies wiederum anhand eines Beispieles verdeutlichen: Ein Fußballspieler erhält bei einem hartem Zweikampf einen äußerst schmerzhaften Tritt ins Schienbein, worauf er wütend dem Gegenspieler ins Gesicht schlägt. Wir dürfen annehmen, daß der Spieler im Affekt reflexartig handelt, ohne sich wirklich über seine Handlung zunächst ganz im klaren zu sein. Es liefen also reflexartige Verhaltensschemata ab, aber es kann nicht die Rede von einem Trieb sein, der sich entladen mußte. Auch in diesem Falle dürfte das Handeln des Spielers abhängig gewesen sein von seiner erlernten, erworbenen Frustrationstoleranz. Das heißt, nicht jeder Spieler hätte so gehandelt.
Ein anderer Spieler hätte sich vielleicht theatralisch fallen lassen, ein dritter diesen Schmerz ‚geschluckt' und weiter gespielt. Auch hier spielen also psychologische und sozio-kulturelle Faktoren mit hinein.
In einem anderen Fall steht ein bisher erfolgreicher und angesehener Geschäftsmann kurz vor dem Konkurs, da sein Konkurrent durch billigere Ware ihm nach und nach die Kunden abspenstig macht. Um Ansehen und sein Vermögen zu retten, heuert er ein paar Ganoven an und erteilt ihnen den Auftrag, die Firma seines Konkurrenten niederzubrennen, um sich dadurch wieder die Kunden zurückzuholen und den Konkurs abwenden zu können.
In diesem Falle dürften die biologischen Verhaltenstendenzen eine äußerst untergeordnete Rolle spielen, dafür aber die sozialisationsbedingten Einflüsse und die politisch-ökonomischen oder sozio-kulturellen Faktoren um so bedeutender sein. Dieses Verhalten ist nur im Zusammenhang mit der Tatsache zu interpretieren und erklären, daß durch den Konkurs das soziale Prestige, der soziale Status dieses Geschäftsmannes ruiniert gewesen wären, da in einer extrem leistungs- und erfolgsorientierten Gesellschaft sozialer Status vorwiegend durch beruflichen Erfolg und/oder Vermögen erworben wird. Außerdem könnte dieses aggressive Verhalten dadurch erleichtert worden sein, daß

‚Wirtschaftskriminalität' noch als ‚Kavaliersdelikt' angesehen wird. In jedem Fall ist dieses Verhalten in Zusammenhang mit den jeweiligen Wertvorstellungen der betreffenden Gesellschaft zu sehen.
Ursachen und Bedingungen aggressiven Verhaltens werden also unterschiedlich gewichtet. Man muß nicht nur zwischen den verschiedenen Ursachen und Bedingungen aggressiven Verhaltens unterscheiden, sondern zusätzlich deren Zusammenhänge mit den verschiedenen Formen herausfinden.
In aller Deutlichkeit wird hier klar, daß monokausale Erklärungsversuche von vornherein versagen müssen, daß es keine endgültige Aggressionstheorie geben kann, ehe wir nicht die Zusammenhänge und unterschiedliche Gewichtung der Ursachen und Bedingungen der verschiedenen Formen aggressiven Verhaltens kennen. Selbst dann kann die von uns geforderte pluralistische Aggressionstheorie nur Richtlinien liefern, nicht aber generell den Mammut-Aspekt der Aggression erklären.
Zu Recht hat Horn darauf hingewiesen, daß die Alltagsrelevanz der sozial-psychologischen Aggressionsforschung, insbesondere unter Berücksichtigung der vorbeugenden Maßnahmen, entscheidend erhöht werden müsse. „Diesem Ziel können wir nur näherkommen, wenn wir versuchen, Modelle konfigurativer Kausalität aufzustellen, also Modelle, in denen die verschiedenen Wirkungsfaktoren anteilmäßig berücksichtigt werden. Voraussetzung dafür ist, daß monokausale Erklärungsmodelle überwunden werden und in solche komplexen Vorstellungen eingehen" [38].
Das heißt, anstatt mit Gewalt zu versuchen, ein allumfassendes Riesentheoriegebäude der Aggression aufzustellen, müssen wir uns zunächst damit begnügen, einzelne Theorien der verschiedenen Aggressionsformen zu entwickeln, in denen die unterschiedlichen Wirkungsfaktoren anteilmäßig berücksichtigt werden. Diese Arbeit wurde bis jetzt noch nicht oder zumindest noch unzulänglich geleistet.

Unser Plädoyer für ein pluralistisches Aggressionsmodell bedeutet, daß die unterschiedlichen Formen aggressiven Verhaltens differenziert betrachtet und sämtliche möglichen Einflußfaktoren der jeweiligen Aggressionsform berücksichtigt werden müssen, ehe wir Schlußfolgerungen für die Bewältigung, für vorbeugende Maßnahmen der einzelnen Formen aggressiven Verhaltens ziehen können. Wir brauchen nicht nur Theorien mittlerer Reichweite, die sich auf den frustrativen oder lerntheoretischen Aspekt beschränken, sondern vor allem Theorien, die sich auf bestimmte Formen aggressiven Verhaltens beschränken. Einen Schritt in diese Richtung hat Fürntratt mit seiner Arbeit über Angst und instrumentelle Aggression gemacht [39].
Das Phänomen der Aggression können wir nur lösen, wenn wir auf pauschale Untersuchungen und Bekämpfung der Aggression verzichten und statt dessen eine differenzierte Auseinandersetzung mit den einzelnen Aggressionsformen anstreben. Deren Ursachen und Bedingungen müssen unter dem Gesichtspunkt der Multikausalität analysiert und interpretiert werden, damit für die jeweilige Aggressionsform eine anteilmäßige Berücksichtigung der einzelnen Wirkungsfaktoren erarbeitet werden kann. So sind wir imstande, die Zusammenhänge dieser Ursachen und Bedingungen für die jeweilige Aggressionsform aufzuzeigen, um dann nach Möglichkeiten für vorbeugende Maßnahmen zu suchen. Aggression ist Ursache vieler Faktoren; welche Gewichtung und Bedeutung den einzelnen Faktoren zukommt, ist je nach Art der Aggression unterschiedlich. Dabei haben die pluralistischen Aggressionsmodelle, Theorien zur Aggression überhaupt, mindestens zwei „Sätze von Faktoren zu berücksichtigen. Jene, die die Entstehung von aggressiven Dispositionen in Individuen bedingen, und solche, die in einer gegebenen Situation zu ihrer Aktivierung beitragen“ [40].
Ehe wir uns an eine generelle, alle Aspekte und Formen aggressiven Verhaltens umfassende Theorie heranwagen,

ist es notwendig, zunächst pluralistische Aggressionsmodelle für ganz bestimmte Formen aggressiven Verhaltens zu erstellen. Dazu bedarf es der Zusammenarbeit der verschiedenen an der Aggression interessierten Wissenschaften. Vor allem bedarf es aber der endgültigen Absage an die Aggressionstriebtheorie, sowie an andere monokausale Erklärungen aggressiven Verhaltens.
Die Notwendigkeit oder Nützlichkeit einer generellen Aggressionstheorie, die alle Ursachen und vor allem alle Formen aggressiven Verhaltens umfaßt, scheint uns außerdem weder zwingend, noch besonders vorteilhaft, da dies höchstens zu Verallgemeinerungen und Verwirrungen führen kann. Es scheint jedenfalls der Überlegung wert, ob es nicht angebrachter wäre, sich auf pluralistische Modelle der jeweiligen Aggressionsformen zu beschränken. Auf dieser Basis könnten wir wirkungsvoller zu einer Bewältigung des Problemes von Aggression und Gewalt in unserer Gesellschaft gelangen.
Je genauer wir die zu untersuchende aggressive Handlung beschreiben, je spezifischer die Aggressionsform eingeengt wird, desto sicherere Erkenntnisse erhalten wir. Desto gültigere Aussagen können wir aber auch über bestimmte Aggressionsarten machen und somit auch die Entwicklung von Verhaltensgesetzen vorantreiben. Ob wir gesicherte Gesetze zu mehr als einer einfachen Aggressionsart formulieren können, muß späteren Untersuchungen vorbehalten bleiben. Vorerst kann es nur darum gehen, die Typen menschlicher Aggression zu benennen, einzeln zu untersuchen und die Parameter, die sie beeinflussen, mit der Gesellschaft in Beziehung zu setzen.
Eine aggressionsfreie Gesellschaft mag man als Utopie abtun; eine aggressionsärmere, ja aggressionsarme Gesellschaft ist bestimmt realisierbar. Wer dies als Utopie abtut, schließt die Augen vor sozio-kulturellen, gesellschaftsbedingten Ursachen von Aggression und Gewalt und betreibt einen unverantwortlichen biologischen oder psychologi-

schen Konservatismus. Ehe „nicht zumindest einige dieser Schritte getan sind, sollte man sich hüten, menschliche Aggressionen auf einen angeborenen Trieb zurückzuführen, der seit Jahrmillionen wirke und heute politische Gegensätze produziere, um sich selbst eine für die eigene Abreaktion günstige Situation zu schaffen. Das ist doch nichts anderes als eine biologische Münchhausiade, die politisch und sozial gefährlich werden kann. Eine solche Theorie schafft ein Alibi für die Technokraten des kalten und heißen Krieges. Sie gibt dem gläubigen Leser das wohlige Gefühl, über mächtige, dunkle und unveränderliche Schattenseiten aufgeklärt zu sein, während man ihm das elementare Wissen um die tatsächlichen, sehr handfesten Interessengegensätze vorenthält" [41].

Mögen die Graugänse mit ihrem Triebschicksal hadern und auf die Taten der „großen Konstrukteure des Artenwandels" hoffen – für die Menschen besteht dazu kein Anlaß. Wir haben es in der Hand, der Aggressionen und Gewalttätigkeiten Herr zu werden. Es liegen bereits genügend Forschungsergebnisse vor, die uns die ersten Schritte zur Aggressionsbewältigung aufzeigen, aber es wird weiterer Forschungen bedürfen, ehe wir das von monokausalen und vor allem triebtheoretischen Erklärungsmodellen verdunkelte Problem der Aggression und ihrer verschiedenen Formen und Ursachen völlig erhellen können. Die Zukunft wird zeigen, ob wir unsere Chancen und Möglichkeiten wahrgenommen haben.

Zum guten Schluß möchten wir noch einmal, leicht abgewandelt, Konrad Lorenz „zitieren": Wir glauben zwar nicht an die Macht der großen Konstrukteure des Artenwandels, aber wir glauben an die Vergänglichkeit der Fabel vom Aggressionstrieb.

Literaturverzeichnis

Vorwort/Kapitel I

1 *Denker,* R., Aufklärung über Aggression. Stuttgart 1971, 3. völlig überarbeitete und erweiterte Auflage, S. 103; **2** siehe Vorwort zu *Lorenz,* K., Zur Naturgeschichte der Aggression. In: Neue Sammlung Göttinger Blätter zur Kultur und Erziehung 1965, 4, S. 296; **3** *Lorenz,* K., Zur Naturgeschichte der Aggression, aaO, *S. 299;* **4** *Denker,* R., aaO, S. 103; **5** *Rattner,* J., Aggression und menschliche Natur. Frankfurt 1972, S. 28; **6** *Eibl-Eibesfeldt,* I., Der vorprogrammierte Mensch. Wien/München/Zürich 1973; **7** *Storr,* A., Lob der Aggression. Düsseldorf 1970; **8** *ibid.,* S. 145 f.; **9** *ibid.,* S. 169; **10** siehe Schutzumschlag zu *Storr,* Lob der Aggression, aaO; **11** *Eibl-Eibesfeldt,* I., aaO, S. 108; **12** *Selg,* H. (Ed.), Zur Aggression verdammt? Stuttgart 1971, S. 147; **13** *Lorenz,* K., Die acht Todsünden der zivilisierten Menschheit. München 1973, S. 7; **14** *Eibl-Eibesfeldt,* I., aaO, S. 108; **15** die Autoren dieses Buches machen dabei keine Ausnahme; **16** *Köhler* und *Hassenstein,* vergl. Umschau in Wissenschaft und Technik 1974, 1, S. 7.

Kapitel II

1 *Denker,* R., Angst und Aggression. Stuttgart 1974.

ZUM AGGRESSIONSTRIEB-KONZEPT VON SIGMUND FREUD

1 *Kofler,* L., Aggression und Gewissen. München 1973; **2** *Freud,* S., Neue Folgen der Vorlesungen zur Einführung in die Psychoanalyse. Ges. Werke, Bd. XV, London 1950/New York 1953, S. 101; **3** *ibid.,* Jenseits des Lustprinzips. Ges. Werke Bd. XIII; **4** *Schmidbauer,* W., Die sogenannte Aggression. Hamburg 1972, S. 137; **5** *Freud,* S., Triebe und Triebschicksale, aaO; **6** *Ruthe,* R., Erziehung zur Aggressionsbewältigung. München 1973; **7** *Adler,* A., Zwangsneurose. In: Int. Zt. f. Individual-Psychologie. 1931; **8** vergl. *Buss,* A. H., The psychology of aggression. New York/London 1961; *Selg,* H. (Ed.), Zur Aggression verdammt? Stuttgart 1973, 3. überarb. und erw. Auflage; **9** *Klein,* Melanie, Das Seelenleben des Kleinkindes. Stuttgart 1962; *Menninger,* K., Das Leben als Balance. München 1968; **10** *Hartmann,* H., *Kris,* E. und *Loewenstein,* R., Notes on the theory of aggression. In: The psychoanalytical study of the child 1949, S. 9–36; *Mitscherlich,* A. (Ed.), Bis hierher und nicht weiter – Ist die menschliche Aggression unbefriedbar? München 1968; **11** *Mitscherlich,* A. (Ed.), aaO, S. 73; **12** *Fenichel,* O., The Psychoanalytical Theory of Neurosis. New York 1945; *Ammon,* G., Gruppendynamik der Aggression. München 1973; *Fromm,* E., Die Anatomie der menschlichen Destruktivität. Stuttgart 1974.

ZUM AGGRESSIONSINSTINKT – KONZEPT NACH LORENZ

1 *Beach,* F., hier zitiert nach: *Miller,* G. A., *Galanter,* E. und *Pribram,* K. H., Strategien des Handelns – Pläne und Strukturen des Verhaltens. Stuttgart 1973, S. 73; **2** *Lorenz,* K., Die acht Todsünden der zivilisierten Menschheit. München 1973, S. 14 f.; **3** *Lorenz,* K., Das sogenannte Böse. München 1974, S. 48; **4** *Wickler,* W., Die Biologie der zehn Gebote. München 1971; hier zitiert nach: *Elhardt,* S., Aggression als Krankheitsfaktor. Göttingen 1974, S. 18; **5** *Lorenz,* K., Zur Naturgeschichte der Aggression. In: Neue Sammlung Göttinger Blätter für Kultur und Erziehung 1965, S. 296–308; **6** *Lorenz,* K., Das sogenannte Böse, aaO, S. 58; **7** siehe auch: *Hediger,* H., Zur Biologie und Psychologie der Flucht bei Tieren. In: Biol. Zentralblatt 1934, 21–40; **8** *Lorenz,* K., Das sogenannte Böse, aaO, S. 48 f.; **9** *Lorenz,* K., Das sogenannte Böse. Wien 1963, S. 345; **10** *Lorenz,* K., Das sogenannte Böse. München 1974, S. 226 f.; **11** *ibid.,* S.228; **12** *ibid.,* S. 230; **13** *Wickler,* W., Die Biologie der zehn Gebote, aaO.; **14** *Hinde,* R. A., Das Verhalten der Tiere, Bd. I, Frankfurt 1973, S. 394; **15** *Tinbergen,* N., Über Kampf und Drohen im Tierreich. In: *Friedrich,* H. (Ed.), Mensch und Tier. München 1968, S. 13–20; **16** *Tinbergen,* N., On war and peace in animals and man. In: Science 1968, 160, S. 1411–1418; **17** *Eibl-Eibesfeldt,* I., Der vorprogrammierte Mensch. Wien-München-Zürich 1973; **18** *Eibl-Eibesfeldt,* I., Liebe und Haß. Zur Naturgeschichte elementarer Verhaltensweisen. München 1970.

ZUR FRUSTRATIONS-AGGRESSIONS-HYPOTHESE

1 *Schmidbauer,* W., Die sogenannte Aggression. Hamburg 1972, S. 13; **2** *Dollard,* J. et al, Frustration and Aggression. New Haven 1939; deutsch: Frustration und Aggression. Basel 1971; **3** *Miller,* N. E., The frustration-aggression-hypothesis. In: Psychol. Rev. 1941, 337–342; **4** vergl. *Thibaut,* J. W. und *Riecken,* H. W., Authoritarianism, status, and the communication of aggression. In: Human relations 1955, 95–120; *Hokanson,* J. E. und *Burgess,* M., Effects of status, type of frustration and aggression on vascular processes. In: J. of Abnormal and Social Psych. 1963, 214–218; **5** *Lee,* F. J., Frustration and hostility: The effects of differential reduction in power over decision-making. Unpublished doctor's diss. Boston 1955; hier zitiert nach: *Mees,* U., aaO, S. 73; **6** *Mees,* U., Aggression. In: *Schick,* A. (Ed.), Aktuelle Themen der Psychologie. Stuttgart 1972, S. 73; **7** *Berkowitz,* L., Aggression: A social psychological analysis. New York 1962; *Berkowitz,* L. (Ed.), Roots of Aggression – A Re-Examination of the Frustration-Aggression-Hypothesis. New York 1969; **8** *Berkowitz,* L., aaO 1962; **9** *Berkowitz,* L. und *Le Page,* A., Weapons as aggression-eliciting stimuli. In: J. of Personality and Social Psych. 1967, 7, 202–207; deutsch: Waffen als aggressionsauslösende Reize. In: *Schmidt-Mummendey,* Amélie und *Schmidt,* H.-D. (Ed.), Aggressives Verhalten. München 1971, S. 131–145; **10** *Schmidt,* H.-D. und *Schmidt-Mummendey,* Amélie, Waffen als aggressionsanbahnende Hinweisreize: eine kritische Betrachtung experimenteller Ergebnisse. In: Zeitschrift für Sozialpsychologie 1974, 5, S. 201–218; **11** *Denker,* R., Angst und Aggression. Stuttgart 1974; **12** *ibid.,* S. 58.

ZUR LERNPSYCHOLOGISCHEN, ‚BEHAVIORISTISCHEN' AGGRESSIONSTHEORIE

1 *Lorenz,* K., Die acht Todsünden der zivilisierten Menschheit. München 1973, S. 8; **2** *Skinner,* B. F., The Behavior of Organism. New York 1938; **3** vergl. *Skinner,* B. F., Science and human behavior. New York 1953: siehe auch: *Lischke,* G., Aggression und Aggressionsbewältigung. Freiburg/München 1972, S. 63 f.; **4** *Reynolds,* G. S., *Catania,* A. C. und *Skinner,* B. F., Conditioned and unconditioned aggression in pigeons. In: J. of the Experimental Analysis of Behavior 1963, 1, 73–74; vergl. auch: *Euler,* H. A., Aggressionskontrolle mit Methoden der Verhaltenstherapie. In: *Schmidt,* H.-D., und *Schmidt-Mummendey,* Amélie (Ed.), Aggressives Verhalten. München 1971, S. 210 f.; **5** *Bandura,* A. und *Walters,* R. H., Social learning and personality development. New York 1964; *Bandura,* A., Principles of Behavior Modification. New York 1969; *Bandura,* A. und *Walters,* R. H., Adolescent aggression – a study of influence of child training practices and family inter-relationship. New York 1959; *Bandura,* A., Aggression – A Social Learning Analysis. Englewood Cliffs 1973.

ZUM BEKRÄFTIGUNGSLERNEN AGGRESSIVEN VERHALTENS

1 *Lorenz,* K., Die acht Todsünden der zivilisierten Menschheit. München 1973, S. 94; **2** *Sommer,* A. und *Grobe,* H., Aggressiv durch Fernsehen? Neuwied/Berlin 1974, S. 28; **3** vergl. *Belschner,* W., Das Lernen aggressiven Verhaltens. In: *Selg,* H. (Ed.), Zur Aggression verdammt? Stuttgart 1971, S. 57 ff.; **4** vergl. *Bandura,* A. und *Walters,* R. H., Social Learning and personality development. New York 1964; *Deur,* J. L. und *Parke,* P. D., Effects of Inconsistent Punishment on Aggression in Children. In: J. of Abnormal and Social Psych. 1952, 305–315; **5** *Lovaas,* J. O., Interaction between verbal and nonverbal behavior. In: Child Development 1961, 329–336; siehe auch: *Belschner,* W., aaO, S. 65; **6** vergl. *Sommer,* A. und *Grobe,* H., aaO, S. 31.

ZUM BEOBACHTUNGSLERNEN AGGRESSIVEN VERHALTENS

1 *Naegeli,* E., Verbrechen und Strafe als Formen der Aggression. In: *Plack,* A. (Ed.), Der Mythos vom Aggressionstrieb. München 1973, S. 180; **2** *Heinrichs,* H., Kind und Mediengewalt. In: *Silbermann,* A. et al, Aggression und Fernsehen. Tübingen 1974, S. 28; **3** *ibid.,* S. 27; **4** *Belschner,* W., Das Lernen aggressiven Verhaltens. In: *Selg,* H. (Ed.), Zur Aggression verdammt? Stuttgart 1971, S. 79; **5** *Sears,* R. R. et al, Some child-rearing antecedents of aggression and dependency in young children. In: Genet. psychol. monogr. 1953, 135–234; vergl. auch: *Belschner,* W., aaO, S. 82 f.; **6** *Belschner,* W., aaO.; **7** *Charlton,* M. et al, Auswirkungen von Verhaltensmodellen aus einem Fernsehwestern auf Gruppenarbeitsmethoden und Aggressionsbereitschaft von Grundschülern. In: Psychologie in Erziehung und Unterricht 1974, 3, 164–175; **8** *Silbermann,* A. et al, aaO, S. 95.

GEGENÜBERSTELLUNG DER AGGRESSIONSTHEORIEN ANHAND DES KATHARTISCHEN EFFEKTES

1 *Lorenz,* K., Das sogenannte Böse. Wien 1963, S. 78; **2** *Hegg,* J.-J., Einführung zum Kapitel ‚Leistungsmotivation in Genese und Wandel'. In: *Grupe,* O. (Ed.), Sport in unserer Welt – Chancen und Problem. Berlin/Heidelberg/New York 1973, S. 433 f.; **3** vergl. *Cratty,* B. J., Aggression in Sport. In: *Cratty,* B. J., Psychology in Contemporary Sport. Englewood Cliffs, New Jersey 1973, S. 150; **4** vergl. *ibid.,* S. 150.

Kapitel III

1 *Ruthe,* R., Erziehung zur Aggressionsbewältigung. München 1973, S. 14; **2** *Thiry,* P.-H., Baron d'Holbach, Système de la Nature, I, Chap. VI, réédition de 1775; **3** vergl. *Caesar,* Beatrice, Autorität in der Familie. Reinbek 1972; *Schmidbauer,* W., aaO.; **4** *Kelly,* zitiert nach: *Selg,* H., Diagnostik der Aggressivität. Göttingen 1968; **5** *Jackson,* L., Aggression and its Interpretation. London 1954.

ABSICHT – JA ODER NEIN?

1 *Werbik,* H., Versuch einer Bewertung der Frustrations-Aggressions-Hypothese. In: *Schmidt-Mummendey,* Amélie und *Schmidt,* H.-D. (Ed.), Aggressives Verhalten – Neue Ergebnisse der psychologischen Forschung. München 1971, S. 91; **2** *Lischke,* G., Aggression und Aggressionsbewältigung. Freiburg-München 1972, S. 27; **3** *Eyferth,* K., Trägt die Psychologie zur Friedensforschung bei? In: Bildung und Erziehung 1972, 5, S. 4; **4** *Eibl-Eibesfeldt,* I., Der vorprogrammierte Mensch. S. 130; Wien/Zürich/München 1973; **5** vergl. *Lischke,* G., aaO.

IST AGGRESSION MIT AKTIVITÄT GLEICHZUSETZEN?

1 *Schmidbauer,* W., Die sogenannte Aggression. Hamburg 1972, S. 14; **2** *Naegeli,* E., Verbrechen und Strafe als Formen der Aggression. In: *Plack,* A. (Ed.), Der Mythos vom Aggressionstrieb. München 1973, S. 157–180; **3** *ibid.,* S. 175; **4** *Dann,* H.-D., Aggression und Leistung. Stuttgart 1972; **5** *Selg,* H., Diagnostik der Aggressivität. Göttingen 1968, S. 22; **6** *Dann,* H.-D., aaO, S. 31; **7** *Caesar,* Beatrice, Autorität und Familie. Reinbek 1972; **8** vergl. u. a., *Caesar,* Beatrice, aaO; *Selg,* H., aaO; *Moyer,* K. E., Kinds of aggression and their physiological basis. In: Comm. Behav. Biol. 1968, 2, S. 65–87, Part A; *Buss,* A. H. und *Durkee,* A., An inventory for assessing different kinds of hostility. In: J. consult. Psychol. 1957, S. 343–348.

Kapitel IV

1 *Moyer,* K. E., Die Physiologie der Aggression und ihre Konsequenzen für die Beherrschung der Aggression. In: *Singer,* J. L. (Ed.), Steuerung von Aggression und Gewalt. Frankfurt 1972, S. 106; **2** *Plack,* A. (Ed.), Der Mythos vom Aggressionstrieb. München 1973, S. 17; **3** *Moyer,* K. E., Experimentelle Grundlagen eines physiologischen Modells aggressiven Verhaltens. In: *Schmidt-Mummendey,* A. und *Schmidt,* H. D. (Eds.), Aggressives Verhalten. München 1971, S. 50; **4** *Moyer,* K. E., The physiological inhibition of hostile behavior. In: *Knutson,* J. F. (Ed.), The control of aggression. Chicago 1973, S. 30; **5** *Kluver,* H. und *Bucy,* P., Psychic blindness and other symptoms following bilateral temporal lobectomy in Rhesus monkeys. In: Am. J. Physiol. *119* (1937), S. 352–353; **6** *Plotnik,* R., Changes in social behavior of squirrel monkeys after anterior temporal lobectomy. In: J. comp. Physiol. Psychol. *66* (1968), S. 369–377; **7** *Dicks,* D., *Myers,* R. K. und *Kling,* A., Uncus and amygdala lesions: effects on social behavior in the free ranging Rhesus monkey. In: Science, *165* (1969), S. 69–71; **8** *Fortuna,* M. and *Gandelman,* R., Elimination of pain-induced aggression in male mice following olfactory bulb removal. In: Physiol. Behav. *9* (1972), S. 397–400; **9** *Chaurand,* J. P., *Vergnes,* M. und *Karli,* P., Substance grise centrale du mésencéphale et comportement d'agression interspécifique du rat. In: Physiol. Behav. *9* (1972), S. 475–481; **10** *Flynn,* J. P., The neural basis of aggression in cats. In: *Glass,* D. G. (Ed.), Neurophysiology and Emotion. New York 1967; *Levison,* P. K. und *Flynn,* J. P., The objects attacked by cats during stimulation of the hypothalamus. In: Anim. Behav. *13* (1965), S. 217–220; **11** *Moyer,* K. E., The physiological inhibition of hostile behavior. a.a.O., S. 24–25; **12** *Bandler,* R. J., Facilitation of aggressive behavior in the rat by direct cholinergic stimulation of the hypothalamus. In: Nature, *224* (1969), S. 1035–1036; *Smith,* D. E., *King,* M. B. und *Hoebel,* B. C., Lateral hypothalamic control of killing: evidence for a colinoceptive mechanism. In: Science, *167* (1970), S. 900–901; **13** *Schachter,* S., *Singer,* J. E., Cognitive, social and physiological determinants of emotional state. In: Psych. Rev. *69* (1962), S. 379–399; *Schachter,* S. und *Lantane,* B., Crime, cognition and the autonomic nervous system. In: *Levine,* D. (Ed.), Nebraska symposium on motivation. Lincoln 1964; **14** *Goldberg,* M. E., *Dubnick,* B., *Hefner,* M. und *Salama,* A. I., Influence of Chlorpromazine on brain Serotonin turnover and body temperature in isolated aggressive mice. In: Neuropharm. *12* (1973), S. 249–260; **15** *Johansson,* G., Relation of biogenic amines to aggressive behavior. In: Med. Biol. *52* (1974), S. 189–192; **16** *Seward,* J. P., Aggressive behavior in the rat. I. General characteristics: age and sex differences. In: J. Comp. Psychol. *38* (1945), S. 175–197; **17** *Cohen,* D., Chemical castration. In: New Scientist, *57* (1973), S. 523–524; **18** *Hamburg,* D. A. et al., Studies of distress in the menstrual cycle and the postpartum period. In: *Michel,* R. P. (Ed.), Endocrinology and human behavior. London 1968; **19** *Payne,* A. P. und *Swanson,*

Heidi H., The effect of sex hormones on the agonistic behavior of the male Golden Hamster. In: Physiol. Behav. *3* (1972), S. 687–691; **20** *Leymarie,* P., *Roger,* M., *Castanier,* M. und *Scholler,* R., Cicadian variations of plasma testosterone and estrogens in normal men. A study by frequent sampling. In: J. Steroid Biochem. *5* (1974), S. 167–171; **21** *Meyer-Bahlburg,* H. F. L., *Boon,* D. A., *Sharma,* M. und *Edwards,* J. A., Aggressiveness and testosterone measures in man. Psychosomatic Medicine, *36* (1974), S. 269–274; **22** *Lumia,* A. R., *Rieder,* C. A. und *Reynierse,* J. H., The differential effects of reinforcement and testosterone on aggressive responding in pigeons: species typical and aversive aspects of pigeon aggression. In: Bull. Psychon. Soc., *1* (1973), S. 165–166; *Lumia,* A. R., The relationships among testosterone, conditioned aggression, and dominance in male pigeons. In: Hormones and Behavior, *3* (1972), S. 277–286; **23** *Vale,* J. R., *Ray,* D. und *Vale,* C. A., Interaction of genotype and exogenous neonatal estrogen: aggression in female mice. In: Physiol. Behav. *10* (1973), S. 181–183; **24** *Lischke,* G., Aggression und Aggressionsbewältigung. S. 152 ff. München/Freiburg i. Br. 1972; **25** *Hutt,* Corinne, Sex: What's the difference? In: New Scientist, *62* (1974), S. 405–407; **26** *Bolton,* R., Aggression and Hypoglycemia among the Qolla: a study in psychobiological anthropology. In: Ethnology, *12* (1973), S. 227–257; **27** *Sandberg,* A. A., *Kopf,* G. F., *Ishihara,* T. und *Hanschka,* T. S., An XYY male. In: Lancet, II (1961), S. 488–489; **28** *Price,* W. H., *Whatmore,* P. B., Behavior disorders and patterns of crime among XYY males identified at a maximum security hospital. In: Brit. Med. J. *69* (1967), S. 533–536; *Moor,* L., Caryotypes avec deux chromosomes Y et troubles du comportement. In: Ann. Méd. Psychol. *1* (1967), S. 116–126; **29** *Benezech,* M., *Robert,* G., *Luciani,* J. M. und *Ñoel,* B., Etude somatique, psychiatrique et hormonale avec histologie testiculaire de 6 psychopathes XYY. In: Bordeaux Médical (1971), S. 3013–3033; **30** *Benezech,* M., *Noel,* B., *Messager,* A., *Lazarini,* H. J. und *Doignon,* J., Aggressivité, débilité mentale et epilepsie chez un sujet de caryotype 47 XYY/48 XXYY. In: Rev. Neuropsych. infantile *20* (1972), S. 773–775; **31** *Jarvik,* L. F., *Klodin,* V., *Matsuyama,* S. S., Human aggression and the extra Y chromosome. In: Am. Psychol. *28* (1973), S. 674–682; **32** *Hook,* E. B., Behavioral implications of the human XYY genotype. In: Science, *179* (1973), S. 139–150; **33** *Galton,* F., The History of Twins, as a criterion of the relative powers of Nature and Nurture. In: J. Royal Anthrop. Institute, *5* (1875), S. 391–406; **34** *Murken,* J. D., Aggressivität als Problem der Genetik. In: *Plack,* A. (Ed.), Der Mythos vom Aggressionstrieb. München 1973, S. 132 ff.; **35** Zitiert aus: *Murken,* J. D., a.a.O.; **36** *Pilz,* G., Aggression und Brutalität. In: *Hörrmann,* M. (Ed.), Zur Diskussion: Kirche und Sport. München 1975 (in Vorbereitung); **37** zitiert aus: *Murken,* J. D., a.a.O.; **38** *Stewart,* J. M., Genetic and ontogenic determinants of agonistic behavior in animal societies. Prototypic experiments with mice. Manuscript, NATO international conference on the „Determinants and origins of aggressive behavior". Monte-Carlo, Monaco, 1–6 July, 1973.

Kapitel V

1 *Montagu,* A. F. M., In: *Hollitscher,* W. (Ed.), Aggressionstrieb und Krieg. Stuttgart 1973, S. 61; **2** *Dubos,* R., Man's Nature and social Institutions. In: *Montagu,* A. F. M. (Ed.), Man and Aggression, 2nd Ed., S. 91, Oxford 1973; **3** *Montagu,* A. F. M., In: *Hollitscher,* W. (Ed.), Aggressionstrieb und Krieg. S. 66, Stuttgart 1973; **4** *Lorenz,* K., Die instinktiven Grundlagen menschlicher Kultur. Die Naturwissenschaften, *54,* S. 377–388 (1967); **5** *Horn,* K., Gibt es einen Aggressionstrieb? Psyche, *26,* S. 799–817 (1972); **6** Wir folgen hier größtenteils der Abhandlung von: *Lehrman,* D. S., A critique of Konrad Lorenz' theory of instinctive behavior. In: Quarterly Rev. Biol. *28,* S. 337–363 (1953); **7** *Eibl-Eibesfeldt,* I., Grundriß der vergleichenden Verhaltensforschung. 2. Aufl., S. 29, München 1969; **8** *Lorenz,* K. und *Tinbergen,* N., Taxis und Instinkt in der Eirollbewegung der Graugans. In: Zeitschrift für Tierpsychologie, *2,* S. 1–29 (1938); **9** *Hess,* E. H., Imprinting in a natural laboratory. In: Scientific American, August 1972, S. 24–31; **10** *Kuo,* Z. Y., Ontogeny of embryonic behavior in apes. I–IV. In: J. exp. zool. *61,* S. 395, 430 (1932) und *62,* S. 453–489 (1932); J. comp. Psychol. *13,* S. 245–272 (1932) und *14,* S. 109–122 (1932); **11** *Lorenz,* K., Das sogenannte Böse. München 1974, S. 206; **12** *ibid.,* S. 37; **13** *ibid.,* S. 45; **14** *Koford,* C. B., The vicuna and the puna. In: Ecological Monographs, *27,* S. 153–219 (1957); **15** siehe z. B.: *Lowe,* U. P. W., Observations on the dispersal of red deer on rum. In: Symp. zool. Soc. London *18,* S. 211–228 (1966); *Schenkel,* R., Play, exploration and territoriality in the wild lion. In: Symp. zool. Soc. London, *18,* S. 11–22 (1966); **16** *Kaiser,* H., Intraspezifische Aggression und räumliche Verteilung bei der Libelle Onychogomphus forcipatus (Odonata). In: Oecologia, *15,* S. 223–234 (1974); **17** *Klötzli,* A. M., Zur Revierstetigkeit von Calopteryx virgo (L.). In: Mitteilungen der schweizerischen entomologischen Gesellschaft *43,* S. 240–248 (1971); **18** *Chapman,* D. W., Food and space as regulations of salmonid populations in streams. In: American Naturalist, *100,* S. 345–356 (1966); **19** *Gartlan,* J. S., Ecology and behavior of the vervet monkey. Lolui Island, Lake Victoria, Uganda. Thesis, 1966. Bristol University, GB.; **20** *Scott,* J. P., That old-time aggression. In: *Montagu,* A. (Ed.), Man and aggression, 2nd ed. S. 141, London 1973; **21** *Schaller,* G., The mountain gorilla: Ecology and Behavior. Chicago 1963; *ibid.,* The Year of the Gorilla. Chicago 1964; **22** *Heiligenberg,* W. und *Kramer,* U., Aggressiveness as a function of external stimulation. In: J. comp. Psychol. *77,* S. 332–340 (1972); siehe auch: *Hinkel,* T. J. und *Maier,* R., Isolation and aggression in siamese fighting fish (Betta splendens). In: Psychol. Rep. *34,* S. 1323–1326 (1974); **23** *Schneirla,* T. C., A theory of army-ant behavior based upon the analysis of activities in a representative species. In: J. comp. Psychol. *25,* S. 51–90 (1938); *ibid.,* The reproductive functions of the army-ant queen as pacemakers of the group behavior pattern. In: J. New York entom. Soc. *52,* S. 153–192 (1944); **24** *Lees,* A. D., Modern concepts of instinctive behavior (in section Entomology). In: Sci. Prog. Twent. Cent. *37,* S. 318–321 (1949); **25** siehe u. a.: *Kummer,* H., Soziales Verhalten einer Mantelpavian-Gruppe. In: Schweiz. Z. Psychol., Suppl. *33* (1957); **26** *Harlow,* H. F. und *Harlow,* M. K., The affectional systems. In: Behavior of non-human primates. vol. 2. *Schrier,* A. M., *Harlow,* H. F. und *Stollnitz,* F. (Eds.), New York 1965; **27** *Harlow,* H. F., The heterosexual affectional system in Monkeys. In: American Psychologist, *17,* S. 1–9 (1962); **28** zitiert aus: *Alland,* A., Aggression und Kultur, Frankfurt 1974, S. 55; **29** *Harlow,* H. F. und *Lauersdorf,* Helen D., Sex differences in passion and play. In: Perspectives Biol. Med. *17,* S. 348–360 (1974); **30** *Barash,* D. P., The evolution of Marmot societies: a general theory. In: Science, *185,* S. 415–420 (1974); **31** *Jacobsen,* E., The clinical effects of drugs and their influence on animal behavior. In: Rev. de Psychologie appliquée, *11,* S. 421–532 (1961); *Moyer,* K. E., Kinds of aggression and their physiological basis. In: Comm. in behavioural Biology, part A, *2,* S. 65–87 (1968); **32** *Conner,* R. L. und *Levine,* S., Hormonal influences on aggressive behavior. In: *Garattini,* S. und *Sigg,* E. B. (Eds.), Aggressive behavior. Amsterdam 1969, S. 150–163; **33** *Dollard,* J., *Doob,* L. W., *Miller,* N. E., *Mowrear,* O. H. und *Sears,* R. R., Frustration and aggression. New Haven 1939; **34** *Bandura,* A. und *Walters,* R. H., Social learning and personality development. London 1963; *Berkowitz,* L., Aggression: a social psychological analysis. Maidenhead 1962; **35** *Ferracuti,* F. und *Wolfgang,* M. E. In: British J. Criminology, S. 377 (1963); **36** *Hassenstein,* B., Das spezifisch Menschliche nach den Resultaten der Verhaltensforschung. In: *Gadamer,* H. G. und *Vogler,* P. (Eds.), Neue Anthropologie. Stuttgart 1972, Band 2, S. 86; **37** *Stamm,* R. A., Soziales Leben und Struktur der Verbände bei Tieren. In: Handbuch der Psychologie, Bd. 7. Sozialpsychologie. Göttingen 1972, S. 1940; **38** *Tinbergen,* N., zitiert aus: *Montagu,* A. M. F. (Ed.), 2nd ed. Man and aggression. S. 80, Oxford 1973; **39** *von Cranach,* M., De l'importance de l'éthologie pour la connaissance du comportement humain. In: Inform. sci. soc. *11,* S. 7–28 (1972).

Kapitel VI

1 *Ruthe,* R., Erziehung zur Aggressionsbewältigung. München 1973, S. 48; **2** *Rattner,* J., Aggression und menschliche Natur. Frankfurt 1972, S. 29; **3** *Ammon,* G., Gruppendynamik der Aggression. München 1973, S. 11; **4** *Lorenz,* K., Über tierisches und menschliches Verhalten. Frankfurt a. M./Wien/Zürich 1967, Bde. I + II, S. 633; **5** *Schenkel,* R., Zur Biologie der Aggression – auch unserer eigenen. In: *Zacharias,* G. (Ed.), Das Böse. Dokumente und Interpretationen. München 1972, S. 79; **6** *ibid.,* S. 80; **7** vergl. *Lorenz,* K., Das sogenannte Böse. München 1974, S. 206; **8** *Alland,* A., Aggression und Kultur. Frankfurt a. M. 1974, S. 61; **9** *Röhm,* H., Kindliche Aggressivität. Starnberg 1972, S. 31.

KONRAD LORENZ ALS HUMANPSYCHOLOGE

1 *Fromm,* E., Die Anatomie der menschlichen Destruktivität. In: Psychologie heute 1974, 1, S. 19; **2** *ibid.,* S. 22; **3** *Alland,* A., Aggression und Kultur. Frankfurt a. M. 1974, S. 51; **4** *Lorenz,* K., Über tierisches und menschliches Verhalten. Frankfurt a. M./Wien/Zürich 1967, S. 633; **5** *Röhm,* H., Kindliche Aggressivität. Starnberg 1972, S. 30; **6** vergl. *ibid.;* **7** *Lorenz,* K., Das sogenannte Böse. München 1974, S. 60; **8** *Lorenz,* K., Über tierisches und menschliches Verhalten, aaO, S. 463; **9** *Lorenz,* K., Über tierisches und menschliches Verhalten, aaO, S. 463 f.; **10** *Lorenz,* K., Das sogenannte Böse. München 1974, S. 61; **11** vergl. *Schmidbauer,* W., Die sogenannte Aggression. Hamburg 1972, S. 45; **12** vergl. *Werbik,* H., Theorie der Gewalt. München 1974, S. 59; **13** vergl. *Lorenz,* K., aaO, S. 250.

DIE NEUROTISCH-AGGRESSIVEN ‚NON-FRUSTRATION'-KINDER

14 *Lorenz,* K., Die acht Todsünden der zivilisierten Menschheit. München 1973, S. 78; **15** *Lorenz,* K., Das sogenannte Böse, aaO, S. 56; **16** *Plack,* A., Die Gesellschaft und das Böse. München 1968; **17** *Schmidbauer,* W., aaO, S. 47; **18** vergl. *ibid.,* S. 47; **19** *Lorenz,* K., Die acht Todsünden . . ., aaO, S. 79; **20** *Lorenz,* K., Das sogenannte Böse, aaO, S. 229; **21** *ibid.,* S. 258; **22** *ibid.,* S. 229; **23** *ibid.,* S. 230; **24** *ibid.,* S. 230; **25** vergl. *Stewart,* O. C., Lorenz/Margolin on the Ute. In: *Montagu,* M. F. A. (Ed.), Man and Aggression. New York 1968, S. 105; **26** *ibid.,* S. 105 ff.; **27** *Lorenz,* K., Das sogenannte Böse, aaO, S. 229; **28** *Stewart,* O. C., aaO, S. 107; **29** vergl. *Beatty,* J., Taking Issue with Lorenz on the Ute. In: *Montagu,* M. F. A. (Ed.), aaO, S. 111 ff.; **30** *ibid.,* S. 112; vergl. auch *Alland,* A., aaO, S. 65; **31** *ibid.,* S. 113; **32** *Alland,* A., aaO, S. 66; **33** *Lorenz,* K., aaO, S. 230; **34** *ibid.,* S. 249; **35** *ibid.,* S. 256; **36** *ibid.,* S. 77; **37** *Alland,* A., aaO, S. 51; **38** *Lorenz,* K., aaO, S. 78; **39** vergl. *Alland,* A., aaO, S. 52; **40** *Lorenz,* K., aaO, S. 205; **41** *ibid.,* S.199; **42** vergl. *Alland,* A., aaO, S. 53; **43** *Rattner,* J., Aggression und menschliche Natur. Frankfurt a. M. 1972, S. 25; **44** vergl. *Storr,* A., Lob der Aggression. Düsseldorf 1970; **45** *Lorenz,* K., Zur Naturgeschichte der Aggression. In: Neue Sammlung – Göttinger Blätter für Kultur und Erziehung 1965, S. 304 f.; **46** *ibid.,* S. 305; **47** *ibid.,* S. 305; **48** *ibid.,* S. 306; **49** *Lorenz,* K., Das sogenannte Böse, aaO, S. 248; **50** *ibid.,* S. 53 f.; **51** *Lorenz,* K., aaO, S. 246; **52** vergl. *Selg,* H. (Ed.), Zur Aggression verdammt? Stuttgart 1971, S. 52.

KONRAD LORENZ ALS MORALPREDIGER

1 *Lorenz,* K., Das sogenannte Böse. München 1974, S. 234; **2** *Lorenz,* K., Die acht Todsünden . . ., München 1973, S. 7; **3** *ibid.;* **4** *ibid.,* S. 7; **5** *Denker,* R., Angst und Aggression. Stuttgart 1974, S. 66; **6** *Fromm,* E., Anatomie der menschlichen Destruktivität. Stuttgart 1974, S. 97; **7** *ibid.;* **8** *Lorenz,* K., aaO, S. 22; **9** *Skinner,* B. F., Walden Two. New York 1948; **10** *Lorenz,* K., aaO, S. 58; **11** vergl. *Naegeli,* E., Verbrechen und Strafe als Formen der Aggression. In: *Plack,* A. (Ed.), aaO, S. 157–180, sowie die darin angeführte Literatur; **12** vergl. *Ammon,* G., Gruppendynamik der Aggression. München 1973; *Büsser,* R., *Flosdorf,* P. und *Limbourg,* Maria, Die Modifikation aggressiver Verhaltensweisen bei zwei Kindergartenkindern. In: Psychologie in Erziehung und Unterricht. 1974, S. 249–253; **13** *Lorenz,* K., aaO., S. 59; **14** *ibid.,* S. 60; **15** vergl. *ibid.,* S. 65; **16** *ibid.,* S. 65; **17** *Lorenz,* K., aaO, S. 83; **18** *Krockow,* Ch., Graf von, Sport – Eine Soziologie und Philosophie des Leistungsprinzips. Hamburg 1974, S. 129; **19** *ibid.,* S. 129; **20** *Pilgrim,* V. E., Dressur des Bösen. München 1974, S. 71.

PSYCHOLOGISCH-SOZIOLOGISCHE INTERPRETATIONEN AGGRESSIVEN VERHALTENS

1 *Plack,* A. (Ed.), Der Mythos vom Aggressionstrieb. München 1973, S. 312; **2** *Lorenz,* K., Die Rückseite des Spiegels. München/Zürich 1973, S. 321; **3** *Lorenz,* K., Das sogenannte Böse. München 1974, S. 245; **4** vergl. *Alland,* A., Aggression und Kultur. Frankfurt a. M. 1974, S. 29 f.; **5** *ibid.,* S. 30; **6** *Horn,* K., hier zitiert nach: *Conrad,* W. und *Strubel,* S., Frisch, Fromm, Fröhlich, Frei – Sport und Gesellschaft. Reinbek 1971, S. 42 f.; **7** vergl. *Aldermann,* R. B., Psychological Behavior in Sport. Philadelphia/London/Toronto 1974, S. 232; **8** *Malinowski,* B., An anthropological analysis of war. Glencoe, Ill. 1948; **9** *Zille,* H., hier zitiert nach: *Wintsch,* H.-U., Erziehung zur Friedfertigkeit. In: *Plack,* A. (Ed.), aaO, S. 303; **10** vergl. *Stapf,* K. H. et al, Psychologie des elterlichen Erziehungsstils. Stuttgart 1972; **11** vergl. *Ammon,* G., Gruppendynamik der Aggression. München 1973; **12** *Davitz,* J. R., The effects of previous training on post-frustration behavior. In: J. of Abnormal and social Psychology 1952, 309–315; **13** *Ammon,* Gisela, Beobachtungen über einen psychoanalytischen Kindergarten. (Zum Problem der Frustrationsregulation.) In: Psychoanalytische Gruppenpsychotherapie, I. Int. Symposium der Deutschen Gruppenpsychotherapeutischen Gesellschaft. Berlin 1969; hier zitiert nach: *Ammon,* G., aaO, S. 50; **14** *Ammon,* G., aaO, S. 51; **15** *Mantell,* D. M., Familie und Aggression. Frankfurt a. M. 1972; **16** *Ruthe,* R., Erziehung zur Aggressionsbewältigung. München 1973, S. 119; **17** *Caesar,* Beatrice, Autorität in der Familie. Reinbek 1972, bes. S. 93 ff., und S. 112; **18** *Bard,* M., Die Analyse und Beeinflussung der Gewalttätigkeit in der Familie. In: *Singer,* J. L. (Ed.), Steuerung von Aggression und Gewalt. Frankfurt 1972, S. 175–189; **19** *Schmidbauer,* W., Die sogenannte Aggression. Hamburg 1972, S. 149; **20** vergl. *Wintsch,* H. U., aaO, S. 303; **21** *Storr,* A., Lob der Aggression. Düsseldorf 1970, S. 92 f.; **22** *ibid.,* S. 94; **23** *Mead,* Margaret, Geschlecht und Temperament in primitiven Gesellschaften. Reinbek 1959; **24** *Kagan,* J. und *Moss,* H. A., Birth to Maturity. New York 1962; **25** *Harris,* Dorothy, V., Involvement in Sport: A Somatopsychic Rationale for Physical Activity. Philadelphia 1973, S. 82 ff.; **26** *Schmidbauer,* W., aaO, S. 144; **27** *ibid.,* S. 144.

Kapitel VII

1 *Schmidbauer,* W., Ethnologische Aspekte der Aggression. In: *Plack,* A. (Ed.), Der Mythos vom Aggressionstrieb. München 1973, S. 270; **2** *Kofler,* L., Aggression und Gewissen. München 1973, S. 187; **3** vergl. *Schmidbauer,* W., Die sogenannte Aggression. Hamburg 1972, S. 82; **4** *ibid.,* S. 84; **5** vergl. *ibid.,* S. 84 ff.; **6** vergl. *Alland,* A., Aggression und Kultur. Frankfurt 1974; **7** vergl. *Fromm,* E., Anatomie der menschlichen Destruktivität. Stuttgart 1974, S. 115 ff.; **8** *Lorenz,* K., Das sogenannte Böse. München 1974, S. 48; **9** Wir halten uns in diesem Abschnitt besonders an die Thesen von *Helmuth,* H., Kannibalismus in Paläoanthropologie und Ethnologie. In: Ethnographisch-Archäologische Zeitschrift 1968, 5, 101–119; **10** vergl. *Lee,* R. und *De Vore,* J. (Eds.), Man the Hunter. Chicago 1968, sowie, *Schmidbauer,* W., aaO, S. 86 ff.; *ders,.* Jäger und Sammler. München-Planegg 1971, sowie, *Fromm,* E., aaO, S. 115 ff.; **11** *Moore,* Elisabeth, in: *Hollitscher,* W. (Ed.), Aggressionstrieb und Krieg. Stuttgart 1973, S. 56; **12** *Montagu,* M. F. A. (Ed.), Man and aggression. Oxford 1973, S. 16; **13** *Wright,* Q., A study of war. Chicago 1965, 2. Aufl., hier zitiert nach: *Fromm,* E., aaO, S. 132; **14** *Schmidbauer,* W., Die sogenannte Aggression, aaO, S. 97.

KRITIK AN DER HUMANETHNOLOGIE VON EIBL-EIBESFELDT

1 *Eibl-Eibesfeldt,* I., Der vorprogammierte Mensch. Wien/München/Zürich 1973, S. 67 f.; **2** *ders.,* Liebe und Haß. München 1970, S. 100; **3** *ibid., S. 15;* **4** *Helmuth,* H., Zum Verhalten des Menschen: die Aggression. In: Z. für Ethnologie 1967, 2, 265–273; **5** *Eibl-Eibesfeldt,* I., Liebe und Haß, aaO, S. 88; **6** *ibid.,* S. 88; **7** vergl. *Lepenies,* W., *Nolte,* H., Kritik an der Anthropologie. München 1971. S. 113; **8** vergl. auch *Schmidbauer,* W. Die sogenannte Aggression. Hamburg 1972, S. 107; **9** *ibid.,* S. 108; **10** vergl. *Eibl-Eibesfeldt,* I., Die !Ko-Buschmanngesellschaft. München 1972; **11** *Eibl-Eibesfeldt,* I., Der vorprogrammierte Mensch, aaO, S. 122; **12** *ibid.,* S. 115; **13** *Milgram,* S., Behavioral Study of Obedience. In: J. of Abnormal and Social Psychology 1963, 371–378; deutsch: Einige Bedingungen des Autoritätsgehorsams und seiner Weigerung. In: *Wiesbrock,* H. (Ed.), Politische Psychologie, Bd. 6: Die politische und gesellschaftliche Rolle der Angst. Frankfurt 1967; inzwischen ist auch ein Buch über dieses Experiment erschienen, mit dem Titel: Das Milgram-Experiment. Reinbek 1974; **14** vergl. auch: *Lepenies,* W., und *Nolte,* H., aaO, S. 110; **15** vergl. *Ardrey,* R., The Territorial Imperative. London 1966; *Morris,* D., *Der nackte Affe.* München 1968; *Lorenz,* K., Das sogenannte Böse. München 1974; *Eibl-Eibesfeldt,* I., Die Ko-Buschmanngesellschaft, aaO; **16** vergl. *Schmidbauer,* W., aaO, S. 92; **17** vergl. *Woodburn,* J., The Hazda of Tanzania. In: *Lee,* R., und *De Vore* J. (Eds.), Man the Hunter. Chicago 1968, vergl. auch: *Schmidbauer,* W., aaO, S. 92; **18** *Montagu,* M. F. A. (Ed.), Mensch und Aggression. Weinheim/Basel 1974, S. 27; **19** *Crook,* J. H., Wesen und Funktion der territorialen Aggression. In: *Montagu,* M. F. A. (Ed.), aaO, S. 187; **20** *Alland,* A., Aggression und Kultur. Frankfurt 1974, S. 107 ff.; **21** *Eibl-Eibesfeldt,* I., Der vorprogrammierte Mensch. Wien/München/Zürich 1973, S. 148; **22** *ibid.,* S. 148; **23** vergl. *ibid.,* S. 141 ff; **24** vergl. ibid., S. 94; **25** vergl. *Eibl-Eibesfeldt,* I., Liebe und Haß, aoO, S. 114 f.; **26** *Eibl-Eibesfeldt,* I., Der vorprogrammierte Mensch. Wien/München/Zürich. 1973, S. 98; **27** vergl. *Kofler,* L., Aggression und Gewissen. München 1973, S. 196 f.; **28** *ibid.,* S. 106; **29** *Eibl--Eibesfeldt,* I., aaO, S. 89; **30** ibid., S. 89; **31** *ibid.,* S. 89; **32** *ibid.,* S. 89 f.; **33** vergl. *Kofler,* L., aaO, S. 79; **34** *Collatz,* K.-G., Zur Information über Theorien der Aggressivität. In: *Neidhardt,* F., et al., Aggressivität und Gewalt in unserer Gesellschaft. München 1973, S. 136.

FRIEDFERTIGE UND KRIEGERISCHE GESELLSCHAFTEN

1 *Fromm,* E., Anatomie der menschlichen Destruktivität. Stuttgart 1974, S. 153; **2** vergl. *ibid.,* S. 149 ff.; **3** vergl. *Mead,* Margaret, Geschlecht und Temperament in primitiven Gesellschaften. Reinbek 1959, S. 12 ff.; **4** vergl. *Bettelheim,* B., Die Kinder der Zukunft. München 1973; **5** vergl. *Mead,* Margaret, aaO, S. 79 ff.; **6** vergl. *ibid.,* S. 103; **7** vergl. auch *Fromm,* E., aaO, S. 4; **8** vergl. *ibid.,* S. 4; **9** vergl. *Fürntratt,* E., Angst und instrumentelle Aggression. Weinheim/Basel 1974, S. 284.

Kapitel VIII

1 Bundeskanzler Helmut *Schmidt,* anläßlich eines Interviews mit dem Sportchef des ZDF, Hans-Joachim *Friedrichs;* am 6. 7. 1974, innerhalb des ‚Aktuellen Sportstudios'; **2** *Hegg,* J.-J., Tiefenpsychologie des Hochleistungssports. In: Schweizerische Z. für Sportmedizin 1969, S. 100 (Hervorhebungen, die Verf.); **3** *Lorenz,* K., Das sogenannte Böse. München 1974, S. 249 f.; **4** *ibid.,* S. 249 f.; **5** vergl. das Zitat von Bundeskanzler H. *Schmidt,* auf Seite 181, das stellvertretend für die Aussagen der Politiker der verschiedenen Parteien steht; **6** *Rat der Evang. Kirche in Deutschland,* Sport, Mensch und Gesellschaft. Gütersloh 1972, 2. Aufl. S. 26; **7** *ibid.,* S. 26 f.; **8** *Sportinformationsdienst* des DSB Nr. 37 1974, S. 7; **9** *Handelsblatt,* 12. Juni 1974; **10** *Bildzeitung,* 18. 2. 1973; **11** *Sport* (Zürich) 20. 8. 1973; **12** *Bund* (Bern) 26. 3. 1974; **13** *Sport,* 3. 4. 1974; **14** *Ostschweizer Anzeiger,* 17. 4. 1974; **15** *Münchner Merkur,* 24. 4. 1974; **16** *Arbeiterzeitung* (Wien) 8. 6. 1974; **17** *Badische Neueste Nachrichten,* 28. 8. 1974; **18** *Frankfurter Neue Presse,* 28. 8. 1974, zum Tod durch Messerstich eines 14jährigen Schülers während eines Fußballspiels in Blackpool; **19** *Frankfurter Rundschau,* 29. 8. 1974; **20** *Münchner Abendzeitung,* 1. 8. 1972; **21** *ibid.,* 10. 4. 1969; **22** *ibid.,* 9. 11. 1970; **23** *Mannheimer Morgen,* 14. 12. 1971; **24** *Plack,* A., Sport als Aggressionsventil? In: *Ders.* (Ed.), Der Mythos vom Aggressionstrieb. München 1973, S. 218 ff.; **25** *Hacker,* F., Materialien zum Thema Aggression. Wien/Zürich/München 1972, S. 68 f.; **26** *Hegg,* J.-J., aaO; **27** *Fuchs,* H., Aggression und Leibesübungen. In: Leibesübungen und Leibeserziehung. 1965, 1–4; **28** *Baldewein,* G., Aggression und Partnerschaft. In: Die Leibeserziehung 1969, 2, 54–55; **29** *Ferrer-Hombravilla,* J., La fonction du sport pour contrôler l'agression. In: Symposium Scientifique International: Résumé des travaux. Bucarest-Mamaia 1969, 195–196; und in: International J. of Sport Psychology 1970, 1, 58; **30** *Platzbecker,* P., Die Psychologie des Leistungssportlers. In: Sportarzt und Sportmedizin 1966, 3, 99–102.

AGGRESSIONSABFUHR DER ZUSCHAUER?

1 *Winkler,* H.-J., Sport und politische Bildung. Modellfall Olympia. Opladen 1973, S. 48 f.; **2** *Volkamer,* M., Sport als Aggressives Verhalten – aggressives Verhalten im Sport. In: Die Leibeserziehung 1972, 12, S. 414; **3** hier zitiert nach: *Volkamer,* M., aaO, S. 413; **4** vergl. *Volkamer,* M., aaO; **5** *Goldstein,* J. H., und *Arms,* R. L., Effects of observing athletic contest on hostility. In: Sociometry 1971, 83–90; **6** *Turner,* E. T., The effects of viewing college football, basketball and wrestling on the elicited aggressive responses of male spectators. In: *Kenyon,* G. S., und *Grogg,* T. M. (Eds.), Contemporary psychology of Sport. Chicago 1970, S. 325–328, *ders.* The effects of viewing college football, basketball and wrestling on the elicited responses of male spectators. In: Medicine and Science in Sports 1970, 2, S. 100–105; **7** *Kingsmore,* J. M., The effects of a professional wrestling and a professional basketball contest upon the aggressive tendencies of male spectators. In: *Kenyon,* G. S., und *Grogg,* T. M. (Eds), aaO, S. 311–315; **8** *Plessner,* H., Spiel und Sport. In: *Plessner,* H., *Bock,* H.-E., und *Grupe,* O. (Eds.), Sport und Leibeserziehung. München 1967, S. 26; **9** *Volkamer,* M., aaO; **10** *Berkowitz,* L., Sports, Competition and Aggression. In: The Physical Educator 1973, 2, 59–61, *ders.,* Some Determinants of Impulse Aggression: Role of Mediated Associations with Reinforcements for Aggression. In: Psychological Review 1974, 2, 165–176, siehe auch: *Eastwood,* J. M., The effects of viewing a film of professional hockey on aggression. In: Medicine and Science in Sports 1974, 2, 158–163; **11** *Geen,* R. G., und *O'Neil,* E. C., Activation of Cue-Elicited Aggression by General Arousal. In: J. of Personality and Social Psychology 1969, 289–292; **12** vergl. *Pilz,* G., Sportberichte fördern aggressives Verhalten. In: Neutralität 1973, 7/8, 4–6, *ders.,* Aggression in Mannschaftssportarten. In: Sportarzt und Sportmedizin 1973, 11, 271–273; 12, 297–299 und 1974, 1, 22–23; *ders.,* Zur Frage der Motivation im Schausport. In: Jugend und Sport 1973, 3, 120–123, *ders.,* Fördert Sport aggressives Verhalten? In: Umschau in Wissenschaft und Technik 1974, 22, 697–702; siehe auch: *Volkamer,* M., Sozialpsychologische Probleme des Schausports. In: Jugend und Sport 1973, 5, 127–129; **13** *Volkamer,* M., aaO; **14** *Sprenger,* J., Zum Problem der Aggressionen im Sport. In: Sportwissenschaft 1974, 3, S. 243; **15** *Neumann,* O., Sport und Persönlichkeit. München 1957, bes. S. 44 ff.; **16** *Naber,* F., Verteilung der Fouls während der Dauer eines Basketballspiels. In: *Volkamer,* M., Experimente in der Sportpsychologie. Schondorf 1972, 66–69; **17** *Ryan,* E. D., The cathartic effect of vigorous motor activity on aggressive behavior. In: Research Quarterly 1970, 542–551; **18** *Zillmann,* D., *Katcher,* A. H., und *Milavsky,* B., Excitation Transfer from Physical Exercise to Subsequent Aggressive Behavior. In: J. of Experimental Social Psychology 1972, 247–259; **19** *Sherif,* M., et al., Intergroup Conflict and Cooperation: The Robber's Cave Experiment, Norman 1961; siehe auch: *Sherif,* Carolyn, W., Gruppenkonflikt und Wettkampf. In: *Grupe,* O. (Ed.), aaO, S. 66–67; *Christy,* P. R., et al., Effects of Competition-Induced Frustration an Two Classes of Modeled Behavior. In: Developmental Psychology 1971, 104–111; *Nelson,* J. D., et al., Children's Aggression Following Competition and Exposure to an Aggressive Model. In: Child Development 1969, 1085–1097; *Johnson,* W. R., und *Hutton,* D. C., Effects of combative Sport upon Personality Dynamics as Measured by a Projektive Test. In: *Morgan,* W. P. (Ed.), Contemporary Readings in Sport Psychology. Springfield 1970, 291–297; *Husman,* B. F., Aggression in Boxers, Wrestlers as measured by projective techniques. In: *Morgan,* W. P. (Ed.). aaO, S. 284–290; **20** *Lüschen,* G., Leistungsorientierung und das soziale und personale System. In: *Lüschen,* G. (Ed.), Kleingruppenforschung und Gruppe im Sport. Köln/Opladen 1966, 209–233; **21** vergl. unter anderem: *Smith,* M. D., Aggression in Sport: toward a role approach. In: J. of Candian Ass. for Health, Physical Education and Recreation 1970/71, 22–25 und 47; *Vaz,* E. W., What Price Victory? In: International Review of Sport Sociology 1974, 2, 33–55; *Faulkner,* R. R., Making Violence, by Doing Work: Selves, Situations, and the World of Professional Hockey. In: Sociology of Work and Occupations. 1974, 3, 288–312; *Denker,* R., Zur überschüssigen Aggression im Sport. In: *ders.,* Angst und Aggression. Stuttgart 1974, S. 131–164; *Harris,* Dorothy, V., Involvement in Sport: A Somatopsychic Rationale for Physical Activity. Philadelphia 1973; *Smith,* M. D., Violence in Sport: A Sociological Perspective. In: Sportwissenschaft 1974, 2, 164–173; *Sprenger,* J., aaO; *Pilz,* G., et al., Welchen Beitrag vermag die Sportpsychologie zur Aggressionsforschung zu leisten? – Strukturen und Bedingungen dominativen Verhaltens im Sport. In: *Schilling,* G., und *Pilz,* G. (Eds.), Sportpsychology – wofür? Basel/Stuttgart 1974; *Pilz,* G., Aggression in Mannschaftssportarten, aaO; *ders.,* Fördert Sport aggressives Verhalten?, aaO; *Prenner,* K., Aggressivität und Gewalt im Sport. In: Die Leibeserziehung 1972, 10, 340–344; *Schleske,* W., Der Sport in der Industriegesellschaft als Anlaß für Aggression und Sublimation. In: Die Leibeserziehung 1972, 10, 349–355; *Simons,* D., Zur

Theorie der Aggression im Sport. In: Die Leibeserziehung 1972, 12, 415–419; *Volkamer,* M., Zur Aggressivität in konkurrenzorientierten sozialen Systemen. In: Sportwissenschaft 1971, 1, 33–64; *Zurcher,* L. A., und *Meadow,* A., On bullfights and baseball: an example of interaction of social instruments. In: *Dunning,* E. (Ed.), The Sociology of Sport. London 1971, 175–197; *Allardt,* E., Basic Approaches in Contemporary Sociological Research and the Study of Sport: In International Review of Sport Sociology 1967, 89–107; *Dunning,* E., The Structural – Functional Properties of Folk-Games and Modern Sports. In: Sportwissenschaft 1973, 3, 215–232; *Naul,* R., und *Voigt,* H., Aggression und Sport. In: Soziale Welt, 1974; **22** vergl. *Pilz,* G., Fördert Sport aggressives Verhalten?, aaO; **23** *Naul,* R., und *Voigt,* H., aaO; **24** *Volkamer,* M., Zur Aggressivität in ..., aaO; **25** *ibid.*; **26** *Smith,* M. D., aaO; **27** *Vaz,* E. W., aaO; **28** *Pilz,* G., Aggression in Mannschaftssportarten, aaO, S. 22; **29** *Vaz,* E., aaO; **30** *vergl. ‚Sport'* (Zürich) vom 4. 12. 1974; Nr. 141, S. 3; **31** vergl. *Lüschen,* G., Soziale Schichtung und soziale Mobilität bei jungen Sportlern. In: Kölner Zeitschrift für Soziologie und Sozialpsychologie 1963, 174–193; **32** vergl. *Prenner,* K., aaO; siehe auch: *Dembo,* R., A measure of Aggression among working-class youths. In: The British. J. of Criminology 1973, 245–252; **33** *Mantell,* D. M., Familie und Aggression. Frankfurt 1972, S. 123 ff.; **34** *Allardt,* E., aaO; **35** *Durkheim,* E., De la division du travail social. Paris 1893; **36** hier zitiert nach: *Lüschen,* G., und *Hammerisch,* K., Soziologische Grundlagen der Leibeserziehung und Sport. In: *Grupe,* O. (Ed.), Einführung in die Theorie der Leibeserziehung, Schondorf 1970, 2. überarb. und erw. Aufl., S. 117; **37** *Zurcher,* L. A., und *Meadow,* A., aaO; **38** *Riesman,* D., und *Denney,* R., Football in America. In: *Riesman,* D. (Ed.), Individualism Reconsidered. Glencoe, Ill. 1954) 242–251; **39** hier zitiert nach: *Lüschen,* G., Sport und Kultur. In: *Scheuch,* E. K., und *Meyersohn,* R. (Eds.), Soziologie der Freizeit. Köln 1972, S. 292; **40** vergl. auch *Harris,* Dorothy, aaO, S. 80 f.; **41** vergl. *ibid.*; **42** vergl. *Pilz,* G., Fördert Sport aggressives Verhalten, aaO; siehe auch: *Pilz,* G., Aggression und Brutalität – Ein Beitrag zur Diskussion der Ursachen und Determinanten aggressiven Verhaltens im Sport. In: *Hörrmann,* M. (Ed.), Zur Diskussion: Kirche und Sport (Arbeitstitel), Claudius Verlag München (in Vorb.); sowie: *Hugenschmidt,* W., Der Turn- und Sportlehrer im Rorschach-Formdeute-Versuch (unveröff. Diplomarbeit). Institut für angewandte Psychologie. Zürich 1967; **43** *Volkamer,* M., Sport als aggressives Verhalten – aggressives Verhalten im Sport, aaO; **44** *Heintz,* P., Einführung in die Soziologische Theorie. Stuttgart 1968, 2. erw. Aufl., S. 168; **45** *Plack,* A. (Ed.), aaO, S. 312; **46** *Hacker,* F., aaO, S. 69; **47** *Sipes,* R. G., War, Sports and Aggression. An Empirical Test of Two Rival Theories. In: American Anthropologist 1973, 1, 64–68; *ders.* War, Combative Sports and Aggressions: A preliminary causal Model of cultural Patterning. Unpublished Paper, presented at the IXth International Congress of Anthropological and Ethnological Sciences. Chicago, August–September 1973.

KRIEG, KAMPFSPORTARTEN UND AGGRESSION

1 *Eibl-Eibesfeldt,* I., Der vorprogrammierte Mensch. Wien/München/Zürich 1973, S. 97; **2** *Eibl-Eibesfeldt,* I., Liebe und Haß. München 1970, S. 91; **3** *Sipes,* R. G., War, Sports and Aggression: an Empirical Test of Two Rival Theories. In: Am. Anthropol. *75,* 1973, S. 64–86; *ibid.,* War, combative sports and aggression: a preliminary causal model of cultural patterning. Presented at the 9th international congress of anthropological and ethnological sciences. Chicago, 1973, Manuscript; **4** *ibid.,* War, Sports and Aggression, aaO, S. 69; **5** *ibid.,* S. 68; **6** über die Vertretbarkeit der Einstufungen der einzelnen Völker und der Kampfsportarten, siehe *Sipes,* R. G., aaO, S. 67 ff.; **7** *Sipes,* R. G., aaO, S. 71; **8** *ibid.,* S. 73 ff.; **9** *ibid.,* S. 74; **10** *ibid.,* S. 78; **11** *ibid.,* S. 75; **12** *ibid.,* S. 76; **13** *ibid.,* S. 80.

Kapitel IX/X

1 *Lorenz,* K., Die acht Todsünden der zivilisierten Menschheit. München 1973, S. 85; **2** *ders.,* Das sogenannte Böse. München 1974, S. 9; **3** *ders.,* Die acht Todsünden . . ., aoO, S. 88; **4** *ibid.,* S. 107; **5** *ibid.,* S. 86; **6** *ibid.,* S. 88; **7** vergl. *Lorenz,* K., Wissenschaft, Ideologie und das Selbstverständnis unser Wissenschaft. In: *Ditfurth,* H. v. (Ed.), Mannheimer Forum 72 – Ein Panorama der Naturwissenschaften. Mannheim o. J., S. 9–28; **8** *Lorenz,* K., Die acht Todsünden . . ., aaO, S. 89 f.; **9** *ibid.,* S. 90; **10** *ibid.,* S. 90; **11** *ibid.,* S. 90; **12** *ibid.,* S. 91; **13** *ibid.,* S. 87; **14** *Plack,* A. (Ed.), Der Mythos vom Aggressionstrieb. München 1973, S. 313; **15** *Montagu,* M. F. A. (Ed.), Mensch und Aggression. Weinheim/Basel 1974, S. 36; **16** vergl. *Neidhardt,* F., et al., Aggressivität und Gewalt in unserer Gesellschaft. München 1973, S. 8; **17** *Lorenz,* K., Das sogenannte Böse. Wien 1963, S. 364; **18** *Montagu,* M. F. A. (Ed.), aaO, S. 36; **19** *ibid.,* S. 36; **20** *Fürntratt,* E., Angst und instrumentelle Aggression. Weinheim/Basel 1974, S. 286 f.; **21** *Lorenz,* K., Die sogenannte Aggression. München 1974, S. 258 f.; **22** *ibid.,* S. 246; **23** vergl. *Montagu,* M. F. A. (Ed.), aaO, S. 28; **24** *Barnett,* S. A., Über das Glücks Spiel mit Analogien. In: *Montagu,* M. F. A. (Ed.), aaO, S. 46 f., **25** *Horn,* K., Ohnmacht der Aggressionsforschung. In: Bild der Wissenschaft. 1973, 5, S. 344 f.; **26** *ibid.,* S. 347 f.; **27** vergl. *Pilz,* G., Aggressionsforschung am Scheideweg. In: Jugend und Sport 1973, 10, 348–350; und in: Umschau in Wissenschaft und Technik 1974, 4, 101; **28** vergl. *Schmidbauer,* W., Die sogenannte Aggression. Hamburg 1972, S. 8; **29** vergl. *Pilz,* G., Fördert Sport aggressives Verhalten? In: Umschau in Wissenschaft und Technik 1974, 22, S. 699; **30** vergl. *Symposium: Aggression im Sport.* In: *Uchtenhagen,* A. (Ed.), Kongreßbericht vom 5. Internationalen Kongreß für Gruppenpsychotherapie. Zürich 20. 8. bis 24. 8. 1973. Bern (im Druck); **31** vergl. *Naul,* R., und *Voigt,* H., Aggression und Sport. In: Soziale Welt, 1974; **32** *Hassenstein,* B., Verhaltensbiologische Aspekte der frühkindlichen Entwicklung und ihre sozialpolitischen Konsequenzen. In: *Ditfurt,* H. V. (Ed.), aaO, S. 169; **33** vergl. auch: *Miller,* G. A., *Galanter,* E. und *Pribram,* K. H., Strategien des Handelns – Pläne und Strukturen des Verhaltens. Stuttgart 1973, S. 74; **34** *Horn,* K., hier zitiert nach: *Conrad,* W. und *Strubel,* S., Frisch, Fromm, Fröhlich, Frei. Sport und Gesellschaft. Reinbek 1971, S. 42 f.; **35** vergl. *Bohannan,* P., Culture, Aggression, And Where We Are Going. In: Social Education 1973, 624 und 630 f.; **36** vergl. auch: *Neidhardt,* F., et al., aaO, S. 9; **37** *Fürntratt,* E., aaO, S. 284 f.; **38** *Horn,* K., aaO, S. 347; **39** *ibid.,* S. 5; **40** *Fürntratt,* E., aaO; **41** *Caesar,* Beatrice, Autorität in der Familie. Reinbek 1972, S. 96; **42** *Schmidbauer,* W., aaO, S. 150.

Ausgewählte Literatur zur Aggression

Diese Bibliographie umfaßt einerseits die wichtigsten angelsächsischen Bücher zum Thema Aggression und will zudem einen möglichst breiten Überblick der im deutschsprachigen Raum erschienenen Bücher zur Aggression liefern. Die mit * versehenen deutschsprachigen Veröffentlichungen sind unserer Ansicht nach besonders empfehlenswert.

**Alland, A.*, Aggression und Kultur. Frankfurt 1974

**Ammon, G.*, Gruppendynamik der Aggression. Berlin 1972

Bach, G. R., & Goldberg, H., Keine Angst vor Aggression. Düsseldorf/Köln 1974

Bandura, A., & Walters, R. H., Adolescent aggression – a study of influence of child training practises and family inter-relationship. New York 1959

Bandura, A., Aggression – A social learning theory analysis. Englewood Cliffs 1973

Berkowitz, L., Aggression: A social psychological analysis. New York 1962

ders., Roots of Aggression – A re-examinantion of the frustration-aggression-hypothesis. New York 1969

Bilz, R., Neue Verhaltensforschung: Aggression, Frankfurt (im Druck)

Bronfenbrenner, U., Zwei Welten – Kinder in den USA und der UdSSR. Stuttgart 1972

Buss, A. H., The Psychology of Aggression. London 1961

**Caesar, Beatrice,* Autorität in der Familie. Reinbek 1972

Carthy, J. O., & Ebling, F. J. (Eds.), The natural History of Aggression. London and New York 1964

Christoph-Lemke, Charlotte, Aggression. Theorie und Diagnostik. München 1972

**Dann, H.-D.*, Aggression und Leistung. Stuttgart 1972

**Denker, R.*, Aufklärung über Aggression. Stuttgart 1972

ders., Angst und Aggression. Stuttgart 1974

Dollard, J., et al. Frustration und Aggression. Basel 1971

Eibl-Eibesfeldt, I., Der vorprogrammierte Mensch. Wien/München/Zürich 1973

ders., Liebe und Haß. München 1970

ders., Vom Mythos der aggressionslosen Urgesellschaft. München (im Druck)

Eicke, D., Vom Einüben der Aggression. München 1972

Elhardt, S., Aggression als Krankheitsfaktor. Göttingen/Zürich 1973

Erhardt, H.-E. (Ed.), Aggressivität-Dissozialität-Psychohygiene. Bern 1975

Feshbach, S., & Singer, R. D., Television and Aggression. San Francisco 1971

**Fried, M.*, et al. (Eds.), Zur Anthropologie der Aggression und des bewaffneten Konflikts. Frankfurt 1971

Fromm, E., Das Menschliche in uns. Die Wahl zwischen Gut und Böse. Konstanz/Zürich 1968

**ders.*, Anatomie der menschlichen Destruktivität. Stuttgart 1974

**Fürntratt, H.-E.*, Angst und instrumentelle Aggression. Weinheim/Basel 1974

Gamm, H. J., Aggression und Friedensfähigkeit in Deutschland. München 1968

Hacker, F., Aggression. Die Brutalisierung der modernen Welt. Reinbek 1973

ders., Materialien zum Thema Aggression. Wien 1972

**Hollitscher, W.* (Ed.), Aggressionstrieb und Krieg. Stuttgart 1973

Holloway, R. L. (Ed.), Primate Aggression, Territoriality, and Xenophobia. New York 1974

Horn, K., Zum Problem aggressiven Verhaltens. Frankfurt (im Druck)

Johnson, R. N., Aggression in Man and Animals. Ramapo College of New Jersey 1972

Kaufmann, H., Aggression and Altruism. New York 1970

Keupp, L., Aggressivität und Sexualität. München 1971
Kneutgen, J., Der Mensch ein kriegerisches Tier. Stuttgart 1970
Knutson, J. T. (Ed.), The Control of Aggression. Chicago 1973
Kofler, L., Aggression und Gewissen. München 1973
Kunz, H., Die Aggressivität und die Zärtlichkeit. Bern 1946
Lepenies, W., & Nolte, H., Kritik der Anthropologie – Marx und Freud, Gehlen und Habermas über Aggression. München 1971
**Lischke, G.,* Aggression und Aggressionsbewältigung. Bern 1971
Lorenz, K., Das sogenannte Böse. Wien 1963
Mandel, R., Die Aggressivität bei Schülern. Bern 1959
**Mantell, D. M.,* Familie und Aggression. Frankfurt 1972
Marcuse, H., et al., Aggression und Anpassung in der Industriegesellschaft. Frankfurt 1972
Mees, U., Vorausurteil und aggressives Verhalten. Stuttgart 1974
Megargee, E. J., & Hokanson, J. E. (Ed.), The Dynamics of Aggression. New York 1970
Mitscherlich, A. (Ed.), Bis hierher und nicht weiter – Ist menschliche Aggression unbefriedbar? München 1968
**Montagu, M. F. A.* (Ed.), Mensch und Aggression. Weinheim/Basel 1974, erweiterte, 2. englische Aufl.: Man and Aggression. Oxford 1973
**Neidhardt, F.* (Ed.), Aggressivität und Gewalt in unserer Gesellschaft. München 1973
Olweus, D., Prediction of Aggression. Stockholm 1969
Oswald, A., & Raue, Sybille, Aggressionsforschung bei Vorschulkindern. Münster 1971
Pilgrim, V. E., Dressur des Bösen. München 1974
Plack, A., Die Gesellschaft und das Böse. München 1969
**ders.* (Ed.), Der Mythos vom Aggressionstrieb. München 1973
**Rattner, J.,* Aggression und menschliche Natur. Frankfurt 1972
Redl, F., & Wineman, D., The aggressive Child. New York 1957
**Röhm, H.,* Kindliche Aggressivität. Starnberg 1972
**Ruthe, R.,* Erziehung zur Aggressionsbewältigung. München 1973
Scheidt, J., vom, Innenweltverschmutzung. Die verborgene Aggression. München/Zürich 1973
Schindler, S., Aggressionshandlungen Jugendlicher. Wien 1971
Schmid, R. (Ed.), Aggression und Revolution. Stuttgart 1968
**Schmidbauer, W.,* Die sogenannte Aggression. Hamburg 1972
**Schmidt-Mummendey,* Amélie, Bedingungen aggressiven Verhaltens. Bern 1971
**Schmidt-Mummendey,* Amélie & Schmidt, H.-D. (Eds.), Aggressives Verhalten – Neue Ergebnisse der psychologischen Forschung. München 1971
Scott, J. P., Aggression. Chicago 1958
**Selg, H.* (Ed.), Zur Aggression verdammt? Stuttgart 1971
ders., Diagnostik der Aggressivität. Göttingen 1968
ders., Menschliche Aggressivität – Ursachen, Diagnostik, Therapiemöglichkeiten. Göttingen (in Vorb.)
Senghaas, D., Aggressivität und kollektive Gewalt. Stuttgart 1971
Silbermann, A. et al., Aggression und Fernsehen. Tübingen 1974
**Singer, J.* (Ed.), Steuerung von Aggression und Gewalt. Frankfurt 1972
Sommer, A., & Grobe, H., Aggressiv durch Fernsehen? Neuwied/Berlin 1974
Storr, A., Lob der Aggression. Wien 1970
Szondi, L., Gestalten des Bösen. Bern 1969
**Ullmann, Dagmar,* Aggression und Schule. München 1974
Werbik, H., Theorie der Gewalt. München 1974
White, N. F. (Ed.), Ethology and Psychiatry. Toronto 1970